"十四五"职业教育国家规划教材

"十三五"职业教育国家规划教材

新目录·新专标数字商贸专业群系列丛书

"新商科"电子商务系列丛书

移动营销实务
（第2版）

主　　编　刘丽霞
副 主 编　李义群　丁　晨
参　　编　唐　洁　黄吉丽　章昕彦　赵　雯
主　　审　嵇美华
组织编写　中国职业技术教育学会智慧财经专业委员会

电子工业出版社
Publishing House of Electronics Industry
北京·BEIJING

内容简介

随着数字商业时代移动营销的新趋势和新热点，本教材选用最新的前沿知识、营销工具和技术平台，以模块化的实践操作组织课程体系。本教材内容包括移动营销概述、活动营销、微信公众号营销、小程序营销、社群营销、短视频营销、微博营销、微店搭建、直播营销和移动广告。本教材的特色如下：第一，"岗课赛证"一体化教材，本教材有10个实践项目，全部围绕欧诗漫集团电商部运营推广岗位实际工作任务进行设计，教材大部分内容与数字营销"1+X"证书考核内容同步，且将荣获浙江省短视频大赛一等奖的作品以案例形式引入；第二，活页式教材的具体运用，本教材的具体任务布置以二维码形式推出，留出空白位置粘贴符合运用新技术和新平台的实训任务，引领教学和实训内容同市场需求相适应；第三，课程思政推进实施，在项目思政中将该项目的思政目标、思政主题及思政元素清晰列出，并在项目前、项目中、项目后分别推进的要点或重点中进行指引，以保证课程思政的成效；第四，任务实践性较强且有评分标准，每个项目的实践任务由企业业务实操人员下达，实践性较强且有校企的深度合作，每个实践任务都附有评分要点及标准，引导学生把握重点及帮助老师全方位评价。

未经许可，不得以任何方式复制或抄袭本书之部分或全部内容。
版权所有，侵权必究。

图书在版编目（CIP）数据

移动营销实务 / 刘丽霞主编 . —2 版 . —北京：电子工业出版社，2023.1
ISBN 978-7-121-43720-5

Ⅰ.①移… Ⅱ.①刘… Ⅲ.①网络营销－高等学校－教材 Ⅳ.① F713.365.2

中国版本图书馆 CIP 数据核字（2022）第 096161 号

责任编辑：张云怡
文字编辑：戴　新
印　　刷：北京建宏印刷有限公司
装　　订：北京建宏印刷有限公司
出版发行：电子工业出版社
　　　　　北京市海淀区万寿路 173 信箱　邮编　100036
开　　本：787×1092　1/16　印张：18.75　字数：500 千字
版　　次：2018 年 9 月第 1 版
　　　　　2023 年 1 月第 2 版
印　　次：2025 年 7 月第 5 次印刷
定　　价：65.00 元

凡所购买电子工业出版社图书有缺损问题，请向购买书店调换。若书店售缺，请与本社发行部联系，联系及邮购电话：（010）88254888，88258888。
质量投诉请发邮件至 zlts@phei.com.cn，盗版侵权举报请发邮件至 dbqq@phei.com.cn。
本书咨询联系方式：（010）88254573，zyy@phei.com.cn。

前　言

党的二十大精神，使营销这一诞生于两百年前大学商学院并与市场紧密结合的技术，拥有了新的德性内涵。党的二十大报告明确了要体现"天下为公""自强不息""讲信修睦""亲仁善邻"，要"同人民群众日用而不觉的共同价值观念融通起来"。为此，本教材把"以诚为本""自强不息""讲信修睦"的价值观贯穿其中，更加凸显移动互联网时代价值观自觉的统摄作用。本教材确定了思想品质、职业精神、行业规范三大思政主题。以社会主义核心价值观为主的思想品质，引导学生始终把牢营销的方向；以工匠和创新为重点的职业精神，始终突出营销求真、服务社会的品性；以遵守社会规则、企业准则为主的行为规范，更加突出了互联网时代的规范自觉。思政主题的三个层面分维度、有计划、潜移默化地融入本教材，三项育人主题随着课程项目层层递进，又相互融合。同时，在专业知识里融入思政元素的三大要求，提升职业素养、职业能力，搭建移动营销人才综合素质体系结构。下图是移动营销人才综合素质体系结构。

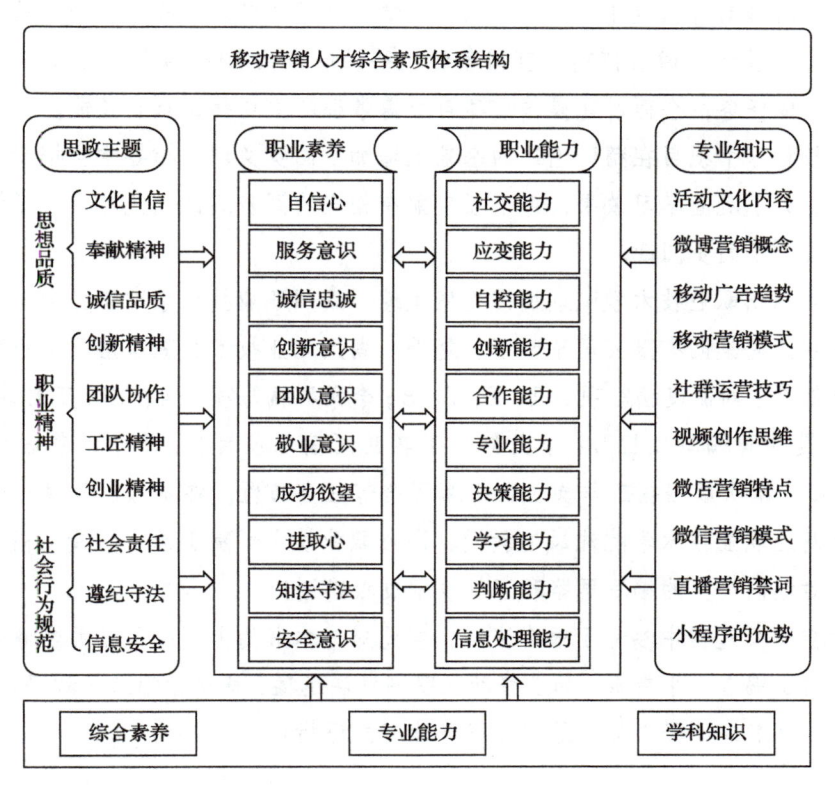

移动营销人才综合素质体系结构

思政主题	职业素养	职业能力	专业知识
思想品质：文化自信、奉献精神、诚信品质	自信心、服务意识、诚信忠诚	社交能力、应变能力、自控能力	活动文化内容、微博营销概念、移动广告趋势
职业精神：创新精神、团队协作、工匠精神、创业精神	创新意识、团队意识、敬业意识、成功欲望	创新能力、合作能力、专业能力、决策能力	移动营销模式、社群运营技巧、视频创作思维、微店营销特点
社会行为规范：社会责任、遵纪守法、信息安全	进取心、知法守法、安全意识	学习能力、判断能力、信息处理能力	微信营销模式、直播营销禁词、小程序的优势

综合素养　　专业能力　　学科知识

本教材体现了当前高等职业教育教材的新理念——"岗课赛证"一体化。"岗"即个项目全部以欧诗漫集团电商部运营推广岗位的实际工作任务进行设计。"课"即从教学设计、知识、技能和素养方面建立课程体系，从而推动教学实施。"赛"即将荣获浙江省短视频大赛一等奖的作品以案例形式引入。"证"即教材大部分内容与数字营销1+X证书考核内容同步。

在落实课程思政推进实施方面，将各项目的思政目标、思政主题及思政元素清晰地列出。在项目前，引入含有思政元素的案例或微课素材；在项目中，将体现思政主题的元素渗透到教学内容中；在项目后，设计项目能力评价指标，将学生实践作品中思政内容的融入也作为考核评价指标之一，从而保证课程思政的推进效果。

在活页式教材的具体运用方面，本教材的具体任务布置以二维码形式推出，符合以工作岗位驱动、运用新技术和新平台引领教学内容，同市场需求相适应的实训任务。本教材力图实现大学生、高职和中职学生从学习传统市场营销理论向移动营销实务的根本转变，教材从内容到形式都是立足提高学生学习实践操作能力、培养学生创新意识和合作精神的。本教材的任务布置由浙江欧诗漫集团电商部两位实操专家合作完成，引入企业最新案例和实操技术，充分顺应移动商务发展的趋势和潮流。同时，将热门案例与理论知识相结合、教师示范和学生模拟相结合贯穿整个教学过程。

在内容的设计上，本教材采用项目化教学方式编排课程内容，以模块化实践操作组织课程体系，包括移动营销概述、活动营销、微信公众号营销、小程序营销、社群营销、短视频营销、微博营销、微店搭建、直播营销、移动广告共10个项目。每个项目又分别设有2~3个具体任务，全面讲述操作该项目所需掌握的主要知识点和技能。为了增加操作实务性，本教材每个项目在精辟论述的基础上增加了同步实训，指导学生按步骤学习并进行实践操作。为了巩固学习效果，每个项目配有相应的同步测试。此外，为了扩大读者的知识面，还设计了同步阅读。

本教材由湖州职业技术学院刘丽霞担任主编，湖州职业技术学院李义群、丁晨担任副主编。浙江欧诗漫集团有限公司章昕彦、赵雯，湖州职业技术学院唐洁、黄吉丽参编。具体编写章节如下：刘丽霞编写项目1、2、7、8；李义群编写项目4、10；丁晨编写项目3；刘丽霞、丁晨共同编写项目5；李义群、丁晨共同编写项目9；唐洁、黄吉丽共同编写项目6。赵雯、章昕彦根据工作岗位任务编写全部任务布置。在本教材的修订过程中，还得到了浙江商业职业技术学院沈凤池教授、湖州职业技术学院丁继安教授、嵇美华教授的悉心指导，对他们提出的编写思路和意见表示衷心感谢！

本教材在编写过程中参考了很多资料，在此对为本书的出版提供相关参考资料的同人表示感谢！由于编者水平有限，加上移动互联网发展迅猛，移动营销工具和平台层出不穷，教材中难免有疏漏或不妥之处，恳请专家与读者批评指正。

编　者
2022年11月

目 录

项目1　移动营销概述

项目重难点	001	1.2.1　移动营销的理论与策略	008
课程思政	001	1.2.2　移动营销核心竞争力	010
项目导图	001	同步阅读	011
引例	002	同步实训	012
任务1　移动营销分析框架	002	项目小结	023
1.1.1　移动营销的概念	002	任务布置	023
1.1.2　移动营销现状及特点	005	学生活动	023
1.1.3　移动营销的运行模式	006	能力测评	024
任务2　移动营销发展策略	008	同步测试	024

项目2　活动营销

项目重难点	026	2.2.2　软文发布的议程设置	038
课程思政	026	2.2.3　软文发布的新媒体渠道	043
项目导图	026	2.2.4　新媒体运营阶段性目标	045
引例	027	同步阅读	047
任务1　活动营销策划	027	同步实训	048
2.1.1　活动营销的基本类型	027	项目小结	049
2.1.2　活动营销的表现形式	029	任务布置	049
2.1.3　活动营销的实施技巧	032	学生活动	049
任务2　活动营销软文	033	能力测评	050
2.2.1　活动营销软文的编辑技巧	033	同步测试	050

项目3　微信公众号营销

项目重难点	052	任务1　认识微信公众号	053
课程思政	052	3.1.1　微信公众号的概念	053
项目导图	052	3.1.2　微信公众号营销的概念及	
引例	053	特点	055

3.1.3 传统媒体营销与微信公众号
　　　营销的区别 ················ 056
任务2　微信公众号营销模式 ············ 057
　3.2.1　微信公众号营销模式概况 ····· 057
　3.2.2　互动营销模式 ················ 057
　3.2.3　"故事+产品优惠"营销
　　　模式 ······················ 058
　3.2.4　事件营销模式 ················ 059
任务3　微信公众号管理 ················ 060
　3.3.1　注册微信公众号 ·············· 060
　3.3.2　微信公众号后台功能介绍 ······ 061
　3.3.3　微信公众号后台的内容编辑与
　　　美化 ······················ 073
　3.3.4　微信公众号后台的粉丝管理 ··· 079
同步阅读 ································ 079
同步实训 ································ 080
项目小结 ································ 087
任务布置 ································ 087
学生活动 ································ 087
能力测评 ································ 088
同步测试 ································ 088

项目4　小程序营销

项目重难点 ······························ 090
课程思政 ································ 090
项目导图 ································ 090
引例 ···································· 091
任务1　认识小程序 ···················· 092
　4.1.1　小程序的概念与发展历程 ······ 092
　4.1.2　小程序的特点 ················ 094
　4.1.3　小程序与App的产品形态
　　　比较 ······················ 095
　4.1.4　小程序与App各自的运作
　　　路径 ······················ 096
任务2　注册小程序 ···················· 097
　4.2.1　哪些领域适合注册小程序 ······ 097
　4.2.2　微信小程序注册范围 ·········· 103
　4.2.3　微信小程序注册入口 ·········· 103
　4.2.4　小程序注册步骤 ·············· 105
任务3　小程序营销推广 ················ 107
　4.3.1　小程序营销的优势 ············ 107
　4.3.2　小程序营销推广方式 ·········· 108
　4.3.3　小程序营销的引流工具 ········ 110
同步阅读 ································ 111
同步实训 ································ 112
项目小结 ································ 113
任务布置 ································ 113
学生活动 ································ 113
能力测评 ································ 114
同步测试 ································ 114

项目5　社群营销

项目重难点 ······························ 116
课程思政 ································ 116
项目导图 ································ 116
引例 ···································· 117
任务1　社群构建的要素 ················ 118
　5.1.1　社群营销概述 ················ 118
　5.1.2　构建社群的三要素 ············ 118
任务2　社群的构建与组织 ·············· 120
　5.2.1　社群的构建方法 ·············· 120
　5.2.2　社群公告 ···················· 121
　5.2.3　社群头像与名称 ·············· 122
　5.2.4　社群规则 ···················· 122
任务3　组织社群活动 ·················· 122
　5.3.1　围绕产品创建活跃社群 ········ 122
　5.3.2　组织社群讨论 ················ 124
　5.3.3　社群打卡 ···················· 126
　5.3.4　社群福利 ···················· 126
　5.3.5　进行面对面的接触 ············ 126

5.3.6 社群活动持续运营形成品牌… 127	任务布置……………………………… 136
同步阅读…………………………… 128	学生活动……………………………… 137
同步实训…………………………… 132	能力测评……………………………… 137
项目小结…………………………… 136	同步测试……………………………… 138

项目 6　短视频营销

项目重难点………………………… 139	6.3.1　账号定位………………… 160
课程思政…………………………… 139	6.3.2　内容创意………………… 161
项目导图…………………………… 139	6.3.3　人设建立………………… 162
引例………………………………… 140	6.3.4　场景营销………………… 164
任务 1　初识短视频营销………… 140	6.3.5　直播打造………………… 164
6.1.1　短视频营销的定义和特点…… 140	任务 4　短视频创作……………… 164
6.1.2　短视频营销的发展现状和	6.4.1　短视频创意思维………… 164
趋势………………… 141	6.4.2　短视频制作工具………… 165
6.1.3　短视频的内容…………… 143	同步阅读…………………………… 167
任务 2　短视频营销平台………… 144	同步实训…………………………… 169
6.2.1　头条系………………… 144	项目小结…………………………… 172
6.2.2　快手平台……………… 149	任务布置…………………………… 172
6.2.3　腾讯系………………… 151	学生活动…………………………… 172
6.2.4　百度系………………… 153	能力测评…………………………… 173
6.2.5　其他…………………… 156	同步测试…………………………… 173
任务 3　短视频营销策略………… 160	

项目 7　微博营销

项目重难点………………………… 175	7.2.5　放大传播效应……………… 184
课程思政…………………………… 175	任务 3　微博营销推广及技巧…… 185
项目导图…………………………… 175	7.3.1　微博推广………………… 185
引例………………………………… 176	7.3.2　微博营销的技巧………… 189
任务 1　微博营销概述…………… 177	同步阅读…………………………… 190
7.1.1　微博的概念及分类……… 177	同步实训…………………………… 193
7.1.2　微博营销的价值和特点… 178	项目小结…………………………… 202
任务 2　微博营销的基本步骤…… 179	任务布置…………………………… 202
7.2.1　微博账号的设立………… 179	学生活动…………………………… 203
7.2.2　策划形象与认证………… 180	能力测评…………………………… 203
7.2.3　发布微博信息…………… 182	同步测试…………………………… 204
7.2.4　营造微博营销环境……… 184	

Ⅶ

项目 8　微店搭建

项目重难点……………………………… 205	8.2.4　微店商品发布…………………… 226
课程思政………………………………… 205	任务 3　微店营销推广…………………… 229
项目导图………………………………… 205	8.3.1　微店推广工具…………………… 229
引例……………………………………… 206	8.3.2　微店推广技巧…………………… 231
任务 1　选择微店网站…………………… 207	同步阅读………………………………… 232
8.1.1　微店的概念及特点……………… 207	同步实训………………………………… 234
8.1.2　常用的微店平台……………… 209	项目小结………………………………… 237
8.1.3　下载与注册微店……………… 211	任务布置………………………………… 237
任务 2　微店运营管理…………………… 215	学生活动………………………………… 237
8.2.1　微店店长版 App 的基本功能… 215	能力测评………………………………… 238
8.2.2　微店店长版 App 的常用设置… 220	同步测试………………………………… 238
8.2.3　微店商品来源……………… 225	

项目 9　直播营销

项目重难点……………………………… 240	任务 3　直播营销平台…………………… 250
课程思政………………………………… 240	9.3.1　抖音直播…………………… 250
项目导图………………………………… 240	9.3.2　淘宝直播…………………… 254
引例……………………………………… 241	9.3.3　腾讯视频号直播……………… 259
任务 1　认识直播营销与搭建直播营销	同步阅读………………………………… 263
团队……………………………… 241	同步实训………………………………… 266
9.1.1　认识直播营销………………… 241	项目小结………………………………… 267
9.1.2　直播营销的基本流程………… 244	任务布置………………………………… 267
9.1.3　直播营销团队………………… 244	学生活动………………………………… 267
任务 2　主播打造和话术设计…………… 246	能力测评………………………………… 268
9.2.1　主播打造……………………… 246	同步测试………………………………… 268
9.2.2　主播话术设计………………… 248	

项目 10　移动广告

项目重难点……………………………… 270	10.2.5　原生类移动广告…………… 281
课程思政………………………………… 270	任务 3　移动广告产业链及平台介绍…… 281
项目导图………………………………… 270	10.3.1　产业链中的角色组成……… 281
引例……………………………………… 271	10.3.2　移动广告平台市场现状…… 283
任务 1　认识移动广告…………………… 271	10.3.3　收费方式…………………… 285
10.1.1　移动广告的概念……………… 271	10.3.4　移动广告平台发展趋势…… 286
10.1.2　移动广告的发展历程………… 273	同步阅读………………………………… 287
10.1.3　移动广告的优劣势…………… 274	同步实训………………………………… 288
任务 2　区分移动广告的类型…………… 276	项目小结………………………………… 288
10.2.1　图片类移动广告……………… 277	任务布置………………………………… 289
10.2.2　富媒体类移动广告…………… 279	学生活动………………………………… 289
10.2.3　视频类移动广告……………… 279	能力测评………………………………… 290
10.2.4　积分墙类移动广告…………… 280	同步测试………………………………… 290

项目 1

移动营销概述

项目重难点

移动营销的概念、现状及特点；移动营销理论策略及运营模式；利用移动营销工具制作海报，分析移动营销与传统营销的优劣势并理解移动营销的核心竞争力。

课程思政

思政目标	引导和培养学生在数字经济时代具备创新精神，推动数字营销赋能和精准客户服务
思政主题	创新精神、团队精神、数字营销、精准服务
思政元素	弘扬民族企业，宣传、壮大民族品牌

<table>
<tr><td colspan="3">思政推进</td></tr>
<tr><td>项目前</td><td>项目中</td><td>项目后</td></tr>
<tr><td>培养数字经济时代移动互联网技术下的创新意识</td><td>在教学过程中通过研讨、课程互动，将创新、团队精神全面融入教学内容</td><td>利用移动营销工具完成作品。做好宣传民族企业、民族品牌或产品的准备</td></tr>
<tr><td>思政成效</td><td colspan="2">（1）较好地树立了数字营销中的创新意识，培养学生的团队精神。
（2）点燃了学生的创新热情，增强了他们的创新意识；课间交流互动明显增加，课堂学习氛围浓厚。
（3）能将爱国、民族情怀等元素融入任务作品中，通过课程实践表达对国家和民族的热爱，宣传民族品牌</td></tr>
</table>

项目导图

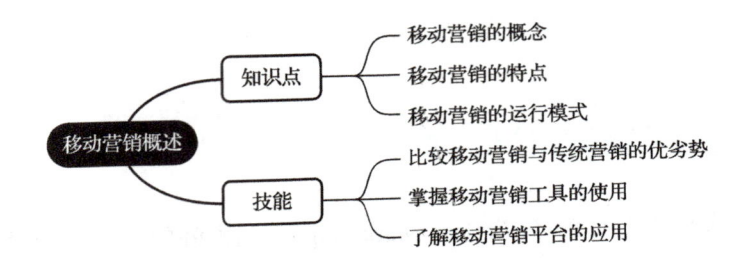

移动营销概述
- 知识点
  - 移动营销的概念
  - 移动营销的特点
  - 移动营销的运行模式
- 技能
  - 比较移动营销与传统营销的优劣势
  - 掌握移动营销工具的使用
  - 了解移动营销平台的应用

引例

李强是一名标准的"90后",在上大学时为了锻炼自己各方面的能力,他积极参加学校的各项活动,对校外各种兼职和创业准备活动更是乐此不疲。毕业后,他进入知名企业从事市场销售工作,两年中他练就了沉着冷静的性格,提升了市场的敏感度。微商出现后,周围的人纷纷做起了"微生意",他观察了很久,也思考了很久——到底要不要做?做什么类型的生意?2020年10月,李强发现原本工作稳定的同学在微信朋友圈发布了一条关于某洗发水产品的广告。他询问同学这是怎么回事,同学说自己代理了一款洗发水,在朋友圈和QQ空间里做推广宣传,生意还不错。

当时的李强还有些许犹豫——这种营销模式到底能不能得到消费者的认可?他试着在自己的微信朋友圈和QQ空间里面帮同学做宣传,没想到来询问的人还不少。因此,2021年年初,李强也跟着同学做起了"微生意",在微信朋友圈和QQ空间里卖同学代理的产品。每天两个小时的业余时间,用电脑或手机操作,接订单,发订单,就这样,李强慢慢当起了"微商"。刚开始他在QQ空间和微信朋友圈里面发信息,很多人都问他是不是QQ被盗了,他都一一耐心解释。渐渐地,他从一个月只能卖出一两套产品甚至零订单,到现在每个月销售产品100套左右。他认真地记下每位顾客购买洗发水的时间和数量,做好顾客维护,预计顾客快要用完洗发水的时候,发一条私人的问候消息,询问顾客是否还有购买的需求。就这样,李强的生意慢慢做大,每个月的营业额在10000元左右。

引例分析

移动营销以其精准的传播内容、快捷的反馈方式、经济的制作成本打开了营销新局面。智能手机和移动互联网技术的飞速发展,使手机不再是简单的通信工具。费者的视线由户外广告牌、电视、报纸、杂志等集中到一个屏幕——手机屏。每费者的使用习惯和方式必然会影响企业的商业行为。现在,人们每天通过手机各种信息,这种信息的传播速度远远超过传统媒体的传播速度,也带来了海量信息。移动营销的兴起将为企业带来更多的商业新机会、新模式,同时也将新创业者、自由职业者更多的选择和帮助。李强之所以能成功,是他本身具有创能敏锐地接受新生事物,并运用新零售营销模式进行创业。

任务1　移动营销分析框架

✓ 1.1.1　移动营销的概念

移动营销,又称无线行销(Wireless Marketing),国内外的样的说法。Manecksha 提出移动营销是一种能直接与任何个人，通过任何网络和任何装置，在任何地点、任何时间进行沟通的新兴营销方式。

Mort 和 Drennan 认为移动营销是适用于手机、智能手机（Smart Phone）、个人数码助理（PDA）等通信设备和行动环境下的营销活动，并提出移动营销的四大成功关键要素：方便（Convenience）、成本（Cost）、机不离手（Compulsion Touse）、情境感知（Contextual Sensitive）。

随后，Dieknger、Haghirian、Murphy 和 Schad 也提出，移动营销就是组织通过使用互动性无线媒介，提供给消费者个性化、时间敏感性、情境敏感性和地点敏感性的信息，以推广其产品、服务或创意，从而使所有的利益相关者获益。

同样，移动营销协会（Mobile Marketing Association，MMA）提出了最新定义：移动营销是组织通过使用任何的无线媒介（主要是手机和掌上电脑）作为信息传递和回应的载体，跨媒介营销传播的即时沟通程序，针对消费者（也就是终端用户）对时间和地点敏感性的、个性化的互动，打造出最适合消费者的营销信息。

从以上对移动营销的定义中可以分析出统一特性：通过无线网络、手机或移动设备（媒介），运用无线技术进行信息互动沟通。所以，移动营销是在移动互联网技术支持下，利用手机等移动终端直接面向潜在客户传递个性化精准营销信息，并通过与消费者信息互动完成营销活动的一系列行为。移动营销是整体解决方案，包括多种形式，如插屏广告、全屏广告、HTML 5 互动广告、二维码、微营销等。

1. 网络营销与移动营销

中国的互联网经历了主要以门户网站为主的商业化阶段（Web 1.0），进入了社会化阶段（Web 2.0），随之依托现代信息技术而进行的商务营销活动也从广泛、全面的网络营销到精准、个性的移动营销进行具体延伸。不可否认的是，移动营销是网络营销的一部分，本质上都是通过互联网，运用无线传播技术和手段进行产品、服务、品牌的推广和传播的。随着智能手机的普及和移动终端设备的广泛应用，以及移动互联网技术的发展，消费者终端营销市场潜力变得巨大。

（1）网络营销。

网络营销（Online Marketing 或 E-Marketing）产生于 20 世纪 90 年代，发展至今，亦称线上营销或电子营销，是一种利用互联网的营销形态。网络营销是以国际互联网络为基础，利用数字化的信息和网络媒体的交互性来辅助营销目标实现的一种新型的市场营销方式。简单地说，网络营销就是以互联网为主要手段进行的、为企业品牌在网络中迅速有效地传播、提高企业知名度、提升企业品牌效应而进行的营销活动。

从概念上理解，网络营销除直接在线进行销售、促成线上交易外，还可以在线上进行品牌推广、促销活动宣传，提供在线帮助和服务，从而促进线下销售。与传统市场营销一样，网络营销的最终目的也是实现产品销售。网络营销的内容体系包括网络产品定位、网络营销平台的选择或搭建、网络产品线上推广、网络产品线上销售。

（2）移动营销。

移动营销并非网络营销简单的延伸，两者在表现形态和形式上相似，但核心有所不同。网络营销主要在 PC 端、网络电视屏幕等互联网媒体上进行信息传播，而移动营销主要通过智能手机、PAD 屏幕进行传播。据统计，有些人每天都用手机上网近 3 小时，完成从生存、交流到娱乐的一切所需。微信、QQ、爱奇艺、抖音和手机淘宝五大应用，已经基本承包了一些人的移动生活，充分体现了消费者利用移动设备（手机）具有的随身性、即时性和隐私性的特点，使用零散时间接收和传递形式多样（文字、视频、动画等）的屏幕内容。

移动营销是移动商务时代将移动通信和互联网二者结合而展开的营销行为，互联网正在创造经济迅猛发展的未来，其主要表现形式为移动商务，而移动营销的表现是决定移动商务是否成功的关键。

网络营销与移动营销的特征对比如图1-1所示。

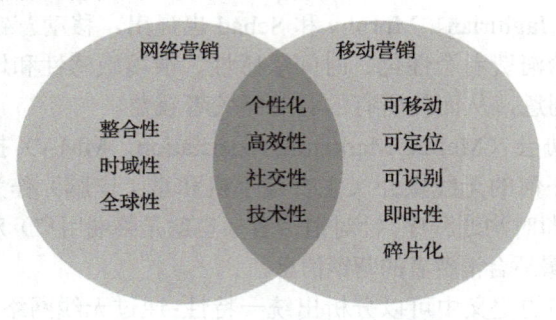

图1-1　网络营销与移动营销的特征对比

网络营销：整合性、时域性、全球性
共同：个性化、高效性、社交性、技术性
移动营销：可移动、可定位、可识别、即时性、碎片化

2. 移动营销和传统营销

传统营销指企业通过层层严密的渠道，将大量人力与广告投入市场，从而达到满足现实或潜在需要的经营销售活动的过程。移动营销与传统营销相比具有无可比拟的优势，特别是在即时性、互动性、反应性等方面表现突出。

移动营销相对传统营销最大的改变是让营销者和消费者实现双向互动和沟通。而在传统营销中，消费者只是单方面被动接收信息。移动营销通过与消费者的沟通与互动能够更加深层次挖掘客户需求，从而引导消费、引领市场。但移动营销不可能替代传统营销，在中国市场，大部分行业还是以传统营销等树立品牌的营销方式为主流的，同时移动营销也沿用传统的营销理论（4P），只是多了一个移动渠道或营销工具。

移动营销与传统营销的比较如图1-2所示。

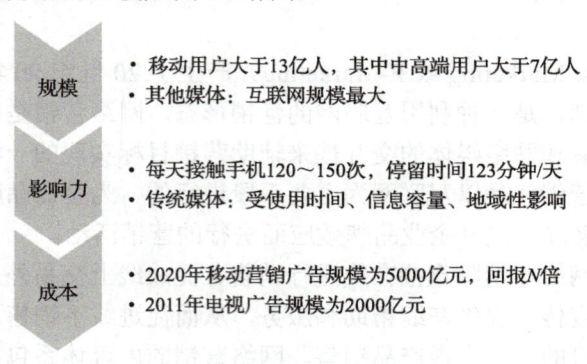

规模
- 移动用户大于13亿人，其中中高端用户大于7亿人
- 其他媒体：互联网规模最大

影响力
- 每天接触手机120～150次，停留时间123分钟/天
- 传统媒体：受使用时间、信息容量、地域性影响

成本
- 2020年移动营销广告规模为5000亿元，回报N倍
- 2011年电视广告规模为2000亿元

图1-2　移动营销与传统营销的比较

想一想

有人说，在部分行业，移动营销将来会替代传统营销，不久的将来手机屏幕将是营销战场的主阵地。这样的说法对吗？

1.1.2 移动营销现状及特点

据了解，近年来我国手机用户逐年增多，移动营销的群体基础不断扩大。截至 2020 年 12 月，我国网民规模约 9.04 亿人，较 2018 年年底增加 7508 万人，互联网普及率达 64.5%，较 2018 年年底提升 4.9 个百分点。手机不再单纯地作为沟通工具，而是逐步演变为集沟通、休闲娱乐、工作为一体的多媒体设备。随着互联网和智能手机的普及，越来越多的手机用户为移动营销奠定了群体基础。图 1-3 为 2013 — 2020 年网民规模和互联网普及率。

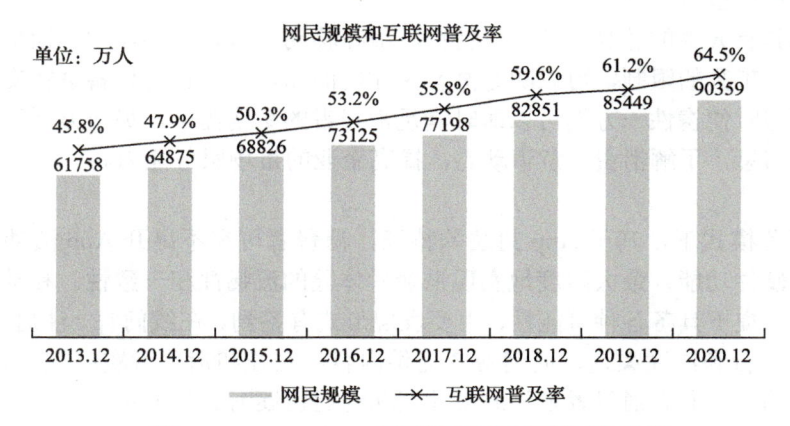

图 1-3　2013 — 2020 年网民规模和互联网普及率
（资料来源：CNNIC 中国互联网络发展状况统计调查）

智能移动终端已遍及 14 亿消费者的生活中，这部分消费群体对移动营销方式的接受能力明显增强，以至于以移动搜索、微商城、微信营销、微博营销和短视频营销等形式的移动营销所产生的需求呈井喷态势。移动营销的广告投放量增长率在 2014 — 2021 年年均为 55.3%，其中 2020 年整体经济受新冠肺炎疫情影响，广告投放需求增长放缓，移动广告市场规模为 4144.9 亿元。但在整体经济逐步向好的环境下，广告主营销投放需求仍然强烈，移动广告行业总体还是呈上升态势的。由此不难看出，移动营销已成为企业重要的营销推广方式，将拥有巨大的市场空间。但如何在合适的时间、合适的媒介对明确的潜在客户实现精准营销，成为移动营销要解决的核心问题。2014 — 2021 年中国移动广告市场规模及预测如图 1-4 所示。

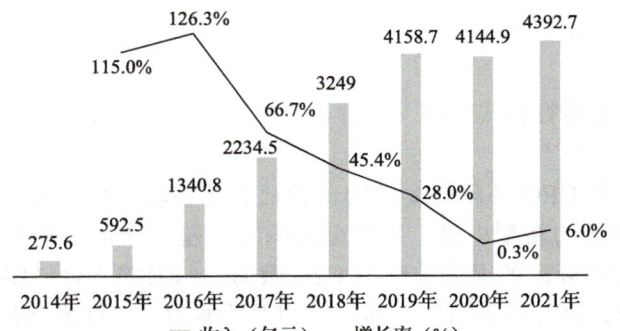

图 1-4　2014 — 2021 年中国移动广告市场规模及预测
（资料来源：艾瑞咨询数据中心）

与网络营销和传统营销相比，移动营销具有如下特点。

1. 广告投放精准性

手机是每位消费者必要的消费品，每部手机都对应着消费者。因此，在大众群体中可以借助时空定位、终端定位、行为定向，通过短信、微信、微博等工具精准匹配投放内容并传递给目标群体。除此之外，还可以得到消费者的应用安装列表、媒体使用行为等非标准化信息，可以更加精准地描述用户行为和使用时间等个性化特征，从而实现广告更加精准的投放和管理。

2. 使用即时便携性

移动终端具有天生的随身性和定位特性，故在移动商务营销环境中，消费者不需要再受时间、地域、工具的限制，可以随时浏览关注的商品，通过移动设备进行支付和在线交易。这种使用即时便携性一方面可以即时满足消费者的购物需求，另一方面可以使企业获得第一手市场信息，了解消费者意识动态，提高企业的市场服务能力。

3. 实时互动

在移动商务模式下，基于 App 封装的特征，消费者可在不离开 App 活动界面的情况下调用系统及硬件功能，最大限度地实现消费者体验的流畅性和一致性。移动应用广告的互动性在这个前提下具备各种可能性，主要表现形式有签到、在线问答、注册用户信息等。企业提供移动平台和沟通渠道，而消费者提供内容，企业和消费者实时交互、实时沟通。通过移动客户端，企业和消费者之间的良性互动沟通也逐渐变为现实。

4. 成本具有竞争性

在目前全球金融危机的压力下，降低企业营销成本、开拓企业市场成为企业的迫切需求。基于互联网络的移动营销具有明显的优势，它以具有竞争性的运营成本、广泛的受众规模成为企业提升竞争力、拓展销售渠道、增加用户规模的新手段，并受到越来越多企业的关注。由于具有移动终端用户规模大、不受地域和时间限制的特点，移动营销以其快捷、低成本、覆盖面广的特点与优势迎合了时代潮流和用户需求，成为新财富时代的一个重大机遇和挑战。

5. 消费群体年轻化

移动终端的个性化及定位特性，使得在移动商务营销环境中，受众群体追求更加鲜明的个性化，并且这部分受众群体将会成为未来重要的消费群体，而这群年轻的消费群体拥有比传统营销和网络营销消费群体更加超前的消费意识和较强的消费能力。

1.1.3 移动营销的运行模式

目前，移动营销的运行模式有以下几种。

1. 微营销

（1）微商。由微盟 CEO 孙涛勇提出的一种社会化移动社交电商模式。它是企业或个人基于社会化媒体开店的新型电商，主要分为两种：基于微信公众号开店的微商被称为 B2C 微商，基于朋友圈开店的微商被称为 C2C 微商。与天猫平台（B2C 微商）和淘宝集市（C2C 微商）类似，微商基于微信"连接一切"的能力，实现商品的社交分享、熟人推荐与朋友圈展示。由此可见，微商是基于微信生态的社交化分销模式，是企业或个人基于社会化媒体开店的新型电商。微商主要包括完善的交易平台、营销插件、分销体系及个人分享推广4部分。微商基于微信的分销模式，使很多人认为微商就是微信，事实上并非如此，后面的章节将会详细介绍微商属性及营销方式。

（2）微店。微店是零成本开设的小型网店，没有资金的压力，没有库存的风险，也没有物流的烦恼，只需利用碎片时间和个人社交圈就可进行营销推广。目前，南京牵牛电子商务有限公司在国内首次针对大学生群体推广微店，即大学生微店。微店是电子商务创业的新模式，具有零成本、无库存、无物流的优势，弥补了创新工场等互联网孵化器仍需要较高门槛的不足，有望成为一个新兴的电子商务创业平台。注意，微店是微信端的私人店铺，而微商是开店的人。

（3）微信。微信作为我国目前最具代表性和成功的移动互联网产品，截至2020年已经突破12.025亿用户，在这个庞大的用户规模下，微信营销已经成为企业不可或缺的营销方式。微信改变了企业的营销环境，为企业提供了公众平台和技术开放平台，企业可以在微信上完成从市场调研到客户管理、客户服务、销售支付、老客户维护、新客户挖掘的所有工作。微信营销的核心是建立用户与企业的可信赖关系，这是微信营销最具意义的地方。微信正在形成一个全新的"智慧型"生活方式，已经渗透到许多传统行业，如用微信打车、交电费、购物、就医、订酒店等。

（4）微博。微博即微型博客（MicroBlog），是一种通过关注机制分享简短实时信息的广播式的社交网络平台。微博营销以微博作为营销平台，每个网友都是潜在的营销对象，企业利用更新自己的微博向网友传播企业信息、产品信息，树立良好的企业形象和产品形象。企业每天更新内容就可以跟网友交流互动，或者发布网友感兴趣的话题，来达到营销的目的。企业可以注册自己的官方微博，通过微博发布相关产品的营销信息，吸引网友的关注和转发，从而起到扩大宣传、提高企业知名度的作用。

2. 移动广告

移动广告是通过移动设备访问移动应用或移动网页时显示的广告，主要包括图片、文字、插播广告、HTML 5互动广告、重力感应广告等。随着智能移动终端的发展，手机的屏幕尺寸可以更大，分辨率可以更高，使手机视频和动漫广告的数量呈爆发式增长。目前，手机视频和动漫广告的内容主要集中在化妆品、汽车、网络游戏等领域，随着技术的发展和从业人员素质的提高，制作更多有创意和精良的手机视频和动漫广告，能够吸引更多的用户，同时也更加符合企业的品牌形象。

3. 移动应用程序（App）

移动应用程序是指在移动操作系统上可以执行的程序，包括移动终端、平台和环境下的应用程序。从表现形式上看，移动应用程序主要有客户端形式和浏览器形式。一般情况下，应用程序可按其功能分成基础应用类，如浏览器；实用工具类，如天气、日历等；社交类，如QQ、微信、微博等；影音视频类，如抖音、快手、PPS、影音播放器等；生活服务类，如赶集网、大众点评网等；游戏类，如植物大战僵尸等；商务类，如金山快盘、名片全能王等；休闲购物类，如手机淘宝、京东商城等。随着移动互联网技术的发展，越来越多的开发者和个人都在从事移动客户端的开发和推广，而这种手机客户端应用程序也在改变人们的生活方式，给商家的营销带来了无限可能。

4. 社群营销

社群营销就是基于相同或相似的兴趣爱好，通过某种载体聚集人气，通过产品或服务满足群体需求而产生的商业形态。社群营销的载体不局限于微信，用户利用各种平台，都可以做社群营销，如论坛、微博、QQ 群，甚至线下的社区。从营销的发展演变来看，社群营销的目标对象销售精确度更高，营销的过程更能激发娱乐效应，更新颖、更好玩、更能与时代接轨，值得品牌营销人员掌握和运用。社群营销具有精准、高效、渗透力强等多个优势。

移动营销运营模式如图 1-5 所示。

图 1-5　移动营销运营模式

想一想

除以上主流的移动营销运行模式外，还有哪些非主流模式已经在目前营销活动中出现？

任务 2　移动营销发展策略

1.2.1　移动营销的理论与策略

移动营销是传统营销的发展和延续。在制定移动营销策略时，应该考虑传统营销的策略，通过分析传统营销的策略与方法，以挖掘消费者需求为中心，随着移动互联网技术的发展并结合目前移动商务发展的现状、特点及未来趋势，采用以下策略或策略组合。

1. 4P 营销理论

4P 营销理论产生于 20 世纪 60 年代的美国，随着营销组合理论的提出而出现。1953 年，尼尔·博登（Neil Borden）在美国市场营销学会的就职演说中创造了"市场营销组合"（Marketing Mix）这个术语，其意是指市场需求或多或少地在某种程度上受到所谓"营销变量"或"营销要素"的影响。为了寻求一定的市场反应，企业要对这些要素进行有效的组合，从而满足市场需求，获得最大利润。杰罗姆·麦卡锡（McCarthy）于 1960 年在其《基础营销》（Basic Marketing）一书中将这些要素概括为 4 类：产品（Product）、价格（Price）、渠道（Place）、促销（Promotion），即著名的 4P 营销理论。

4P营销理论是企业营销策划的坚实基石，无论对传统营销还是移动营销的发展和实践都产生了深远的影响，直至现在它仍是企业制定营销战略的有力武器。

2. 4C营销策略

4C营销策略是美国营销专家劳特朋教授在1990年提出的，它以消费者需求为导向，重新设定了市场营销组合的4个基本要素，即消费者需求（Consumer's Needs）、成本（Cost）、便利（Convenience）和沟通（Communication）。它强调企业首先应该把顾客满意度放在第一位，其次是努力降低顾客的购买成本，再次要充分注意顾客购买过程中的便利性，而不是从企业的角度来决定销售渠道策略，最后应以消费者为中心实施有效的营销沟通。

4C理论的核心是以消费者为中心，在4C理论的指导下，越来越多的企业更加关注市场和消费者，与消费者建立一种更为密切和动态的关系。前面讲述过移动营销的特点正好满足4C营销策略的应用，故从某种角度可以认为移动营销是4C营销策略的先行和实践。

3. 4R营销策略

侧重于用更有效的方式在企业和客户之间建立起有别于传统的新型关系的4R理论：与客户的关系（Relationship）、互动反应（Reaction）、客户关联（Relevancy）、回报（Rewards）。4R营销策略着眼于企业与客户建立互动与双赢的关系，不仅积极地满足客户的需求，而且主动地创造需求，通过关联、关系、反应等形式建立与客户独特的关系，把企业与客户联系在一起，形成了独特的竞争优势。

由此可见，4R营销策略的思想基础是紧密联系客户（消费者）并重视与客户（消费者）之间的互动关系，同时提高对市场的反应速度。进入移动商务时代，利用互联网技术，充分联系潜在客户，深入挖掘客户需求并满足各类客户的体验成为趋势，企业营销活动能通过移动营销达到更优的效果。

4. 4I营销策略

在业务多样化、需求差异化和服务精细化的4G时代，著名专家朱海松基于4G营销特征提出了4I模型，以此来探讨移动营销的精髓，4I分别是分众识别（Individual Identification）、即时信息（Instant Message）、互动沟通（Interactive Communication）和我的个性化（I）。

分众识别：移动营销基于手机进行一对一的沟通。由于每部手机及其使用者的身份都具有唯一对应的关系，并且可以利用技术手段进行识别，所以能与消费者建立确切的互动关系，能够确认消费者是谁、消费者在哪里等问题。

即时信息：移动营销具有传递信息的即时性，为企业获得动态反馈和互动跟踪提供了可能。当企业对消费者的消费习惯有所察觉时，可以在消费者最有可能产生购买行为的时间发布产品信息。

互动沟通：移动营销具有一对一的互动特性，可以使企业与消费者形成一种互动、互求、互需的关系。这种互动特性可以甄别关系营销的深度和层次，针对不同需求识别出不同的受众，使企业的营销资源有的放矢。

我的个性化：移动营销的属性是个性化、私人化、功能复合化和时尚化的，人们对于个性化的需求比以往任何时候都更加强烈。利用手机进行移动营销具有强烈的个性化色彩，所传递的信息也具有鲜明的个性化。

1.2.2 移动营销核心竞争力

1. 利用智能大数据分析实现精准营销

随着移动商务的快速发展，商务大数据的形态也变得丰富和多样，它不仅可以作为传统商务大数据的有益补充，还可以作为移动商务新业务本身的行动指导。在市场营销领域，通过数据分析用户的行为特征，可以衡量他们的生命周期价值或预测可能的购买行为。对于整个企业来说，利用数据进行分析和应对的能力，对进行正确的决策并取得更好的业绩是至关重要的。移动营销的最终目的是在充分了解用户信息的基础上，根据其特征和偏好有针对性地开展一对一的营销，而实现这一点需要通过精准的营销，将海量的用户行为轨迹数据作为数据支撑，通过跟踪用户行为轨迹，针对用户消费偏好的关键因素进行分析，进而优化实施模式。利用数据工具控制和优化营销过程，让广告从效果监测变为效果预测，让传播更有效、用户体验更佳、营销活动更加清晰可控。

大数据作为网络时代的数字资源，无疑蕴藏着巨大的价值。伴随着大数据平台的使用，大数据精准化营销已经成为一种共识，越来越多的商家通过大数据平台，经过对用户数据的搜集、分析、挖掘，还原用户的行为特征，对用户进行精准的细分，洞察用户的兴趣和需求，并建立针对每个具体用户的数据库。在根据用户自身的人口属性、兴趣爱好、消费习惯、价值倾向等产生的数据行为进行加工分析后，就可以根据不同用户的特征及偏好等信息进行精准营销，制定属于用户独一无二、个性化的服务，不断优化用户体验，使销售流程变得更加标准化和个性化，并且还可以根据用户的信息反馈有针对性地调整产品及其营销，通过人群定向技术，向特定的某个用户发送极具针对性的广告，从而降低广告的无效损失，提升品牌投资回报率，以便更好地满足用户的需求。

2. 引领消费者购物新方式

市场上大量比价软件（"慢慢比""我查查""超级购物""肥猫比价"等）的推出形成了新的营销模式，让消费者在购物过程中较为方便并更有兴趣。消费者使用比价 App 可以将附近店面的商品价格和网上同类商品的价格进行比较，再确定是否购买，对于消费者来说非常实用。消费者在外出购物时不再需要传统意义上的货比三家，而是直接通过二维码的入口对当前商品价格在网上进行对比，极大地提高了购物效率，同时也使得商品价格趋于透明及市场化，避免乱定价等不规范市场行为的发生。

这种类型的 App 对移动营销有促进作用，商家不仅可以将产品和品牌有效地传达给潜在消费者，而且对消费者的购买决策起到了关键作用。对比传统的"逛街式"消费模式，现在的消费者更加有的放矢。如今，消费者购买商品之前可能会用手机搜索，这就给商家带来了一个新的移动营销平台，商家根据消费者历史购物记录或搜索记录，可以提供更加个性化的购买建议给消费者参考。

3. 创新商业模式

现代移动终端的日新月异，给企业营销活动带来了更广阔的空间。2020 年 11 月 11 日，天猫商城一天成交额突破 4982 亿元，其中无线移动端成交 3388 亿元，占总成交额的 68%。仅移动端成交额就已经超过了 2019 年 11 月 11 日全天成交额。随着移动商务的发展，手机成为人们生活中必不可少的工具，不断地占用着人们的空余时间。相对于传统网络营销，移动商务有着更高的普及率和更长的在线时间，而移动营销也是企业网络营销环节里面重要的纽带和组成部分，同时也促进了新商业模式的产生和发展。

（1）移动推广模式。

移动终端设备发送无线广告并植入商品中，是移动营销模式的重要手段。现在手机用户较多，手机App软件应用广泛，在软件中植入商品广告，能起到很好的宣传作用，丰富了广告的形式，使其更加个性化。手机用户具有身份唯一性，依据用户的行为特征来设计广告形式，能够使广告的投放针对性更强。

微营销的推广模式是基于微信公众平台研发的一种新型的商业模式，将店铺进行虚拟化，以网络数据的形式存储，然后将店铺的链接用二维码技术生成，提供分享功能，再将链接或二维码图片分享到社交平台，如微信、微博、QQ空间等。任何一种推广模式都是以营销为目的的，将商家的信息推广给更多的人，吸引潜在的消费者，促进消费。

（2）聚群模式。

通过用户的口碑来达到消费的商业模式，紧紧把握用户的社交群体，达到宣传和推广的目的，以一传十的方式进行营销，在用户中建立良好的口碑，利用社交网络关系，运作自身的品牌。利用社交工具的聚合关系链条，形成群体组织，以开放和分享的模式来宣传品牌，将群体的网络关系形成商业生态圈，以聚群的模式影响和传播商品信息。

（3）位置服务模式。

在生活中，有很多位置服务，如手机地图就是最具代表性的位置服务，用户可查找路线，进行导航和定位，手机地图上提供了大量的商家地理位置及行车路线。同时，手机地图上也推送了大量的餐饮休闲信息。在位置服务的移动营销模式中，可以根据用户的喜好来推送附近商店、娱乐活动的信息，例如，给电影院附近的用户提供最新影片的资讯，给商场附近的用户提供打折信息。目前，位置服务的应用领域主要集中在休闲娱乐、生活服务、社交型和商业型4大类，并形成签到、周边生活服务搜索等多种模式。

（4）移动支付。

作为移动商务的基础，移动营销的直接体现和结果就在及时成交和支付上，移动支付具有战略性意义。利用移动（手机）支付便捷的操作性和灵活的管理性能够满足消费的消费需求。移动支付包含支付宝转账支付、网银支付、二维码扫码支付、Web扫码支付和公众号支付等。

同步阅读

2020年11月15日，由中国广告协会主办、《广告人》杂志社承办的中国移动互联网领军品牌2021营销资源联合推介会，在第27届中国国际广告节媒企展示交易会上举办。有15家网络领军品牌共赴盛会，在上午场，一点资讯、知乎、凤凰网、掌阅科技、雅迪传媒、百度、芒果TV、华奥传播8家顶尖互联网公司齐聚一堂。

在推介会上，可以明显看出，移动互联网公司数量显著增多，除移动互联网的技术平台与广告平台外，推介会上出现了很多垂直应用，这些移动应用正在基于庞大的用户基数和流量入口，致力于在商业化与广告变现上突破。那么，2022年中国移动营销将会发生哪些变化？

趋势1：移动营销常态化

如今，移动营销已经进入常态化。对于品牌而言已不是要不要做移动商务，而是要如何把它做得更精准、更具价值。这也意味着移动营销将成为很多企业与用户沟通的触点，如何制定精准的移动营销策略将成为品牌商需要思考的问题。

趋势2：重度垂直移动应用的营销价值正在爆发

有了移动互联网后，人与人可以更好地沟通，移动互联网将人们划分成更为细致的族群，所以，在移动营销时代，品牌营销要做的事情更具价值，一定不是大而全，而是小而美，要做到更加的垂直和细分化。在移动互联网时代，影响大众人群消费选择的一定不是大众本身，而是那些"精众"和小众人群，同时，这些人群多数为重度垂直应用的使用者。例如，推介会中的妈妈网就属于重度垂直母婴市场，可精准地划分母婴用户人群图谱；有道词典专注于英语学习和翻译，基于词典的翻译需求，划分出旅游、海淘、学习、办公4大场景。这些垂直应用的场景都可以为广告主带来更加匹配和深度与消费者沟通的营销机会。

趋势3：移动营销的整合与融合

好的移动营销案例一定是整合与融合的案例，而不是借助某个技术，帮助广告主完成某个细分目标。在移动互联网时代，合作贯穿成为当下热点。例如，在品友互动的一些程序化购买里面，有很多整合的案例，利用地理位置、DSP和个性化营销，以及实时购买的导入，使整合成为新的趋势。

趋势4：移动社交广告的崛起

如今社交网络已经成为人们依赖的移动互联平台，例如QQ、微信等社交平台已成为人们花费时间最长的应用平台，通过用户的社交属性，可以更为精准地判断出用户的消费需求与消费行为，从而可以实现品牌与用户在节点上的链接。同时，移动社交平台对于企业而言，也是最好的会员服务平台，是粉丝运营与变现最为交互化、实时化、精准化的平台。

趋势5：改变移动营销场景，实现精准传播

如今，如何能更精准地营销，真正地实现广告主按效果付费，同时让消费者也愿意去看广告，成为每个企业都在关注的问题。通过精准的传播，商家可以用商品发布广告，用户可以通过看广告获取"银元"，再通过"银元"来兑换商品，这样的模式为消费者带来收益和实惠，为广告主带来更好的实效转化。

趋势6：移动消费与移动营销的实时化

2015年以来，移动电子商务迅猛发展，移动购物已经占流量使用的60%左右，基于场景触发的实时购买模式成为消费者新的需求。在这个领域，移动应用有极大的市场，这个市场在视频网站已有应用，像优酷土豆和爱奇艺都已推出边看边买的项目。而类似有道词典、全景等应用具备大量流量入口后，它们能够将基于入口的场景与人们的消费行为打通，而像品友互动这样的平台，可以应用地理位置和程序化购买实现更为精准、精细化的营销推广。

同步实训

实训1 体验利用移动营销工具制作宣传海报

【实训目的】

通过在移动终端（手机）上查找合适的移动营销工具，体验利用移动营销工具制作宣传海报，并在微信朋友圈发布；能够比较、分析移动营销与传统营销的优劣势，加深对移动营销概念及特点的感性认识。

【实训内容与步骤】

（1）在手机主界面上点击"App Store"图标，如图1-6所示。

（2）在 App Store 界面上端的搜索框中输入"微营销"，如图 1-7 所示。

图 1-6　手机主界面　　　　　　　图 1-7　搜索"微营销"

（3）下载微营销 App，如图 1-8 所示。
（4）下载完成后，点击"打开"按钮，进入微营销 App 首页并进行注册，如图 1-9 所示。

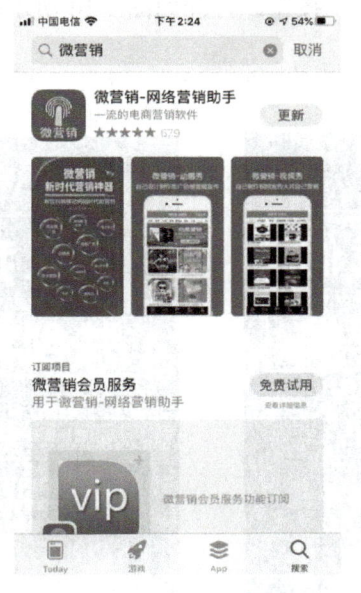

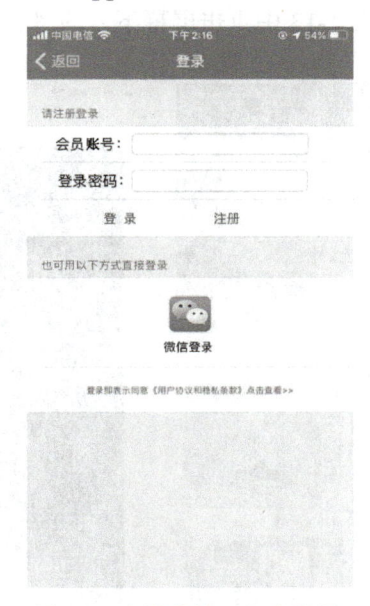

图 1-8　下载微营销 App　　　　　图 1-9　在微营销 App 上注册

（5）注册完毕后自动打开如图 1-10 所示的微营销页面，点击屏幕下方的"营销海报"图标，可以制作海报。
（6）点击屏幕下方的"更多工具"图标，可以查看更多的营销工具，如图 1-11 所示。

图1-10　微营销页面

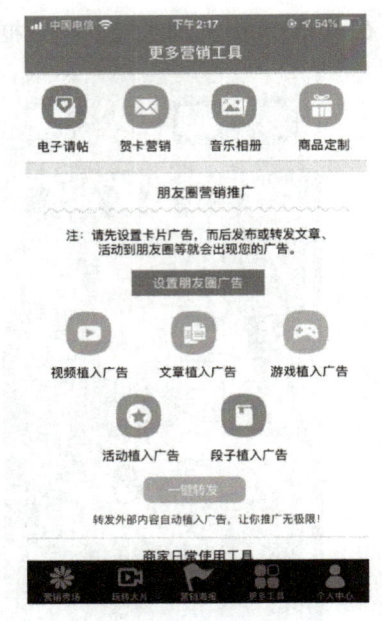

图1-11　"更多营销工具"页面

（7）在图1-12所示的"营销海报"页面中，有近百种模板可供选择，左右滑动可以进行查看，然后选中合适的海报，如图1-13所示。

（8）在图1-13中点击屏幕下方的"我要制作"按钮，打开如图1-14所示的页面。

图1-12　"营销海报"页面

图1-13　选中海报

图1-14　海报制作页面

（9）在屏幕中点击"添加文字"方框，输入"在线zhaopin"，可以调整文字的位置和大小等，如图1-15所示。完成后的效果如图1-16所示。

图 1-15　添加文字描述　　　　　　　图 1-16　添加文字后的效果

（10）选择一个适合本海报的、吸引人们眼球的宣传图标并放置在页面中相应的位置，如图 1-17 和图 1-18 所示。

（11）将手指停留在"在线 zhaopin"上将出现浮窗，在浮窗中点击 ⊗ 图标，可将浮窗中的文字删掉。

图 1-17　选择图标　　　　　　　图 1-18　放置图标

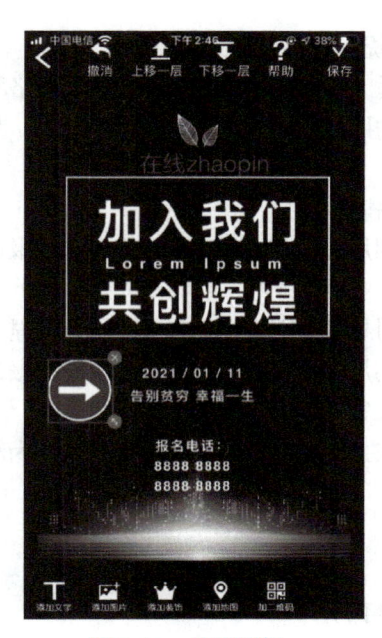

（12）在页面下方点击"加二维码"按钮后将出现二维码上传页面，在二维码上传页面中点击"上传二维码图片"按钮，可以将已经准备好的二维码图片上传至该页面，

如图 1-19 所示。

（13）制作完成后点击屏幕右上角的 保存 图标，即可将制作好的海报保存。返回后点击"存图"按钮，可以将海报保存在手机相册，如图 1-20 所示。推广时可选择"发给朋友"或"分享到朋友圈"。

图 1-19　上传二维码　　　　　图 1-20　点击"存图"按钮

〖实训提示〗

选择适合所要宣传的产品的海报风格和画面是关键，可以只使用海报风格，用所要宣传的产品的照片替换海报中产品的照片。另外，还要设计或选择标志性的宣传小广告图片或广告语。

〖思考和练习〗

体验利用移动营销工具制作宣传海报，以文字配图的形式记录操作过程，并回答以下问题：

（1）用框图描述制作宣传海报的流程。

（2）利用移动营销工具制作宣传海报需要注意什么问题？还有什么途径可将海报宣传受众面扩大？

（3）在此次移动营销活动中，你认为移动营销推广与传统营销推广相比有哪些优势和劣势？

实训 2　利用易企秀制作店铺宣传册

〖实训目的〗

利用易企秀制作基于 H5 的精美手机幻灯片，让用户通过自有的社会化媒体账号进行传播、业务展示，随时了解传播效果，优化营销策略，从而进行移动营销。

〖实训内容和步骤〗

（1）在手机主界面上点击"App Store"图标。

项目 1　移动营销概述

（2）在"App Store"界面上端的搜索框中输入"易企秀"并进行搜索。
（3）下载"易企秀"，如图 1-21 所示。
（4）下载完成后，点击"打开"按钮，进入易企秀 App 首页并进行注册，如图 1-22 所示。

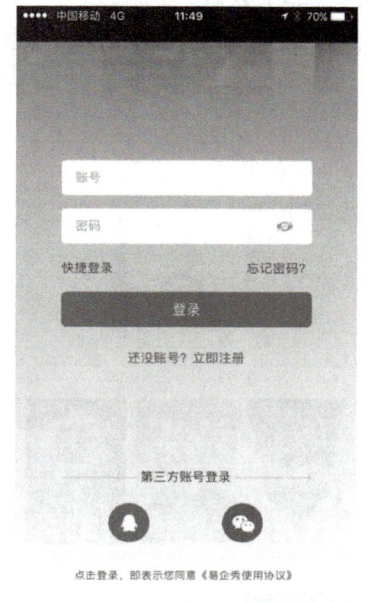

图 1-21　下载"易企秀"　　　　　图 1-22　注册"易企秀"

（5）登录后进入易企秀 App 首页，如图 1-23 所示。
（6）点击"企业宣传"图标，打开"企业宣传"页面，如图 1-24 所示。

图 1-23　易企秀 App 首页　　　　　图 1-24　"企业宣传"页面

017

（7）在图1-24所示的页面中，点击"不限价格"下拉按钮，在弹出的下拉列表中选择"免费模板"选项，此时页面如图1-25所示。

（8）选择第一个"夏季促销模板 店铺宣传"模板，如图1-26所示。如不需要背景音乐，可点击屏幕右上角的 图标。

（9）点击图1-26中的"使用"按钮，进入模板编辑页面，如图1-27所示。

图1-25 企业宣传免费模板列表

图1-26 选择夏季促销模板

（10）点击"活动时间：6.1—8.3"以将其选中，如图1-28所示。

图1-27 模板编辑页面

图1-28 选中模板中的文字

（11）将活动时间改为"7.1 — 8.31"，然后点击√按钮，如图 1-29 所示。以相同的方式对"夏季促销活动，全场 8.8 折"文字进行编辑。

（12）向左滑动屏幕，切换到第 2 个页面，如图 1-30 所示。

图 1-29　修改文字　　　　　　图 1-30　切换到第 2 个页面

（13）点击"实付满 199 使用""实付满 299 使用""实付满 399 使用""¥20""¥30""¥50""立即领取"中的任意文字即可参照步骤（11）的方法进行编辑。

（14）编辑完此页面后继续向左滑动屏幕，切换到第 3 个页面，如图 1-31 所示。在此页面中可点击任意图片（更换宣传图片）或文字描述进行编辑，编辑完成后如图 1-32 所示。

图 1-31　切换到第 3 个页面

（15）继续向左滑动屏幕，参照上述方法可完成更多页面的编辑。
（16）根据营销管理需要确定是否保留最后一个页面，如图 1-33 所示。
（17）点击屏幕右上角的"保存"按钮，效果如图 1-34 所示。

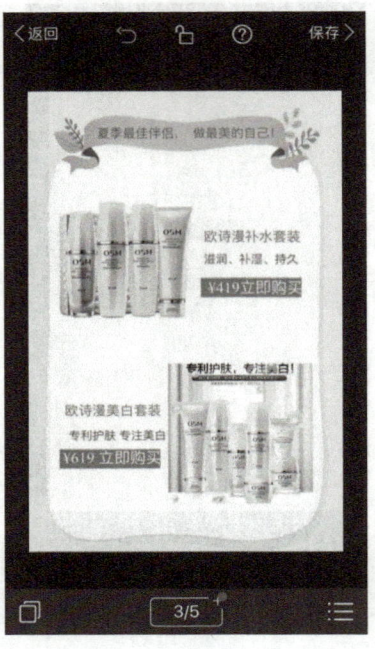

图 1-32　编辑文字和图片

图 1-33　最后一个页面

（18）点击屏幕下方中间的"音乐"按钮，可根据需要选择合适的音乐背景。
（19）点击屏幕下方右侧的"发布"按钮，打开如图 1-35 所示的页面。

图 1-34　保存页面后的效果

图 1-35　发布页面

项目 1　移动营销概述

（20）在图 1-35 所示页面的"请设置场景的封面、标题、描述"位置输入宣传主题文字。

（21）在图 1-35 所示的页面中选择"微信""朋友圈""QQ""QQ 空间""微博"等，可通过这些平台发布并推广海报。

〖实训提示〗

选择适合所要宣传的产品的模板是第一步，宣传海报的封面设计、标题、描述要通过有创意的图片或广告语来体现，达到吸引消费者使其有兴趣阅读宣传内容的目的。

〖思考和练习〗

体验利用易企秀给相关企业或产品做宣传海报，以最后完成并发布的宣传海报为成果上交，并回答以下问题：

（1）利用易企秀制作宣传海报需要注意什么问题？一个优秀的宣传海报具有哪些特点？

（2）营销人员利用易企秀做宣传海报需要完善哪些方面的能力？

实训 3　了解移动营销平台

〖实训目的〗

了解目前有哪些移动营销平台或移动营销工具（App），为不同的企业选择移动营销平台和工具提供参考。

〖实训内容和步骤〗

（1）在 PC 端的百度中搜索"阿里妈妈"，进入其官网，如图 1-36 所示。

图 1-36　阿里妈妈官网

（2）单击页面上方的"营销平台"，其页面如图 1-37 所示。将页面右侧的滚动条往下拉，会看到如图 1-38 所示的内容。

图 1-37　阿里妈妈营销平台页面

021

图 1-38　营销平台功能介绍

（3）单击各个图标，了解相应的营销方案及使用方法。
（4）打开手机"App Store"，在搜索框中输入"移动营销"并搜索，如图 1-39 所示。

图 1-39　搜索与"移动营销"相关的 App

（5）下载相应的移动营销工具，了解不同工具的使用方法。
〖实训提示〗
　　可以从移动终端搜索移动营销推广平台和工具，也可以从 PC 端的相应网站上搜索。相对而言，使用网站上的移动营销推广工具处理海报或电子宣传册，更能达到营销策划的要求（操作更方便，能够突出诉求点）。
〖思考和练习〗
（1）编制你找到的各种移动营销工具功能对比图。

（2）描述各种移动营销工具使用的优缺点。
（3）选择性能相近的两个移动营销工具，分析异同点。

项目小结

移动营销是在移动互联网技术的支持下，利用手机等移动终端直接面向潜在客户传递个性化精准营销信息，并通过与消费者信息互动完成营销活动的一系列行为。移动营销是整体解决方案，包括多种形式，如插屏广告、全屏广告、HTML 5 互动广告、二维码、微营销等。

移动营销相对传统营销和网络营销而言，具有广告投放精准、使用即时便携、能够实时互动、成本具有竞争性的特点。微营销、移动广告平台、移动应用程序、社群营销是目前移动营销的主要模式。

移动营销策略主要以 4I 营销策略为主。利用智能大数据分析实现精准营销、引领消费者购物新方式和创新商业模式是移动营销的主要核心竞争力。

任务布置

通过网络搜索并分析欧诗漫品牌移动营销模式及特点。

学生活动

内容要素 1：_____
内容要素 2：_____
内容要素 3：_____
内容要素 4：_____
内容要素 5：_____
内容要素 6：_____

请将作品转换成二维码，粘贴在右图方框中

温馨提示：根据移动互联网新技术、新平台的发展，本教材提供最新符合该项目或与工作岗位相适应的任务布置，将实践教学内容与市场需求对接，可扫描二维码获取。

能力测评

考评人		被考评人				
考评地点		考评时间				
考核项目	考核内容	分值	教师评分 50%	小组评分 40%	自我评分 10%	实际得分
	1. 主题明确，能鲜明、完整地表达、宣传主题思想	15				
	2. 表达形式新颖，构思独特、巧妙，具有吸引力	15				
	3. 选择制作工具和表现技巧准确、恰当	10				
	4. 成员之间互帮互助，具有团队意识和合作精神	10				
	5. 素材获取并加工，内容创作属于原创	15				
	6. 内容能体现思政元素	15				
	7. 吸引同学注意力，并能交流互动	10				
	8. 文字、图片表达及应用规范	5				
	9. 表达流畅，无错别字	5				

同步测试

1. 单项选择题

（1）移动营销的理念是（　　）。
　　A. 4P　　　　　　B. 4C　　　　　　C. 4R　　　　　　D. 4I

（2）（　　）是在充分了解消费者信息的基础上，根据其特征和偏好有针对性地开展一对一的营销。
　　A. 精准营销　　　B. 事件营销　　　C. 病毒营销　　　D. 体验营销

（3）（　　）不是移动营销相对传统营销的优势体现。
　　A. 可定位　　　　B. 可识别　　　　C. 即时性　　　　D. 时域性

（4）4I 营销策略不包括（　　）。
　　A. 分众识别　　　B. 即时信息　　　C. 消费者需求　　D. 我的个性化

（5）目前，主流的移动营销可以分为（　　）两种模式。
　　A. 精准营销和事件营销　　　　　　B. 精准营销和病毒营销
　　C. 精准营销和体验营销　　　　　　D. 精准营销和社会媒体营销

2. 多项选择题

（1）移动营销的运营模式有（　　）。

A. 微营销　　　　　B. 移动广告平台　　C. App　　　　　　D. 社群营销

（2）移动营销的特点是（　　）。

A. 精准性　　　　　B. 互动性　　　　　C. 便携性　　　　　D. 竞争性

（3）PC 端网络营销向移动营销转移，体现在（　　）。

A. 微信营销引发的"微风潮"　　　　　B. 二维码链接了线上和线下

C. 公众平台成为重要媒体　　　　　　D. "朋友圈"营销产生了微商

（4）下列属于移动终端的是（　　）。

A. 智能手机　　　　　　　　　　　　B. PC

C. 可穿戴设备　　　　　　　　　　　D. 谷歌眼镜

（5）微营销已经成为现今最重要的营销手段之一，下列属于微营销的是（　　）。

A. 扫描二维码　　　　　　　　　　　B. 朋友圈推广

C. 微博营销　　　　　　　　　　　　D. QQ 营销

3. 分析题

（1）比较并分析移动营销与传统营销的优劣势。

（2）调研本地两家已经实施移动营销的企业，分析并比较这两家企业各运用了哪种移动营销工具或平台进行营销推广。

项目 2

活动营销

项目重难点

活动营销的基本类型与表现形式；活动营销的实施技巧；活动营销的软文编辑；设置活动营销软文的推送时间；选择移动端渠道发布活动营销的信息。

课程思政

思政目标	促使学生对中国传统文化的继承和发扬问题有所思考		
思政主题	中国传统文化、民族自豪感		
思政元素	文化自信，强化社会主义核心价值观		
思政推进			
项目前	项目中		项目后
列举我国传统节日，讲述传统节日文化中体现的优秀民族精神、厚德仁爱的优良品质等	尊重我国优秀传统文化，并加强传统文化的宣传		结合我国传统节日完成活动策划，做好民族传统文化、民族企业或产品的宣传
思政成效	（1）深入了解我国传统节日，树立学生文化自信的意识。 （2）增强学生民族自豪感，激发学生积极进取和奋勇拼搏的精神。 （3）能将社会主义核心价值观、文化自信等思政元素融入任务作品中，培养学生的爱国情怀和责任感		

项目导图

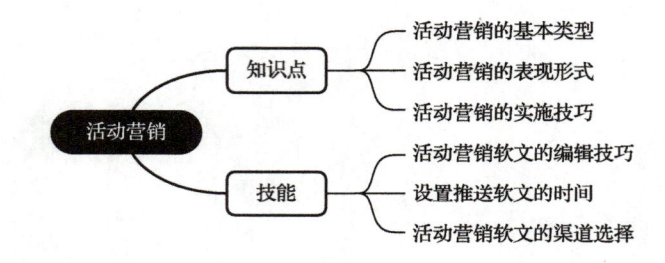

活动营销
- 知识点
  - 活动营销的基本类型
  - 活动营销的表现形式
  - 活动营销的实施技巧
- 技能
  - 活动营销软文的编辑技巧
  - 设置推送软文的时间
  - 活动营销软文的渠道选择

项目 2　活动营销

引例

老陈是一家咖啡店的店主，生意不温不火。他经常跟店员讨论在节假日如何做促销活动。一天，有一位顾客来到他店里消费，聊天时提到了一点，让老陈心中泛起了波澜。顾客问："你怎么不在微信、微博上做些活动呢？现在这么多人用手机，传播面很广呢！"老陈琢磨了半天，觉得这是一个好方法。可是，他不知道该怎样做活动的策划、怎样写活动的内容、最后怎样发布这些活动。

于是，他招聘了一位刚毕业的大学生小李，让这位年轻人去做。小李了解了咖啡店的定位、消费人群等情况后，准备策划一场情人节的活动，通过闻香识别咖啡，来进行单身男女的互动。小李把活动信息发布在当地一些人气较高的微信公众号上，立即吸引了不少年轻人报名参与。通过这场活动，店主老陈也感受到了移动营销的影响力。

经过半年的运营，小李已经帮这家咖啡店成功策划了四五场活动，咖啡店的生意也开始红火起来了。店主老陈还特别召集了全体店员开讨论会，让小李分享自己活动营销的经验。在讨论会上，大家向小李提出了各种问题：活动营销是什么？活动营销一般可以分为哪些类别？你是怎样想到这些策划点子的？我们要怎样才能通过活动把顾客牢牢吸引住？活动的内容如何与中国传统文化结合起来体现文化自信？我们发布活动的时间需要特别设置吗？假如你就是小李，该怎样回答这些问题呢？

引例分析

移动手机端的流量和覆盖人群之大是有目共睹的，很多商家都想利用这个资源做品牌的活动营销。然而，活动营销如何在手机移动端形成裂变传播，在活动影响力扩大的同时将自身品牌进行宣传和营销，是需要耐心摸索的。引例中咖啡店店员的一系列疑问也是许多商家在尝试做活动营销时所面临的诸多共同问题。本项目将回答这些疑惑。

任务 1　活动营销策划

2.1.1　活动营销的基本类型

活动营销（Marketing Activities）是指企业通过介入重大的社会活动或整合有效的资源策划大型活动而迅速提高企业及其品牌知名度、美誉度和影响力，促进产品销售的一种营销方式。简单地说，活动营销是围绕活动而展开的营销，以活动为载体，使企业获得品牌的提升或销量的增长。

027

随着社会化媒体如微信、微博的出现，商家也开始热衷于活动营销这种传播形式。社会化媒体极大地降低了商家进行活动营销的人力、物力成本，企业通过微信、微博等即可完成一次覆盖面较广的活动，达到企业品牌宣传和曝光，甚至提升产品销量的目的。移动端活动营销策划的类型主要有以下几大类别。

1. 分享型活动策划

随着"分享经济"概念的流行，分享型活动营销是很多商家乐于使用的营销类型。众所周知，微信等社会化移动端媒体的出现，将个人的生活方式、观点、价值观、爱好等个性化的一面展现在"朋友圈"。如今，大量信息被传达到一个消费者面前，往往是通过另一个消费者。人们看央视新闻不会去刻意记住开播前那几秒的广告内容，看春晚也不愿意被插播广告影响心情，但是人们更心甘情愿地接收朋友分享和转发的消息。分享型的营销活动策划正是基于这样的媒介环境和氛围产生的。分享亲子相处的时刻、职场经验、私藏好物等，如此一来，形成了网络化的分享环境，同时也将商家的品牌形象带给了每一位分享的参与者。

2. 征集型活动策划

如今，在移动端的各类营销活动中，经常会看到一种类似"清单"的活动征集，众多的美妆护肤类公众号特别偏好这种形式的活动，低成本、实用性强、用户参与度高是这种活动类型的亮点。例如"你使用的眼霜空瓶记"活动，征集用户使用的不错的产品，最后进行统一的展示。当然，更多的商家会将自身的产品进行有效的植入，即在征集的"清单"产品中，适时加入自身品牌的元素，自然而然地让用户接收产品的信息。

3. 热门话题型活动策划

这种活动往往是引导用户产出符合要求的内容，借此来传播产品的价值观。在移动端的社会化媒介中，从来都不缺热门话题。而商家要做的就是将网络热搜话题与自身品牌的某种属性和元素连接起来，寻找一个契合点，通过有趣的网络化传播方式讨论话题，从而体现产品的某种特性。比如从热门电视剧《人民的名义》热播以来，许多品牌用"以某某的名义"形式寻找与自身品牌的契合度，进行活动策划，吸引了不少用户的眼球。

4. 节日型活动策划

在儿童节、端午节、中秋节、国庆节、春节等这样的节假日，商家根据自身的产品特点去策划一些节日活动，唤起用户使用的同时，通过一定规模的推广激发一些潜在的目标用户。节日营销一定要把握好时间节点，启动时间过早，用户容易忘记；启动时间过晚，用户看到活动时已经过了参与时间。理想的状态是，通过公众号、微博等平台，提前几天告知用户活动信息，让用户早做准备，保持心理期待。节日给了人们一个表达情感的出口，针对特定节日，比如在国际劳动妇女节可以推出"女神节"套餐，让用户从中找到共鸣，从而促进销售，让用户对品牌产生好感。

在活动营销策划过程中，需要注意以下几点。

（1）营销活动需要符合自身产品的定位。

如今，营销活动的关键不仅是活动的创意，还要学会利用网络数据、用户属性等一系列信息，策划真正有利于企业品牌形象宣传的营销活动，避免盲目模仿一些"网红"的营销活动创意。因为并不是所有的热门创意都符合每个领域的产品定位，吸引非目标用户对自身产品的转化毫无帮助，这样的营销活动效果适得其反。

（2）激发用户高层次的精神需求。

美国心理学家亚伯拉罕·马斯洛在1943年的《人类激励理论》论文中将人类需求按层次分为5种，分别是生理需求、安全需求、社交需求、尊重需求和自我实现需求。真正成功的活动营销，物质激励法中的奖品是辅助，更主要的是激励用户更高层次的需求。例如，风靡网络的支付宝的项目策划——将小时候的方便面集卡片的需求，以支付宝集福发红包的形式重新做出来。

（3）营销执行过程简单、易操作。

活动营销策划的创意固然重要，但在策划时需要注意，执行过程需要简单、易操作，无论是主办方还是参与的用户，其参与的步骤不能复杂难懂，人们追求的是一种让人"秒懂"的活动参与形式，并且能激发起用户参与的热情。

（4）传递正能量的价值观。

做移动端的活动营销策划，需要更多的网络娱乐精神，以及一种逐渐积累的"网感"，但在强调娱乐精神的同时，要注意不传播负能量，幽默而不低俗，客观表达态度。传递正能量的价值观是需要每个营销人在心中牢牢记住的。

想一想

列举一个最近影响力较大的品牌营销活动，看看它属于哪种类型。

2.1.2 活动营销的表现形式

在移动互联网时代，活动营销的形式发生着翻天覆地的变化。从最初传统的图文传播形式，到如今视频直播形式，商家和用户都在不断地尝试与改变，让活动营销变得更加生动活泼、更有趣、更有价值。

1. 视频、直播活动营销形式

视频、直播已经成为网民，特别是年轻网民最喜欢的社交方式之一。相对于文字和图片，视频能直截了当地表达拍摄者的想法，随时随地，更加真实和鲜活，也更容易吸引大众的关注。抖音、快手、秒拍、微信视频号等产品或功能的大热可以说都体现了这个特点。随着视频消费量的逐渐增加，巨大的商业机会和内容传播机会也随之而来。视频、直播的活动营销形式将越来越成为社会化营销的重要组成部分。不同平台营销模式分析如表2-1所示。

表2-1 不同平台营销模式分析

平台	主要视频营销模式	特点	优势
微博	品牌速递、秒拍、一直播	产品全面，占据广告、短视频、直播三大阵地	与微博打通，以微博平台为主要输出和传播渠道，用微博导流
微信	朋友圈广告	基于数据分析进行投放	用户多，具有数据优势，体验相对较好
陌陌	视频信息流广告、直播植入、时刻推广	基于位置的视频服务，符合陌陌特点	年轻，凸显LBS优势
知乎	知乎日报、《职人介绍所》	以知识为核心的视频	在传播深度上拥有优势

视频直播类的活动营销案例也是举不胜举，比如肯德基在天猫商城设立了官方旗舰店，并邀请4位成员进行花式销售的促销直播活动，同时在直播过程中结合支付宝口令红包与用户进行互动。在这个直播活动中，肯德基顺利销售出2.3万笔电子商品代金券。

2016年8月10日，"淘宝二楼"正式拉开帷幕（如图2-1所示），它只在夜晚的固定时间出现，每周三、周四晚上10点更新。用户只能在每天晚上6点之后到第二天早上7点之前，在手淘首页通过下拉的方式"召唤"淘宝二楼。一千零一夜是我们童年一个奇幻的世界，这个活动主题和形式一经推出，引起"80后"强烈的共鸣，工作一天放空的时候，点开看看，发现这里情感的抒发自然而然。商品的视频广告与淘宝网结合，使商品拥有了天然的优势。用户可直接评论，增加了用户的参与感，整个活动营销设计的思维是比较扩散和开放的。

图2-1　淘宝二楼页面

2. 游戏活动营销形式

游戏互动营销通过在游戏中软性植入品牌，让用户在趣味和情感诉求共鸣中加深对品牌的认识；通过把握粉丝"炫耀"与"竞争"的心理特点，利用互惠互利的原则，激发粉丝的朋友圈分享行为，达到传播的效果。从品牌软性植入到粉丝主动分享传播，促进线上或线下销售。这种营销形式更容易让用户接受，互动性更强，用户通过自己的努力获得的回报也会更加珍惜。在游戏结束页面设置活动奖励，可以提高转化率。

2016年春节，支付宝联合央视春晚推出"集五福"的活动，激发了人们的参与热情，并且数量较少的"敬业福"频频登上多个社交平台的热门榜单，成为2016年第一个全民网络热词。2017年是支付宝"集五福"活动的第二年，活动热度只增不减，此活动一直持续至2022年。这是一种高曝光率、高参与度的游戏活动营销。值得一提的是，支付宝的五福卡分别是和谐福、爱国福、友善福、富强福和敬业福，而这些也是社会主义核心价值观的要求。在支付宝"集五福"的游戏活动营销中，五福是最基本的符号化标志，在集五福卡的过程中，高频次的集福互动，使得这些词真正成为高频词。支付宝在网络虚拟空间发出"集五福"的活动邀请，用户在线下空间"集五福"，同时谈论有关"五福"的话题，"五福"成为用户共同的身份认同。这种身份认同随着网上及网下的互动话题和"福卡"分享不断增强。

作为汽车行业的游戏互动营销案例——比亚迪"秦"你来战，20万人线上狂欢的营销活动是一个不错的案例。比亚迪汽车为新款车型"秦"的上市，用游戏植入品牌的方式，进行以微信公众账号为核心的移动社交媒体整合营销。商家将其品牌植入到游戏场景中，以赛车比拼的方式让粉丝娱乐，利用粉丝攀比的心理特点，在游戏中设置奖励制度及比分制度，通过奖励与分数刺激粉丝参与及分享游戏，增加粉丝黏性，从而提高品牌的曝光度。

3. 网络公益活动形式

在网络活动营销众多类别中，有一种相对特别的网络活动，即网络公益活动，很多企业想借助公益活动的特殊性和影响力塑造企业具有良好社会责任感的正面形象。较为成功的案例如蒙牛"健康密码"活动，蒙牛乳业联合《环球时报》旗下的健康管理新媒体《生命时报》发起"假如世界没有牛奶"公益活动。《生命时报》刊发了一组寓意深刻的海报，如图 2-2～图 2-4 所示。海报（如图 2-2 所示）的中心是一个躺着的杯子，杯子里的牛奶流了出来。在图片的下半部，是"假如世界没有牛奶"8 个大字，还有几行小字"6 月 6 日，请关注 13005001022，我们为你揭晓答案"。海报的上方则是乳业协会、蒙牛与《生命时报》的标识。这个奇怪的海报引起了许多网友的猜疑与议论，神秘数字和打翻的杯子的组合，让人摸不着头脑。一组简单的牛奶公益海报，因为一组神秘数字，引发众人的围观。在活动期间，腾讯、网易等 40 多家主流网站进行了跟踪报道，同时网络自媒体人士也纷纷转发微博，提出自己的猜想。一时间，这组公益海报引发

图 2-2　蒙牛乳业公益海报 1

空前关注，在"健康密码"公益活动中，蒙牛乳业借世界牛奶日的契机，很好地找到了公益活动和营销的结合点，选取恰当的媒体合作平台，在营销过程中巧妙地利用创意和细节，进一步扩大了自身品牌的影响力。

图 2-3　蒙牛乳业公益海报 2　　　　　　图 2-4　蒙牛乳业公益海报 3

> **想一想**
>
> 说一说你印象较深的游戏形式的活动营销。

2.1.3 活动营销的实施技巧

在移动端社会化媒体传播活动营销过程中,有许多技巧性的要点,需要结合自身企业的产品调性与营销点,根据活动营销的数据反馈与效果,进行不断地调整与完善。

1. 活动营销创意策划与产品的把握

一般而言,在策划活动营销的时候,一定要考虑两端——前端消费需求和后端产品诉求。只有找到两端的契合点,消费者在参与企业活动时,才能形成品牌联想。

活动营销策划过程中很重要的一个环节就是捆绑产品。一个没有紧扣产品,传播游离在产品诉求之外的活动营销,即使曝光再多,也是失败的。线上活动营销简单、易执行,很多营销者为了达到单纯的曝光量,在设置活动主题和参与方式的时候,往往忽视了产品诉求,最后出现用户只记住了活动,却忘记了品牌的尴尬情况。因此,要把握好两端之间微妙的关系,巧妙地捆绑产品,又不使人产生反感。

2. 产生情感的共鸣

很多企业都在做情感营销,就是把消费者个人情感差异和需求作为企业品牌营销战略的核心,通过情感包装、情感促销、情感广告、情感口碑、情感设计等策略来实现企业的经营目标。

成功的活动营销,必然是与用户达到了情感的共鸣。当今时代,消费者购买商品所看重的不仅是商品数量的多少、质量好坏及价格的高低,还有感情上的满足、心理上的认同。而真正做到"走心"的活动营销,是从消费者的情感需要出发的,激起消费者的情感需求,产生心灵上的共鸣,寓情感于营销之中。有一段时间,人们先后被"网易云音乐"的评论刷屏,5000条乐评红遍地铁,2亿网易云音乐用户被戳心坎了,这其实反映的就是一种情感的共鸣。

3. 从用户视角策划活动

活动前可以进行一些用户测试,测试用户能否很好地理解活动的意图,对设计的活动流程、规则等会不会产生一些理解上的歧义。

从用户的角度,精简所有的操作环节,比如在一个页面里让用户完成所有的操作,而不是需要转换多个页面与平台,用户中途会认为过于烦琐而不走完活动流程。

4. 营造一种稀缺的活动氛围

物以稀为贵。在营销过程中,要有意识地通过"限时""限量"去营造活动的"饥饿感"。

营造这种活动氛围,目的是对品牌产生附加值。世界上越难得到的东西越是令人着迷,苹果公司的乔布斯深深了解其中的道理;雷军领衔的小米手机也学习乔布斯的精髓,小米的饥饿营销一直做得非常好。这种策略在一些有竞争力的产品推出时可以尝试使用。

同时,企业在进行产品活动营销策划时,可以适时营造唯一性,策划个性化的营销点。比如,周生生珠宝巧妙地制定"一生只爱一人"的宣传语,迎合了女性对情感唯一的追求,使用户产生强烈的渴求，从而也创造了一种独一无二的产品价值理念。

5. 趣味十足的互动

早年，微博刚被推出时，很多企业在微博上做活动，大多是整齐划一的转发抽奖，这些活动只能换来抽奖专业户的跟风转发。结果是，虽然一个活动有几万人转发，但背后参与的真实用户却寥寥无几。后来，企业觉察到了这个问题，开始转变思路，利用微博的话题功能，吸引了很多真实用户参与，很多内容都是围绕品牌核心卖点或关键字的，而这些内容也间接地为品牌做了二次传播。因此，活动营销尽量增加趣味性强的元素，拉近品牌与用户之间的距离，更亲近用户。

6. 充分的体验

产品的体验就是用户的感性与理性综合的体验，体验的感受会清楚地反馈于语言中，例如描述体验的动词有喜欢、赞赏、讨厌等，形容词有可爱的、诱人的、刺激的等。其实体验营销的重要性就在于，如今消费者的情感需求比重在增加，需求也更加差异性、个性化、多样化，消费者价值观在不断转变。企业必须在品牌推广上下足功夫，让体验式营销更深层地与消费者需求匹配。

> **想一想**
>
> 你认为活动营销实施过程中还有哪些技巧值得推荐？

任务 2 活动营销软文

2.2.1 活动营销软文的编辑技巧

1. 标题技巧

（1）利益点。

契合节日气氛，制造利益点，吸引用户的点击，如图 2-5 所示。

（2）热点。

和热点挂钩，很容易出爆文。新闻时事热点是新媒体运营者采集内容的一个来源，发布和本公众号定位风格匹配且弘扬正能量的图文，能够帮助公众号增强传播力。"浦东发布"公众号与上海浦东教育系统联合录制的抗疫具体行动宣传片的阅读量超过了 10 万次，如图 2-6 所示。

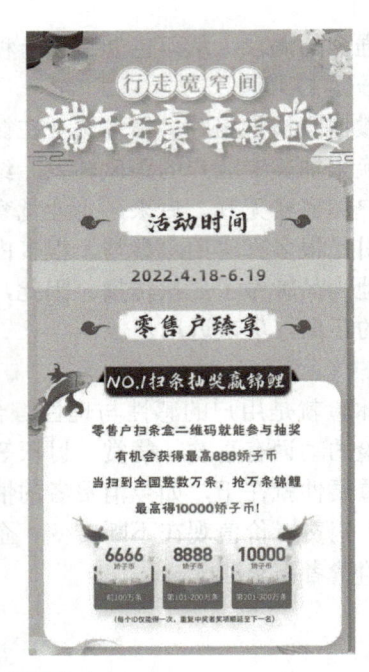

图 2-5　利益点营销软文

图 2-6　热点营销软文

（3）企业公众人物。

利用企业公众人物（内部或外部）的影响力，通过开展互动活动、开辟专栏、建立社群为用户解答问题等方式，与用户保持良好的关系。华为的日常运营十分用心，如图 2-7 所示。

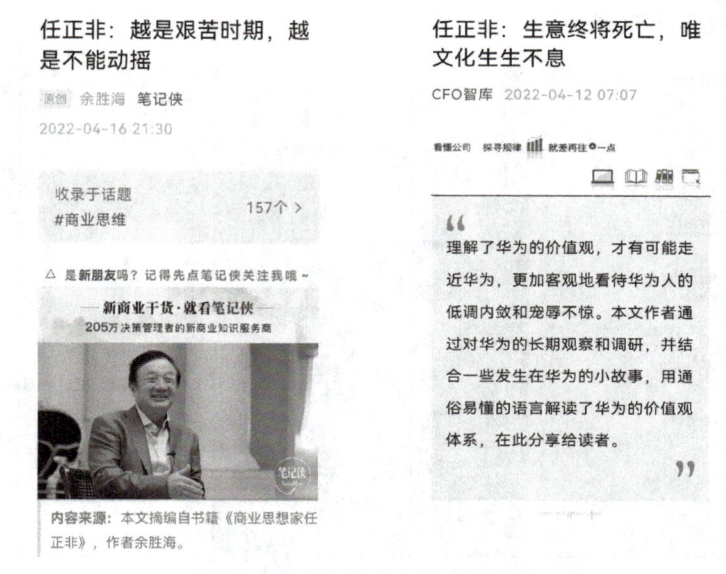

图 2-7　企业公众人物营销软文

2. 内容编辑技巧

（1）呈现形式。

主要分为图文形式（如图 2-8 所示）、纯图片形式（如图 2-9 所示）和 H5 页面形式等。不管使用哪种形式，都要挖掘关联用户的心理，内容设定需要符合活动的主题。此外，讲得了好故事，广告也不能丢，是将产品融于故事，还是先故事后产品，没有固定模式，重要的是衔接得足够自然。

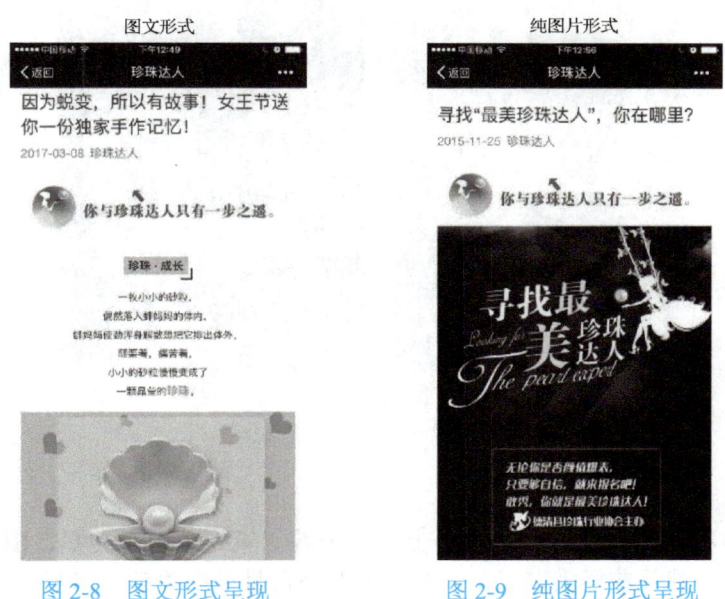

图 2-8　图文形式呈现　　　　图 2-9　纯图片形式呈现

制作精良的 H5 页面形式也是非常吸睛的（如图 2-10 和图 2-11 所示）。2020 年,华为、欧诗漫、腾讯等一线知名品牌在微信公众号上制作了精美的 H5 页面，配合优惠折扣、跨界营销,可以说赚足了眼球。

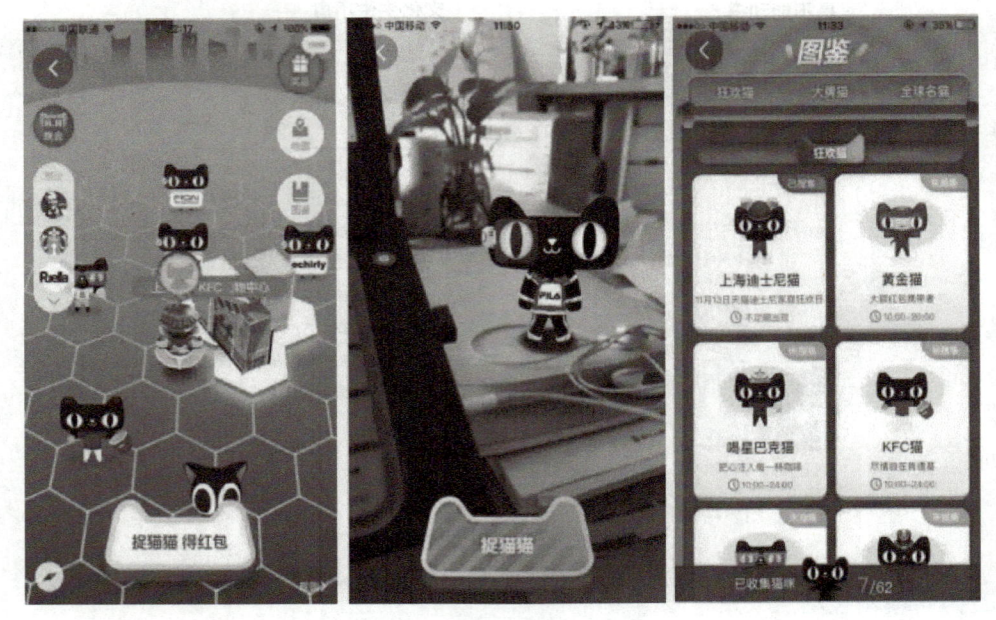

图 2-10　H5 页面形式呈现 1

图 2-11　H5 页面形式呈现 2

(2) 活动形式。

活动形式多样化,尽量在一个平台上。一个看似策划缜密,文案、图片兼优的活动,什么都做得很好,就是花样太多了,一会儿要在公众号里用关键字回复,一会儿要去支付宝里用口令抢红包,很容易引发粉丝不耐烦。

欧诗漫珍珠达人的活动统一在微信公众号内操作,只需点击文末"阅读原文",在珍珠达人微信公众号后台即可操作,如图 2-12 所示。

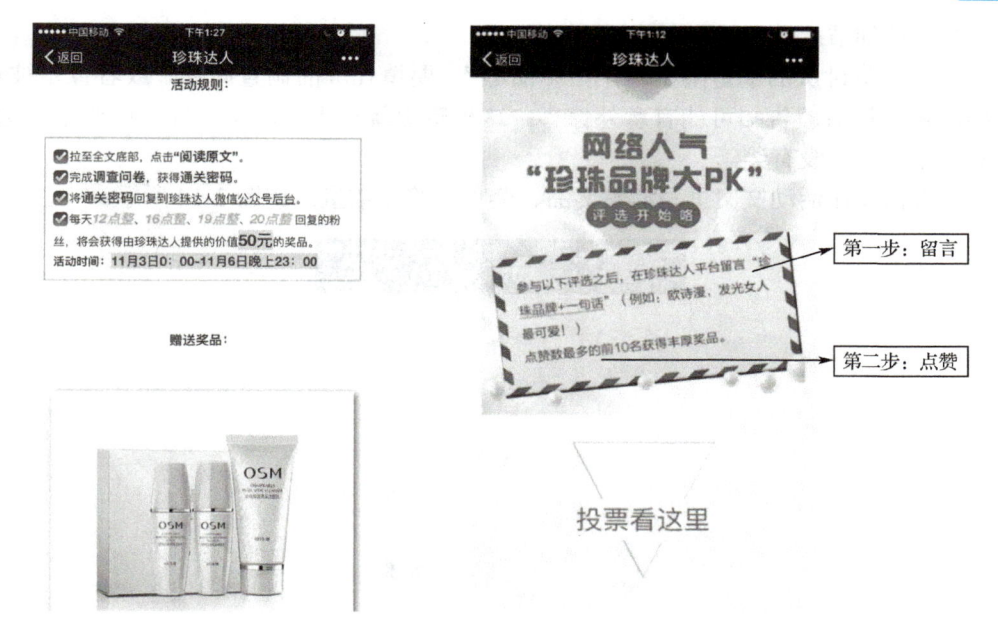

图 2-12　珍珠达人活动页面和活动步骤

（3）操作步骤简单。

操作步骤越简单越好，介绍越通俗易懂越好，不是每个人都是微信运营者，很多用户面对的是一个看似只会单向推送的公众号，其实也很难想象出不一样理解能力的人看同一段文字会得出多少种不同的意思。

第一做什么、第二做什么，别加专有名词。如果该微信公众号是做电影内容方面的，千万别想着用分镜、场景、景别、景深这些专业的词，要考虑目标受众的感受。

（4）奖品呈现。

奖品关系到粉丝是否参与活动。至少要在手机端用一屏的大小清晰地呈现奖品，可利用 Photoshop、Illustrator 等软件精心设计奖品页面，如图 2-13 所示。

图 2-13　奖品呈现页面

(5)活动细节。

一般粉丝最讨厌的就是给了一个"小甜枣",要填几屏的调查问卷,或者像是被查户口一样,查到最后被告知可能有意外惊喜。这种感觉就和去买彩票一样,中奖了是惊喜,没中奖是命里注定没有奖。

运营者需要在活动文案里写清楚奖品、奖项、奖品数量,如图2-14所示。

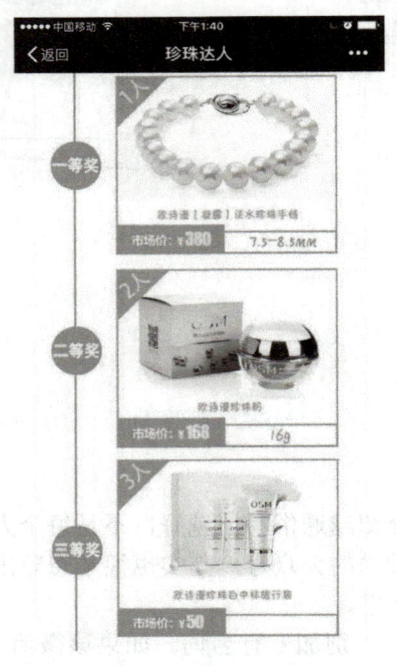

图2-14 写清楚活动细节

(6)联系方式。

用户体验很重要,虽然是可有可无的一个说明,但是确实遇见过试图通过微信进行联系的用户,很多人会把昵称当作ID,但运营者无法联系到用户。用户经常是参加完了活动就去忙别的事情,出了中奖公告也不知道自己是否中奖。所以,最靠谱的方式就是留下用户的手机号码作为联系方式,运营者发短信通知是否中奖。

想一想

寻找一篇微信活动爆文,观察符合哪几种编辑技巧。

2.2.2 软文发布的议程设置

1. 活动发起

在移动端开启活动的方式有许多种,可以是后台推送活动的微信图文或H5页面、在个人账号与社群发送活动信息、在菜单栏设置链接等,目的是通过一些渠道让粉丝关注活动,活动关注度决定后期活动参与度。

活动详情包括活动参与方式、活动结束时间、福利领取要求等。

2. 活动助热

活动期间可通过持续发布活动信息吸引尚未关注的粉丝，发布的内容尽可能丰富，一是通过精彩的活动展示吸引未参与的粉丝加入；二是借助活动实时播报渲染活动热度，让已参与的粉丝拥有更强的存在感和被重视的感觉。

助热文章数量根据活动时间来定，可大致发布 1～2 篇，过多会导致粉丝厌烦。

3. 活动评选

此环节适用于一般评选活动。评选形式有投票、论坛"盖楼"等。

投票作为线上评选的一种较为公正的方式被广泛使用。一方面，选手的投票可分多期，有助于活动的推广；另一方面，借由投票有助于平台增加公信力。投票的平台可以是微信自带的投票系统（每个问题限制最多 30 个选项），也可以是第三方投票平台（依据购买价格而定）。

微信第三方投票平台有爱豆子、磐石等。

4. 活动收尾及总结

活动结束需要做好活动总结推送，一是和粉丝一同回顾精彩瞬间，二是公布获奖名单及奖品领取方式，三是引导粉丝持续关注。

案例：珍珠达人"致闺蜜：相约一起白"活动议程分析

（1）活动发起：如图 2-15～图 2-19 所示。

图 2-15　活动发起 1

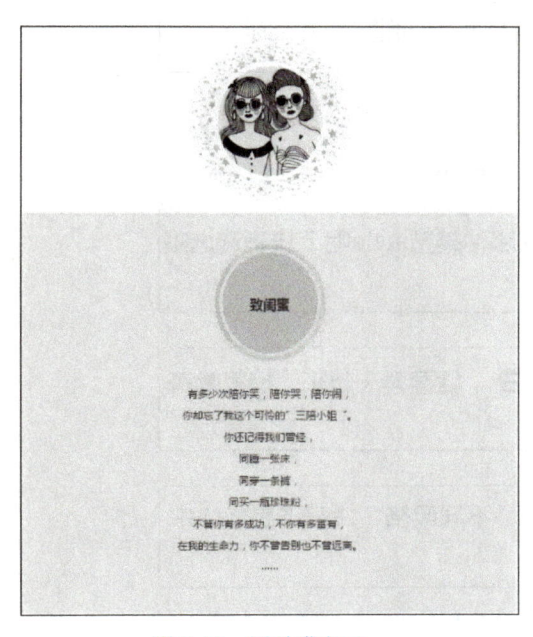

图 2-16　活动发起 2　　　　　　　图 2-17　活动发起 3

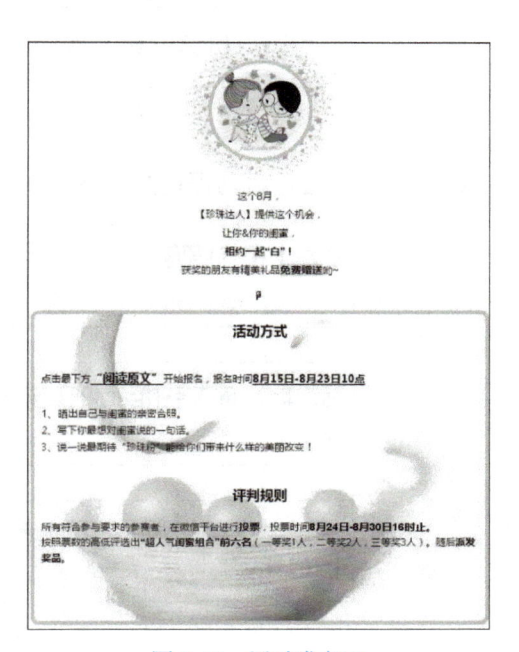

图 2-18　活动发起 4　　　　　　　　　图 2-19　活动发起 5

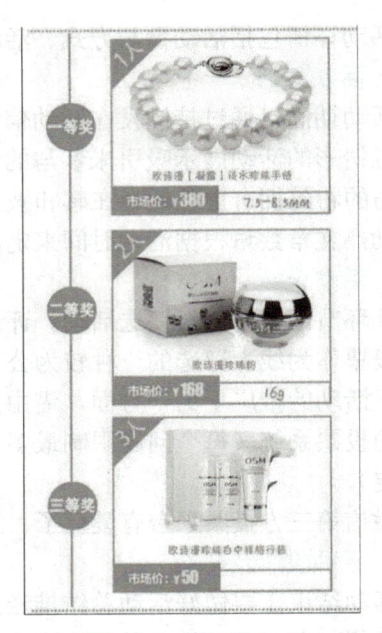

　　微信活动图文的发起，主要让粉丝看到运营者所推出的"致闺蜜：相约一起白"这个活动，展示了活动的参与方式（点击"阅读原文"报名参与）、比赛形式（投票形式）、截止时间（报名截止时间、投票截止时间）、福利奖项（一等奖：1 人，获价值 380 元欧诗漫淡水珍珠手链一条。二等奖：2 人，获价值 168 元欧诗漫珍珠粉一个。三等奖：3 人，获价值 50 元欧诗漫珍珠白中样旅行装一件）。

（2）活动助热，如图 2-20 所示。

这里有一份奖品尚未有人认领！！速速与闺蜜抱团前来！

图 2-20　活动助热文章标题

（3）活动评选，活动评选文章标题如图 2-21 所示。

投票|相约闺蜜一起"白"，你喜欢哪种闺蜜style呢？快来选选哦~

第二期投票来袭|相约好闺蜜一起"白"，让票票飞起来，榜首就是你~

第三期投票|所有闺蜜已全部上线，不同风格，快来选出你心中的最佳组合吧！

图 2-21　活动评选文章标题

通过三期的投票推送，实际投票人数共 1294 人，阅读量 2000 多人次，个人票数最高达 275 票，如图 2-22 所示。

图 2-22　投票统计分析

（4）活动收尾。

互动活动的最后就是公布获奖名单，如图 2-23～图 2-28 所示。

图 2-23　公布活动结果 1

图 2-24　公布活动结果 2

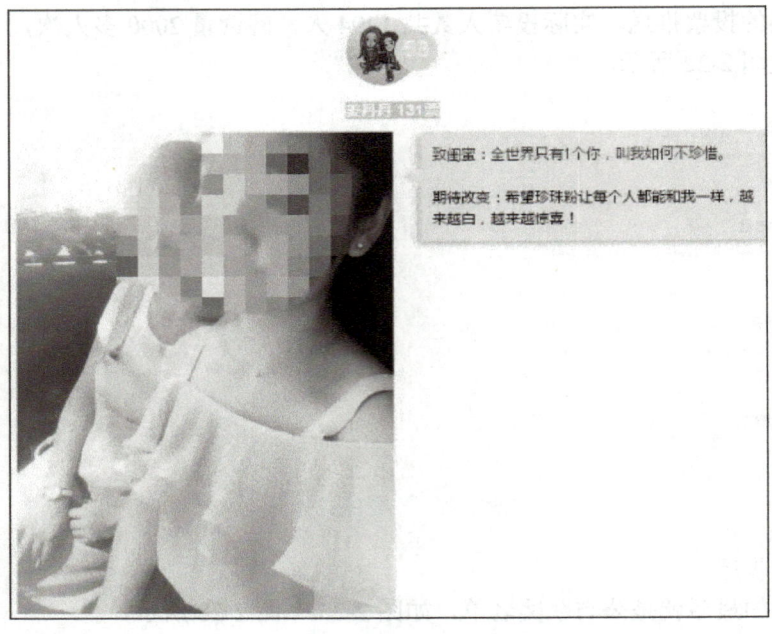

图 2-25　公布活动结果 3

图 2-26　公布活动结果 4

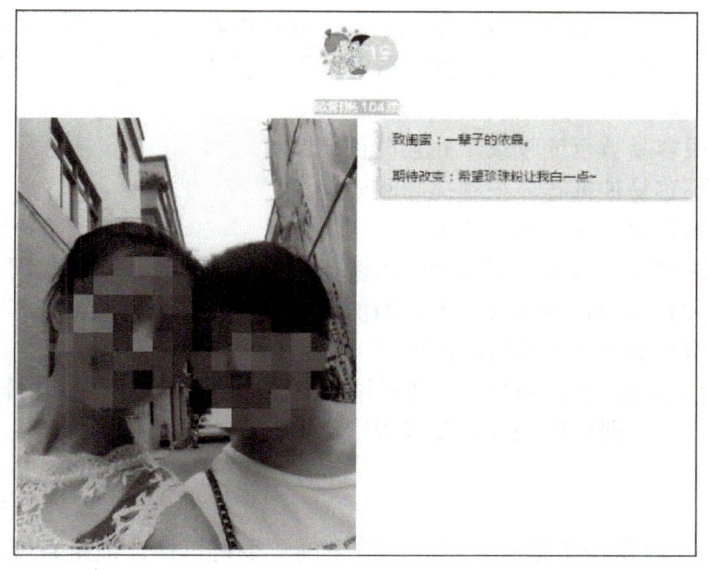

图 2-27　公布活动结果 5

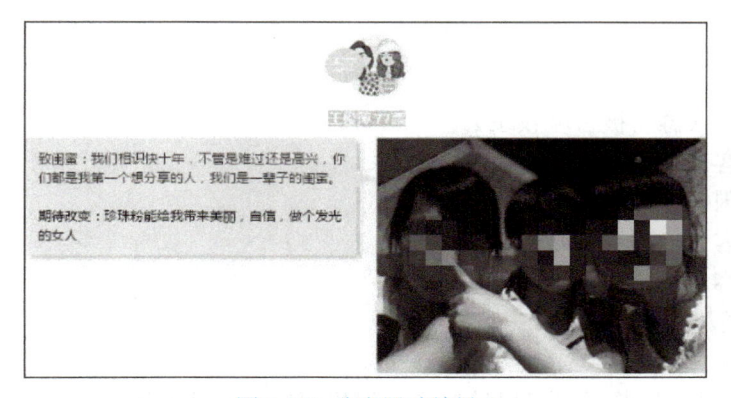

图 2-28　公布活动结果 6

> **想一想**
>
> 在微信活动软文发布的议程中，评选形式除投票外，还有哪些形式？

2.2.3　软文发布的新媒体渠道

现在的新媒体类型有很多，可以将其分为新闻类、博客论坛类和社交网络类。

1. 新闻类

（1）今日头条。

优势：拥有 2.5 亿用户，足以让它占据移动端阅读头把交椅。今日头条的智能推荐系统（其实是人工审核）会根据不同的文章属性，把文章推荐到不同的频道上，还会根据个人浏览习惯进行文章推荐。因此，把今日头条个人号做到专业度很高，有利于被推荐。

043

缺点：一篇文章，只要被其他网站收录了，或者作者先发布到其他网站上，今日头条就会马上抓取文章，作者再去发布，就发布不了了。所以，写完文章后首发今日头条。

（2）搜狐新闻。

优势：文章很容易被百度收录，并且被长期保留。

缺点：文章不容易被推荐，很难提高阅读量。

（3）腾讯媒体开放平台（天天快报）。

优势：腾讯用户数量很多，如果被腾讯新闻推荐，则阅读量就会瞬间"爆棚"。

缺点：腾讯没有大力宣传天天快报，当前用户较少，文章很难被推荐。

（4）百度百家平台（属于百度新闻）。

优势：百度百家是百度公司的产品，文章很容易被百度收录，并且搜索排名很容易靠前。

缺点：百度百家注册难度极高，要求限制过多。

2. 博客论坛类

（1）博客类。

① 新浪博客（就像一个落魄的贵族，流量确实少得可怜。但是百度一下，会发现很多图片来自新浪博客，可以被百度收录）。

② 网易博客。

③ 搜狐博客。

④ 百度空间。

⑤ 天涯博客（容易被百度收录）。

⑥ 凤凰博客。

⑦ 博客中国。

⑧ 和讯博客。

⑨ 网商博客。

（2）论坛类。

① 天涯论坛。

优势：容易被百度收录，可以转帖到人们想要的百度贴吧里面。

缺点：写博客不如在论坛里面发帖，注意不能直接复制文章到论坛里，会被天涯论坛自动认为是非人工发帖。

② 百度贴吧。

优势：用户数量多，粉丝比较集中，成本低，营销精准，容易被收录。

缺点：时间和精力投入巨大。

③ 豆瓣。

优势：可以被百度收录。

缺点：在豆瓣小组去做推广需要花很多时间和粉丝互动，需要投入很大精力。可以把在微信上编辑好的文章直接复制到豆瓣日记里，但图片不允许复制。

④ 知乎。

优势：里面有好多专业人士提供的各种干货。

缺点：审核严格，内容中出现广告容易被屏蔽。

温馨提醒：现在论坛管理都很严格，有人工审核，不能轻易发广告，积累的论坛账号越多，拥有的资源就会越多，要注意"养"好账号。现在论坛都可以用QQ直接登录，这样就加快了发送软文的速度，缺点是管理很严，申请设置签名也要付费。

在问答类平台，如百度知道、SOSO问问、天涯问答，做广告比较困难，一般问题都会经过人工审核，带广告的回答很容易被人工屏蔽，所以在发广告之前一定要先"养"好账号的级别，级别越高，发广告成功的概率越大。

3. 社交网络类

（1）微信（个人微信、微信群、朋友圈、微信公众平台、微社区）。

优势：垂直性强，私密性强，一对一互动性强，自主性强。

缺点：

① 想要点击量（阅读量），必须先有展现量（粉丝数），而粉丝的积累是一个"可怕"的过程。

② 私密，私密导致不公开，不公开导致不能像微博一样进行大范围传播，不能形成围观，也不能评论等。

（2）微博。

优势：

① 成本低，相较于高投入的传统营销模式，微博营销的运营成本是比较低的。

② 覆盖范围广，能够迅速扩大知名度，增加关注度，在短时间内将活动信息在大范围内传播。

③ 互动性强，转发、@、评论、收藏等功能大大提高和满足微博用户的互动性，是商家与用户互动营销中不可或缺的一部分。

缺点：

① 粉丝数量有要求。只有拥有足够多的粉丝才能达到传播的效果和目的，一些刚注册的用户的粉丝数量远远不够，这种情况下除靠自己优质内容的不断更新外，就要采取其他手段了，比如购买网站模板或制作模板。一些商家意识到这一点之后也开始设计网站模板，这样就干扰了微博本身作为一个信息平台的透明化。

② 内容更新过快。微博发布信息便捷、内容更新过快，容易造成信息被埋没。尤其是关注数量比较多的微博拥有者，他们会接收到大量的信息。

③ 可靠性受质疑。微博营销作为网络营销的一种是备受质疑的，网络媒体在公众心目中的可靠性远远比不上传统媒体，诚信在网络营销尤其是微博营销中显得极其重要。

④ 文笔水平要求过高。要用140字在保证趣味性、可读性、真实性的前提下将所要传达的商业信息淋漓尽致地表达出来。

2.2.4 新媒体运营阶段性目标

企业的发展依照生命周期通常会经历种子期、发展期、成熟期和衰退期4个发展阶段。企业新媒体运营目标模型如图2-29所示。

1. 种子期

目标：获取种子用户。

种子用户不仅需要企业的产品，而且对产品特别感兴趣。他们会高度关注产品的进展，并不断提供反馈，帮助企业打磨产品。

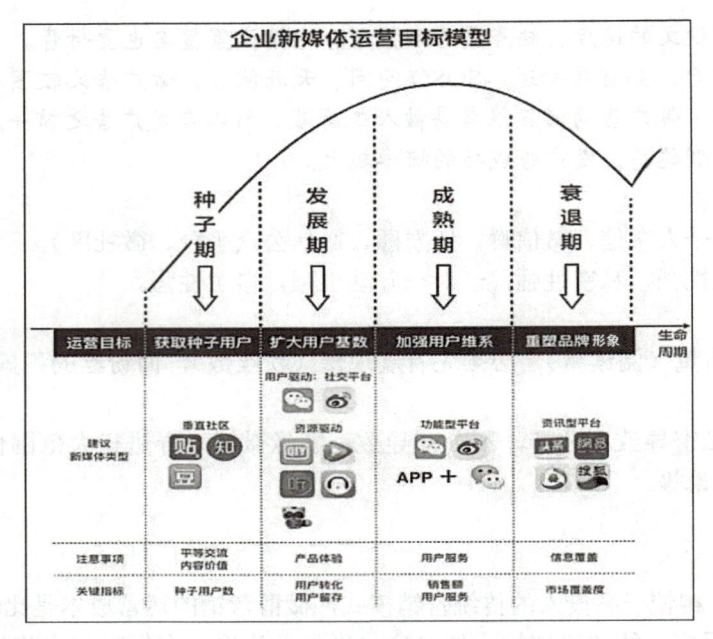

图 2-29　企业新媒体运营目标模型

相比较而言，各大垂直社区更适合企业发现并获取种子用户，包括知乎、豆瓣小组、百度贴吧等。企业运营人员可以用朋友身份不断输出有价值的信息，通过有效交流获得用户信任，并在此基础上聚集种子用户。

2. 发展期

目标：扩大用户基数。

当产品打磨得足够优质后，企业最迫切的任务是实现用户基数的大幅增长。

社交网络具有用户基数大、使用黏性强的特征，用户与用户之间的链条关系自带一定信任度，这在一定程度上可以提高用户转化率。

用户的分享举动属于自发行为，完全是用户驱动的自然增长，无须企业支付任何费用。

此外，企业接触到更多潜在用户后，能否更好地转化和留存用户取决于用户产品体验。因此，用户产品体验是企业在发展期需要格外重视的。

3. 成熟期

目标：加强用户维系。

在积累了相当数量的用户之后，成熟企业的主要任务是维系现有用户，并通过提高单位用户的服务质量来激活用户。主要方法有推送有价值的信息、提供查询和支付等功能、加强与用户的沟通。因此，成熟期的企业应尽量选择具备服务功能的新媒体。

以麦当劳为例，该企业选择使用微信公众号服务现有用户。该账号推送的每篇文章皆有 10 多万次的阅读量，新榜预估其活跃粉丝数有 143 万人之多。用户会收到麦当劳推送的促销和上新信息，还可以通过微信公众号订餐、查找附近门店、查询礼品卡。

当然，微博也可以作为成熟期企业的一个选择。某网红的微博账号拥有 400 多万名关注者，这个平台可以满足其推送产品信息、与粉丝互动的需求。同时，微博与淘宝网为用户提供了在线支付与查询货品的功能。

4. 衰退期

目标：重塑品牌形象。

衰退期是指成熟企业的产品口碑下降或市场份额减少，为重塑品牌形象，企业通常会推出新产品或策划新的营销活动。

另外，未出现衰退的成熟企业推出新产品的情况也属于此范围。

以小米公司为例，它在2016年7月27日为红米Pro召开产品发布会。在此前的产品预热阶段，小米公司不仅在自己的微信公众号和微博上高频次发布信息，还联合当红明星在各大新闻资讯平台推送广告。此外，小米公司创始人雷军还选择在直播平台与粉丝互动，进一步扩大影响力。

综上，企业可根据自身实际情况，选择相匹配的新媒体发力。

想一想

微信平台可用于企业成长周期的哪些阶段？

同步阅读

1. Keep 一年半累计 3000 万名用户

Keep是一款具有社交属性的健身工具类App，该产品正式上线时间为2015年2月，自上线后，用户数呈井喷式增长。用户数从0到1000万人，用了289天；从1000万人到2000万人，用了110天；从2000万人到3000万人，用了68天。

产品上线前，创始人王宁和团队通过微博、微信、QQ、百度贴吧等渠道，招募约400名喜欢健身又愿意尝试新事物的用户作为Keep App的内测用户，帮助最早的Keep版本实现了功能完善。2015年1月，运营团队锁定知乎、豆瓣小组、百度减肥贴吧和百度健身贴吧等垂直社区，以普通健身爱好者的身份连载优质健身帖子，培养固定读者，获取社群用户的信任。2015年2月，产品正式上线后，Keep几乎成为所有运动健身类垂直社区的讨论热点。2015年5月，Keep用户突破100万人。在产品设计上，Keep鼓励分享，通过在朋友圈、微博、QQ空间等社交网络里面分享，吸引更多新用户。此外，Keep为紧跟课程更新的忠实用户组建了微信群，用户可参与到教程的策划和设计环节，并反馈新动作是否合理。

总的来说，在不同的发展阶段，Keep分别选择了相匹配的新媒体。

2. 活动营销经典案例之 2021年支付宝AR集五福活动

2021年年初，很多人被支付宝集五福活动刷屏了，尽管不少人并不十分感兴趣，但这并不影响积极集五福的"吃瓜"群众，只因为扫任意福字就能集福，哪怕是对准电脑上的福字图片扫一扫也能集福，如图2-30和图2-31所示。

"支付宝集五福"活动描述

这是阿里运营部和营销部策划的营销活动，是从2016年开始的。2017年的AR集五福活动，支付宝成功打通了朋友之间转账的功能（好友添加、好友转账），将一个功能性的产品加入了社交场景的应用。

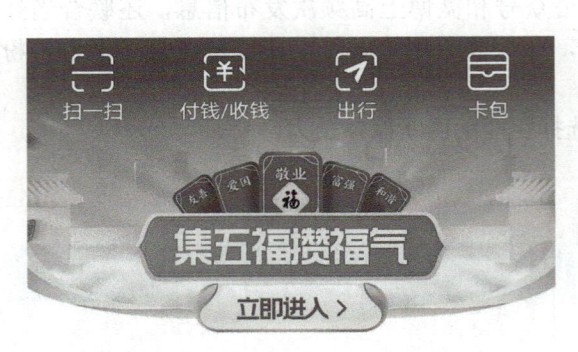

图 2-30　支付宝集五福活动页面 1　　　　图 2-31　支付宝集五福活动页面 2

五福的"出生"

为什么是五福，而不是六福呢？

党的十八大提出积极培育和践行社会主义核心价值观，分别对国家、社会、公民三个层面提出倡导。国家层面是富强、民主、文明、和谐。社会层面是自由、平等、公正、法制。公民层面是爱国、敬业、诚信、友善。

五福"出生"不凡，均是来自国家提倡的社会主义核心价值观的词汇，从国家层面选两个词（富强、和谐），从公民层面选三个词（爱国、敬业、友善）。

"支付宝集五福"活动的成功

活动的目的是打通产品社交的功能，将五福卡片和红包结合，于是有了当时的五福卡。

春节微信能玩红包，支付宝也可以，还要结合五福，怎么玩？支付宝不是社交平台，没有微信的优势。支付宝成功打通了朋友之间转账的功能，这就是创意的一部分。

支付宝上线的 AR 红包功能，增加了趣味性，这个创意可行性非常高。

同步实训

实训 1　以"因为蜕变，所以有故事"为主题，策划一个珍珠达人线上活动

〖实训目的〗

熟悉线上活动策划的一般流程，提高活动策划能力。

〖实训内容与步骤〗

（1）通过对主题"因为蜕变，所以有故事"的思考，确定活动的参与报名形式、活动时间（开始时间及结束时间）、比赛形式、活动奖项及奖品设置。

（2）活动内容编辑。可通过图文形式编辑活动的具体内容。

注意：好的标题可适当吸引粉丝的参与，活动的图片要精美。

（3）活动助热。活动期间可发布相关1～2条助热文章，有助于提高活动的热度。

（4）活动比赛。可通过投票或其他较公正的形式进行评选，依据参赛人员数量，可进行多轮评选。

（5）活动结束。公布获奖的选手及相应的奖品。

〖实训提示〗

活动策划需要全方位考虑，切不可遗漏细小的细节；活动开始后如发现遗漏，可适当做出调整。

〖思考与练习〗

（1）创新的活动营销需要哪些关键因素？

（2）活动营销对企业的影响是什么？

实训2　分析热点活动营销案例

〖实训目的〗

选择某行业或产品热点活动营销案例，从它的表现形式及技巧等分析案例的成功之处，以及可能存在的问题。

〖实训内容与步骤〗

（1）多阅读、多观察各种活动的营销案例。

（2）从活动营销的表现形式、技巧方面全面分析案例的好坏。

〖实训提示〗

养成每天多看、多思考各种活动营销案例的习惯。

〖思考与练习〗

（1）不同行业及区域的活动营销案例的共同点及区别是什么？

（2）好的活动营销的共同点有哪些？

项目小结

从经济学的角度看，活动营销是"注意力经济"。现在消费者的需求日益差异化、个性化、多样化，消费者不仅关注产品本身带来的价值，还注重在产品消费过程中获得的体验感。这时活动营销不仅要创造业绩，还要给消费者创造价值。

任务布置

以宣传中国重要农业文化遗产"德清珍珠系统"为活动宗旨，为欧诗漫珍珠文化园景区策划一个国庆黄金周活动。

学生活动

内容要素1：_____。

内容要素2：_____。

内容要素3：_____。
内容要素4：_____。
内容要素5：_____。
内容要素6：_____。

请将作品转换成二维码，粘贴在右图方框中

温馨提示：根据移动互联网新技术、新平台的发展，本教材提供最新符合该项目或与工作岗位相适应的任务布置，将实践教学内容与市场需求对接，可扫描二维码获取。

能力测评

考评人		被考评人			
考评地点		考评时间			
考核项目	考核内容	分值	教师评分 50%	小组评分 40%	自我评分 10%	实际得分
	1. 活动主题新颖、吸睛	15				
	2. 活动内容多样化	15				
	3. 活动展示方式容易理解	10				
	4. 活动步骤简单明了	10				
	5. 活动奖品符合相关要素	10				
	6. 活动能体现思政元素	15				
	7. 活动方案具体可行	15				
	8. 编排工整，格式符合要求	5				
	9. 表达流畅，无错别字	5				

同步测试

1. 单项选择题

（1）在有关活动营销的内容编辑中，哪一种不符合内容编辑的技巧？（　　）

A. 图文形式　　　　B. 纯图片形式　　　　C. H5 页面　　　　D. 卡通形式

(2) "华为：圆明园直播"体现活动营销软文编辑技巧中的哪一点？（　　）

A. 热点　　　　　　B. 利益点　　　　　　C. 呈现形式　　　　D. 步骤简单

(3) 活动助热的文章数量文中建议多少篇？（　　）

A. 1 篇　　　　　　B. 2 篇　　　　　　　C. 1～2 篇　　　　　D. 3 篇

(4) 物以稀为贵，在营销过程中，人们要有意识地通过"限时""限量"去营造活动的（　　）。

A. 紧迫感　　　　　B. 紧张感　　　　　　C. 饥饿感　　　　　D. 兴奋感

(5) 下列描述体验的动词是（　　）。

A. 美丽　　　　　　B. 赞赏　　　　　　　C. 生动　　　　　　D. 颜值

(6) 很多企业都在做情感营销，就是把消费者个人情感差异和（　　）作为企业品牌营销战略的核心。

A. 需求　　　　　　B. 个性　　　　　　　C. 观念　　　　　　D. 喜好

(7) 不同发展阶段，新媒体运营目标不同。维系现有用户是在企业的哪个时期？（　　）

A. 种子期　　　　　B. 发展期　　　　　　C. 成熟期　　　　　D. 衰退期

2. 多项选择题

(1) 活动的营销策略有哪些？（　　）

A. 情感营销策略　　　　　　　　　　　B. 体验营销策略
C. 植入营销策略　　　　　　　　　　　D. 事件营销策略

(2) 关于移动端活动营销策划的类型，主要有哪几类？（　　）

A. 分享型活动策划　　　　　　　　　　B. 征集型活动策划
C. 热门话题型活动策划　　　　　　　　D. 节日型活动策划

(3) 活动内容中需要写清楚哪几项？（　　）

A. 活动奖品　　　　　　　　　　　　　B. 活动截止时间
C. 奖品数量　　　　　　　　　　　　　D. 参与方式

(4) 哪些论坛百度可以收录？（　　）

A. 天涯论坛　　　　B. 百度贴吧　　　　　C. 豆瓣　　　　　　D. 以上都不是

3. 分析题

(1) 活动营销≠事件营销，两者的区别有哪些？

(2) 选择近期你观察的影响力较大的活动营销，并分析其成功的原因。

项目 3

微信公众号营销

项目重难点

微信公众号营销的概念与特点；微信公众号营销模式的认知；商家进行微信公众号营销的具体做法和技巧；微信公众号营销内容编辑与美化。

课程思政

思政目标	引导和培养学生勇于拼搏、敢为人先的竞争意识		
思政主题	竞争意识、社会责任		
思政元素	攻坚克难、应对挑战		
思政推进			
	项目前	项目中	项目后
	通过微信营销成功案例培养学生的竞争意识、应对挑战的职业精神	在教学过程中通过学习案例、提问等方式将竞争与合作全面渗透进教学内容	将民族企业家勇于拼搏、敢为人先及勇于担当的社会责任融入企业公众号推文的内容策划中
思政成效	（1）学生体会到企业家敢为人先、攻坚克难的精神。 （2）点燃了学生学习新技能的热情，增强创新意识，课间交流互动明显增加。 （3）能将学习新技能的经验迁移到今后的学习生活中，勇于面对新的挑战		

项目导图

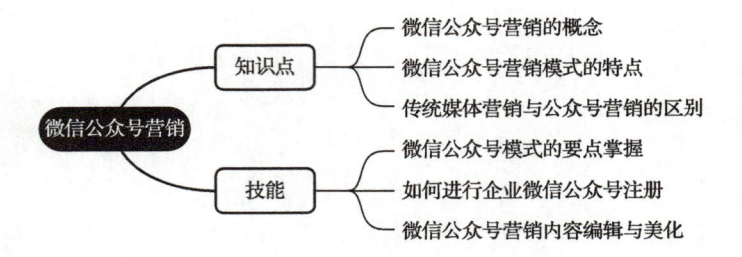

微信公众号营销
- 知识点
  - 微信公众号营销的概念
  - 微信公众号营销模式的特点
  - 传统媒体营销与公众号营销的区别
- 技能
  - 微信公众号模式的要点掌握
  - 如何进行企业微信公众号注册
  - 微信公众号营销内容编辑与美化

项目 3　微信公众号营销

引例

老张是一家服装企业的老总，企业年产值 3000 万元。他虽然已近中年，但接触年轻人的机会很多。2014 年，老张就有了自己的微信，而且常会去看一些专门讲企业管理的微信订阅号。某天，他忽然想到，现在的年轻人都在玩微信，自己的企业其实也能在微信平台做一些宣传。他把这个想法告诉了自己的老友老李。老李觉得微信是年轻人娱乐消遣的，能去做企业的推广宣传吗？还不如去电视或报刊上做广告来得有效果！但老张还是执意要去做微信公众号，他觉得这个平台的未来发展潜能无限。于是，在 2014 年 5 月，老张的公司专门成立了新媒体运营部门，开始运营企业的微信公众号。

经过两年的精心运营，到 2016 年的时候，老张公司的微信公众号已经有 5 万多人关注了，每篇文章的平均阅读量也达到了五六千次。在一次饭局上，老李碰到了老张，老李说你们那个微信公众号的内容我在朋友圈都看到了，原来这个传播力还是很强的啊！

过了几天，老李亲自登门拜访老张，讨教如何做微信公众号营销。公司新媒体部门的小赵，已经接手了这项工作有一年的时间。在交流会上，老李向小赵询问微信公众号究竟是什么、这个平台的市场前景怎样、微信公众号营销和传统的媒体营销有什么区别、像我们这样的企业适不适合运营微信公众号去做营销、如果要做的话具体如何着手、主要的营销模式有哪些、如何进行营销内容的编辑等。一连串直中要害的问题，小赵明白这次需要系统地解释了。假如你是小赵，该怎样回答这些问题呢？

引例分析

移动营销的迅猛发展，很大程度上源于微信的火热程度。然而，很多传统企业负责人还不是非常清楚微信公众号究竟是什么，简单地以为是一个社交平台，而忽略了其营销的重要价值。案例中老李的一系列疑问是许多传统企业在尝试涉足微信公众号营销时所面临的诸多共同问题。本项目将回答老李的疑问。

任务 1　认识微信公众号

3.1.1　微信公众号的概念

微信公众平台简称微信公众号，也曾被称为官号平台、媒体平台，是一个给个人、企业和组织提供业务服务与用户管理能力的全新服务平台。微信公众号给企业和组织提供更强大的业务服务与用户管理能力，帮助企业快速实现全新的公众号服务平台，可以通过渠道在线上平台推广品牌。微信公众号于 2012 年 8 月 23 日正式上线，从此开启了一个新的媒体传播的时代。

目前,微信已经有了亿级的用户,正在努力挖掘用户的价值,为这个新的平台增加更优质的内容,增强用户黏性,形成一个不一样的生态循环。企业利用微信公众号进行自媒体活动,简单来说就是进行一对多的媒体性活动。例如,商家申请微信公众号后,通过二次开发创建商家微官网、微会员、微推送、微支付、微活动、微报名、微分享、微名片等,形成一种主流的线上和线下微信互动的营销方式。

1. 微信公众号的账号类型

微信公众号的账号类型主要有微信订阅号、微信服务号和企业微信。

(1) 微信订阅号。微信订阅号旨在为用户提供信息。

① 每天(24小时内)可以发送1条群发消息。

② 发给订阅用户(粉丝)的消息,会显示在对方的"订阅号"文件夹中,点击两次就可以打开。

③ 在订阅用户(粉丝)的通讯录中,订阅号被放入"订阅号"文件夹中。

注意:在微信4.5版本之前申请的订阅号可以有一次机会升级到服务号,新注册的微信公众号在注册到第4步的时候有一个选择类型,可以选择订阅号或服务号,一旦选择就不能改变了,一定要确定好。推荐企业选择服务号,因为腾讯后期对服务号会开放一些高级接口,企业可以更好地利用微信公众号服务自己的用户。

个人申请只能申请订阅号。

(2) 微信服务号。微信服务号旨在为用户提供服务。

① 1个月(自然月)内可以发送4条群发消息。

② 发给订阅用户(粉丝)的消息,会显示在对方的聊天列表中。

③ 服务号会在订阅用户(粉丝)的通讯录中。通讯录中有一个"公众号"文件夹,点击可以查看所有的服务号。

④ 服务号可申请自定义菜单。

(3) 企业微信。面向企业、政府、事业单位或其他组织的市场化产品,提供移动应用入口,简化管理流程,提升组织协调效率。

2. 微信公众号认证

微信公众号为了确保公众账号信息的真实性、安全性,提供微信认证的服务。微信认证费用及认证后所拥有的特权如表3-1所示。

① 微信认证后,可获得更丰富的高级接口,为用户提供更有价值的个性化服务。

② 微信认证后,用户将在微信中看到微信认证特有的标识。

表3-1 微信认证费用及认证后所拥有的特权

账号类型	微信认证费用	微信认证后所拥有的特权
订阅号	政府及部分组织(基金会、国外政府机构驻华代表处)免收认证费用	(1) 自定义菜单(可设置跳转外部链接、纯文本消息)。 (2) 可使用部分开发接口。 (3) 可以申请广告主功能。 (4) 可以申请卡券功能。 (5) 可以申请多客服功能。 (6) 公众号头像及详细资料会显示加"V"标识

续表

账号类型	微信认证费用	微信认证后所拥有的特权
服务号	政府及部分组织（基金会、国外政府机构驻华代表处）免收认证费用	（1）可使用全部高级开发接口。 （2）开通微信支付功能。 （3）可以申请广告主功能。 （4）可以申请卡券功能。 （5）可以申请多客服功能。 （6）公众号头像及详细资料会显示加"V"标识

温馨提示：
（1）个人类型公众号暂时不支持微信认证。
（2）政府与媒体类订阅号认证后可申请微信支付。
（3）在申请微信认证时，填写的认证主体信息与当前公众号主体信息要保持一致，否则可能无法通过审核。

想一想

微信订阅号和微信服务号，分别适合什么类型和营销需求的企业？

3.1.2 微信公众号营销的概念及特点

微信公众号营销是随着微信公众号的火热而出现的一种营销手段，不少企业和个人都从中获得了收益，发展前景非常值得期待。简言之，微信公众号营销就是企业利用微信公众号，以及用户大流量、一对一的互动等优势，开展企业品牌营销活动。

微信公众号营销主要有以下特点。

（1）用户流量大。据相关研究报告显示，截至 2020 年 5 月，微信和 WeChat 合并月活跃账户数达到 12.06 亿个。近三分之二的手机用户最常用的互联网应用是微信，人均单日使用近 80 分钟，远超其他移动社交 App 的使用时间。微信公众号数量超过 2000 万个，微信用户订阅公众号的比例超过 80%。微信月活跃用户数量与单日使用时长变化如图 3-1 所示。

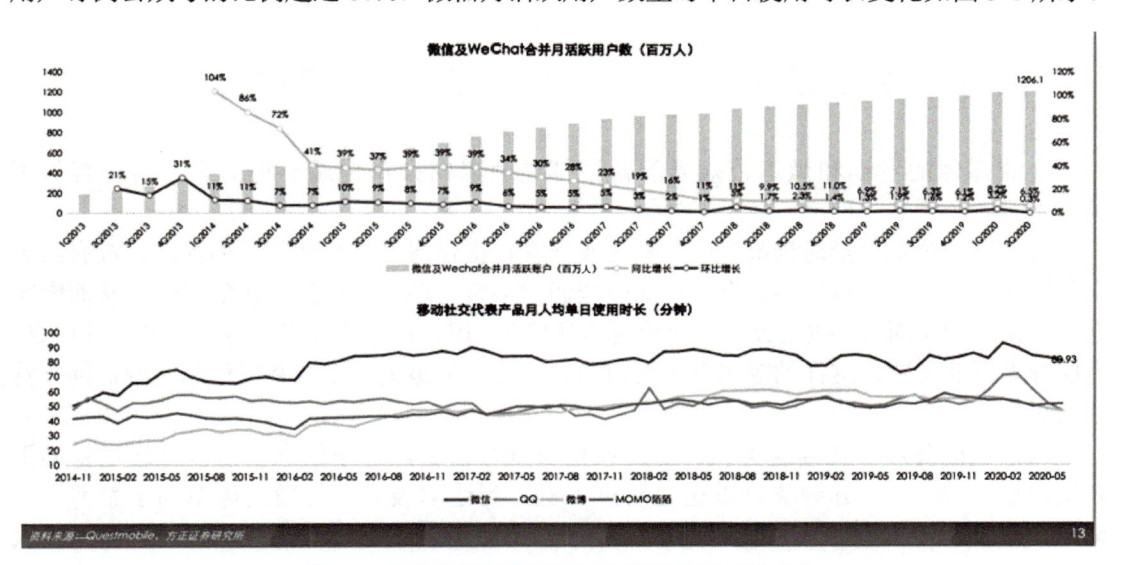

图 3-1 微信月活跃用户数量与单日使用时长变化

据《2019—2020年微信社会经济影响力报告》的内容显示，作为典型的数字经济产品，微信构建了一个以12.025亿个微信用户为支撑，覆盖超过8亿个微信支付月活用户，拥有超100万个小程序、2000万个公众号，以及60000余家生态服务供应商的生态网络。据微信"码上经济课题组"测算：2019年，微信生态带来的码上经济规模为8.58万亿元，约占我国GDP的9%。

微信以其丰富多样的社交、平台及生态功能属性，连接影视、餐饮、打车、火车票、机票、酒店、旅游等多种消费场景，改变了用户消费习惯与模式，拓展了传统消费需求，提升了消费品质。截至2019年第4季度，微信商业支付日均交易笔数超过10亿笔，月活跃账户数超过8亿个，月活跃商户数超过5000万家。企业微信已覆盖超过50个行业，服务超过250万家真实企业，6000万名活跃用户使用着企业微信服务，超过80%的中国500强企业选择了企业微信。

以上数据表明，微信平台生态系统的用户流量巨大，如果商家能够有效地利用微信大流量平台，做好微信公众号营销，那么其发展潜力是巨大的。

（2）一对一的精准营销。微信公众号营销是移动互联网经济时代企业营销模式的一种创新。微信不存在距离、地理区域的限制，用户注册微信后，通过LBS（位置定位系统）可添加附近的微信用户。在微信公众号上，企业无法主动添加好友，只能被用户订阅和关注，这样可以确保粉丝对商家提供的服务是有需求的。因此，网上有这样的一个说法："一千个微信粉丝相当于十万个微博粉丝。"

微信一对一的精准营销，注定了其能够通过互动的形式将普通关系发展成强关系，从而产生更大的价值。通过互动的形式与用户建立联系，互动就是聊天儿，可以解决用户的疑惑，可以讲商家的品牌故事、最新动态，甚至"卖萌"，用一切形式让企业与消费者形成朋友的关系。

借助微信公众号，让消费者在互动中更精确地了解商家的品牌文化、价值观念及产品特色。尤其是在"互联网+"时代，精准的营销能够为消费者带来更优质的购物享受，为企业和商家在消费者心中树立起良好的口碑提供更大的帮助，并能为企业及时收集用户消费体验的第一手数据，从而使产品优化有了更准确的数据。

3.1.3 传统媒体营销与微信公众号营销的区别

传统媒体的营销和微信公众号的营销都是商家向大众传递一种信息，两者有何不同呢？

（1）微信公众号推送精准度高。传统媒体在传播信息时，往往覆盖面很广，没有给大众任何选择的余地，这样不仅会造成媒体资源的浪费，还可能产生消极的影响，从而影响营销效果。相比而言，微信公众号营销则非常精准，用户自愿点开订阅号或服务号的信息、自愿分享到朋友圈，这样的营销是带有自愿性质的，能最大限度地利用信息资源，提升营销效果。

（2）微信公众号传播速度快。通过微信公众号营销，每条信息都是以推送通知的形式发送的，10～20分钟就可以送达用户手机，到达率极高，传播到达率高于微博。无论用户在哪里，只要带着手机，商家就能轻松地同用户进行很好的互动，而不需要天天守在电脑前,给商家带来了很大的方便。这也是移动营销,尤其是微信公众号营销的一大亮点。

(3)微信公众号数据分析更为有效。微信公众号的数据分析功能主要体现在其后台数据"统计"功能上。商家可以非常方便地通过用户分析、图文分析、菜单分析、消息分析、接口分析等功能进行相应的数据分析,及时掌握粉丝的关注数量、性别、信息关注度等关键性指标,为改善产品的营销策略、推广品牌和产品提供完善的数据支撑。这个大数据对于商家而言是非常重要的。

(4)微信公众号资源整合力强。微信公众号二维码涵盖微信公众号上的各种信息,用户可以通过手机扫描二维码便捷地登录平台,查看活动页面信息,浏览商家所有产品及服务信息等。也就是说,微信公众号二维码整合了传统媒体无限延伸广告内容和自媒体灵活快速传播的营销特点,便捷的"扫一扫"模式使其在移动互联网时代下更具有营销的价值。

任务 2　微信公众号营销模式

3.2.1　微信公众号营销模式概况

微信公众号营销模式一直处在一个动态发展状态。在最初微信公众号兴起时,人们热衷"扫码有礼""分享有礼"等简单的福利模式,随着微信公众号的不断发展及用户的心理成长变化,商家尝试了更加多元化、更有趣、更有传播价值和营销价值的模式,比如互动营销模式、故事+产品优惠营销模式、事件营销模式等。相信随着整个微信生态圈的不断发展和成熟,未来还将涌现出更多有创意、创新的微信公众号营销模式。

3.2.2　互动营销模式

微信公众号营销最被人们所熟知的便是互动营销模式。这种营销模式之所以被很多商家热衷,是抓住了用户对于分享、表达意愿等"利己性+利他性"的心理特点,达到了产品营销与互动的效果。

1. 主要的互动营销模式

(1)转发福利式。转发福利式是将整个活动进行传播,再利用优惠券等转发形式促使用户消费,从而带动整个平台的销售额。这种活动可以长期进行,人们对经常使用的优惠券有长期的需求,但是商家成本较高。

(2)测试表达式。各种星座、性格的测试,用户在转发时不仅是一种娱乐的体验,还是一种对自我的表达,体现的是一种认同感。不可否认,测试的确可以当成引爆点,但在用户的转化上是一个难点。

（3）投票福利式。投票赢福利是许多微信公众号都尝试过的营销形式。商家往往会特别设置，通过关注微信号才能参与该活动，从而收获用户，同时也能使用户主动传播。

（4）评论点赞式。在微信公众号运营一段时间之后，微信公众号官方将根据推送的内容，给予该公众号原创评论功能。这就意味着，商家可以利用每篇文章之后的评论功能与用户进行互动，即根据用户留言评论后的点赞量进行人气排行，拥有高点赞量的用户即可赢取相应的福利。

2. 互动营销模式中的福利

福利的分享是营销的极大助力。分享福利意味着接收者参与游戏也可以获取福利。福利主要有以下几种。

（1）红包、优惠券。这是商家提升销售额的惯用手法，只要与传播方式结合得恰当，通常可有较好的传播效果。

（2）手机话费、电影票等。手机话费、电影票等福利形式，也是目前微信用户乐于接受的形式，操作方便，又具有一定的实用性。

（3）体验活动的机会。这类活动通常是人们无法实现的，或者需要付出很大代价或精力才可以自己实现的。这样才能体现出福利的价值。

（4）具有诱惑力的礼品。礼品的选择一定要有特色或高价值，如欧诗漫官方微信平台在宣传其产品时，将某明星手绘定制版礼盒作为礼品，非常有吸引力。

3.2.3 "故事＋产品优惠"营销模式

随着用户对微信公众号营销传播形式的不断熟悉，如今最受到热捧的形式当属"故事＋产品优惠"营销模式。

那么，什么是故事性营销呢？

故事性营销就是借用文学创作的手法，将商品和服务的信息通过新颖、独特的情节设计展现给受众。深化受众对信息主体的认同，从而达到广而告之的目的。研究发现，优秀的故事性营销容易给受众留下深刻的印象，并且赢得相当高的点击率。另外，在以往的故事性营销中，视频类广告居多。

"故事＋产品优惠"营销模式就是通过故事性广告，在文末添加营销产品的优惠福利，这样的形式更容易让受众接受，同时也赋予了产品本身更丰富的内容。

"故事＋产品优惠"营销模式具有以下特点。

（1）可读性强。"故事＋产品优惠"营销模式之所以受到欢迎，很大程度上在于其具有可读性。通过阅读微信公众号中的故事内容我们可以发现，这类营销模式往往通过一个饶有趣味的话题或一个一波三折的故事引出要营销的商品，毫无违和感，能够在非常自然的情况下打动消费者，产生较为理想的广告效果，甚至加深传播层次，产生"病毒式传播"效应。

赋予目标用户一种强烈的身份标签，让他们有社群归属感，有情绪共鸣。将内容植入故事中，产品成为一种实体化的社交工具。用户使用该"社交工具"，首先和产品产生了最直接的第一次互动，然后和其他人因该产品"碰撞"出各种故事。

（2）粉丝专享优惠。这种营销模式在讲完故事后，会提供给粉丝微信专享的优惠特权。也就是让粉丝享受一些折扣优惠，这些折扣优惠往往比该产品官方售价更优惠。如此一来，公众号既收获了粉丝，也实现了广告效应；粉丝既免费看了精彩故事，也知晓了产品。真正将公众号、粉丝、商家串联起来，形成三赢局面。

（3）渠道资源互换。"故事＋产品优惠"营销模式，其内容推送的公众号往往不是商家本身的企业微信公众号，而是在该产品领域中具有高人气、高粉丝量的微信公众号。这些人气公众号拥有长期稳定的粉丝群体，商家可利用其粉丝传播资源。比如生产母婴类产品的商家，会寻找母婴类达人的微信公众号，让他们讲述生动的故事，融入这个公众号一贯的风格，并巧妙地结合商家的产品。最后，商家与这些高人气公众号实现了资源互换，达到双赢的效果。

想一想

商家如何讲故事更能吸引微信平台粉丝的共鸣？

3.2.4 事件营销模式

事件营销是很多商家津津乐道的营销方式。在微信公众号营销出现之前，就被很多企业营销大咖们所青睐。

事件营销是指企业通过策划、组织和利用具有新闻价值、社会影响及名人效应的人物或事件，吸引媒体、社会团体和消费者的兴趣与关注，以提高企业或产品的知名度、美誉度，树立良好的品牌形象，并最终促成产品或服务的销售手段和方式。

微信公众号营销中的事件营销，又具有区别于其他媒体平台营销的特点。

（1）事件议程设置更为紧凑。由于微信平台本身的传播速度极为迅速，因此微信公众号事件营销议程设置的时间节点也变得更为紧凑。一旦事件营销成为微信朋友圈刷屏的热点，其事态走向就会变得极为微妙。商家需要及时、迅速地进行相应的内容推送，从而达到预期的营销效果。

（2）事件舆论导向影响大。当事件营销具有一定的争议时，其社会舆论导向，以及对当事人的舆论压力影响是极为巨大的。因此，商家的微信公众号事件营销模式需要经过反复考量，谨慎对待，避免事件营销的最终走向对企业品牌形象产生负面影响。

对于微信公众号营销模式，商家需要根据自身的品牌情况、发展阶段，选择一个适合自身产品的模式，同时也需要灵活运营，多种模式结合并创新地进行操作，在一次次的尝试和试错的过程中，才能真正找到匹配自身品牌的营销方式。

任务 3　微信公众号管理

3.3.1　注册微信公众号

1. 微信公众号注册的类型

微信公众号分为订阅号、服务号和企业微信（因企业微信主要用于办公沟通，故这里主要介绍订阅号和服务号）。注册前需要详细了解自己所需要注册的类型。

订阅号：主要为用户传达资讯（类似报纸、杂志），每天只能群发 1 条消息。

服务号：主要是服务交互（类似银行、114 提供的服务查询），每个月可群发 4 条消息，如图 3-2 所示。

图 3-2　微信公众号注册的类型

2. 注册微信公众号需要准备的材料

不同用户类型注册微信公众号需要准备的材料如表 3-2 所示。

表 3-2　不同用户注册微信公众号需要准备的材料

认证类型	组织机构类型	业务资料	资质文件
个人	个人	扫描人脸验证	身份证号、手机号、电子邮箱
企业	各类企业	对公账户、公章	《营业执照》
媒体	事业单位媒体、其他媒体	对公账户	《事业单位法人证书》、《组织机构代码证》、对应的出版许可证
其他组织	基金会、社会团体、民办非企业、其他组织	对公账户，若无对公账户，可以分别在"开户银行""银行账号"栏填写"无"	对应的登记证书或证明或《组织机构代码证》
事业单位	事业单位法人、事业单位分支机构、其他事业单位	对公账户，如事业单位无对公账户，可以填写结算中心或财政账户支付验证（如国库集中收付结算中心等）	《事业单位法人证书》《组织机构代码证》
政府	国家权力机关法人、国家行政机关法人、政协组织、民主党派、人民解放军、武警部队、其他机关	对公账户，政府类型单位若没有对公账户，可以分别在"开户银行""银行账号"栏填写"无"	《组织机构代码证》

想一想

订阅号、服务号分别适合哪些类型的团体注册？

3.3.2　微信公众号后台功能介绍

以"珍珠达人"微信公众号为例，依据设置、管理、功能、统计、推广、开发这几项了解微信公众号后台的各个功能。

1. 设置

设置包含公众号设置、微信认证、安全中心、违规记录这 4 项。

（1）公众号设置。公众号设置包含账号设置与功能设置。

① 账号设置。

一个月内，账号头像只能申请修改 5 次。

当账号类型为订阅号时，可转为服务号，转为服务号后不能转回订阅号。

一个月内，账号功能介绍只能申请修改 5 次。

客服电话如果是固定电话，要填写区号，公众号资料页面会显示该客服电话。若客服电话留空，则不显示（仅支持微信 iPhone 和 Android 5.3.1 及以上版本）。

账号主体信息可迁移，账号迁移不支持主体变更。

若要修改运营者，可通过登记手机号和身份证号来修改。

账号登录邮箱在一个月内只能申请修改一次。

② 功能设置。

功能设置主要用于隐私和图片水印的设置。隐私设置一旦选择"是"，用户不能通过名称搜索到公众号，反之则能。图片水印的设置分为使用微信号、使用名称、不添加 3 类，主要是为了防止抄袭。

功能设置的效果如图 3-3 所示。

图 3-3 功能设置的效果

（2）微信认证。微信认证可以通过以下两种方法申请，根据页面提示操作即可。

方法 1：在 PC 端进入微信公众平台，选择"设置"→"微信认证"，在打开的设置界面中单击"开通"按钮，如图 3-4 所示。

图 3-4 微信认证方法 1

方法 2：在 PC 端进入微信公众平台，选择"设置"→"公众号设置"，在打开的设置界面的"账号详情"选项卡中单击"申请微信认证"按钮，如图 3-5 所示。

微信认证步骤如下。

① 同意协议：同意并遵守《微信公众平台认证服务协议》。

② 输入信息：在企业、网店商家、媒体、政府及事业单位、其他组织类型中进行选择，输入相关信息。

③ 遵守命名规则：如果申请的认证账号名称不符合规则，则会有审核人员与你沟通，名称符合规则后才能通过认证审核。

④ 设置发票：在需要开具发票时输入相关信息，不需要发票可选择"不开具发票"，然后直接单击"保存订单"按钮。

图 3-5　微信认证方法 2

⑤支付费用：使用微信扫一扫完成费用支付（费用 300 元）。

（3）安全中心。安全中心主要用于管理员微信号的绑定，管理员微信号是指公众号安全助手绑定的微信号，包括 1 个管理员微信号、5 个长期（永久有效）运营者微信号、20 个短期（1 个月内有效）运营者微信号。

由于管理员微信号及运营者微信号都将被作为公众号风险操作的验证入口，因此要设置好管理员微信号，并加强对运营者微信号的保护及管理。

（4）违规记录。违规记录里记录了公众号的违规情况，运营者可随时查看，以便更清晰地了解账号违规情况及相关规则。如对违规记录存在异议，可通过站内信处罚通知的申诉入口进行申诉。

2. 管理

微信公众号管理部分分为消息管理、用户管理、素材管理 3 大类。

（1）消息管理。粉丝在微信后台发送的信息，会出现在"消息管理"这一栏中，但是微信平台也有一定的限制。

①目前微信公众号暂不支持接收名片、动画表情及动态图片。

②不支持手动删除粉丝发过来的消息，系统会保留最近 5 天的消息，超过 5 天的消息会被自动清空。

③微信公众号中粉丝即时发过来的消息没有导出功能，只有粉丝发送的语音和图片可以保存为素材或下载到本地计算机，单纯文字无法进行以上操作。

④粉丝发送给公众号的消息，如 48 小时内未被回复，则 48 小时后无法再主动发送消息给该粉丝。如果下次该粉丝主动发送消息给公众号，则公众号运营者可以进行回复。

为了防止消息的自动清空，可以"收藏"消息，然后就可以在"已收藏消息"中永久保存。

（2）用户管理。微信公众号分组中粉丝的排序是根据粉丝加入此分组的时间排列的，最近加入的粉丝会排在前面。

此功能主要用于"给粉丝修改备注"及将粉丝"加入黑名单"。

选择需要修改备注的粉丝，点击即可修改备注（备注名支持特殊符号，在 30 字以内，修改没有次数上限）。将粉丝加入黑名单后，公众号将无法接收该粉丝发来的消息，且该粉丝也无法接收公众号发出的消息，无法参与留言和点赞。

（3）素材管理。微信素材管理主要用于微信公众号推送信息的素材编辑，包含图文编辑（单图文及多图文）、图片（大小不超过 5MB）、语音及视频。

以"珍珠达人"微信公众号为例，其微信公众号素材如图 3-6 所示。

图 3-6　微信公众号素材

3. 功能

功能主要包含群发、自动回复、自定义菜单、留言管理、投票管理、页面管理、原创声明。

（1）群发。群发消的内容不支持修改，但可以删除。删除后群发条数不会恢复。群发的内容包括文字、图片、语音、视频等。

图文消息群发案例如图 3-7 和图 3-8 所示。

微信公众号消息群发条数受限：订阅号（认证用户、非认证用户）1 天可群发 1 条消息（每天零点更新，次数不会累加）；服务号（认证用户、非认证用户）1 个月（按自然月）可发送 4 条群发消息（每月月底零点更新，次数不会累加）。

（2）自动回复。自动回复功能分为被添加自动回复、消息自动回复及关键词自动回复。回复的信息可以是文字、图片、语音、视频这 4 类。设置后可根据需要"修改"或"删除"回复。

在微信公众号添加自动回复后，粉丝在关注运营者的公众号时，公众号会自动发送运营者设置的回复信息。

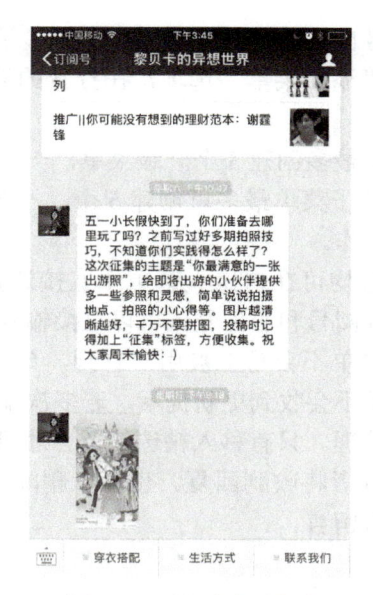

图 3-7　图文消息群发案例 1　　　　图 3-8　图文消息群发案例 2

在微信公众号中设置消息自动回复后，粉丝在给运营平台发送微信消息时，平台会自动回复运营者设置的回复信息（消息自动回复：1 小时内回复 1～2 条内容；暂不支持设置图文、网页地址消息回复；消息自动回复只能设置一条）。

在微信公众号中设置关键词自动回复，可以添加规则（规则名最多为 60 个字），若订阅用户发送的消息中有运营者设置的关键字（关键字不超过 30 个字，可选择是否全匹配，如设置了全匹配，则关键字必须全部匹配才生效），则可以把运营者设置在此规则名中回复的内容自动发送给订阅用户。

（3）自定义菜单。在公众号会话界面底部可以设置自定义菜单，菜单项可按需设定，并可为其设置响应动作。用户可以通过点击菜单项，收到设定的响应，如收取消息、跳转链接，如图 3-9 和图 3-10 所示。

图 3-9　界面底部的自定义菜单　　　　图 3-10　自定义菜单选项

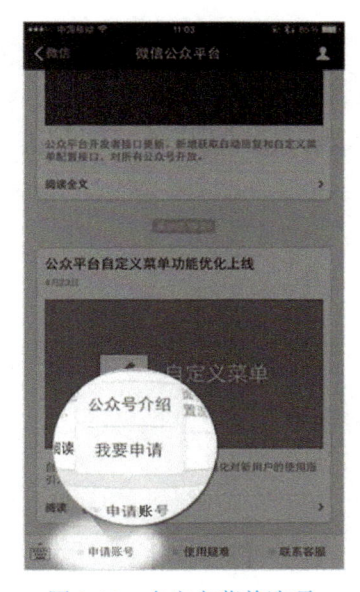

065

微信公众号自定义菜单设置方法：在 PC 端进入微信公众平台，依次单击"功能"→"自定义菜单"→"添加菜单"选项，在打开的界面中单击"+"按钮添加子菜单，然后设置动作并发布。

具体要求：最多创建 3 个一级菜单，一级菜单的名称不多于 4 个汉字或 8 个字母；每个一级菜单下的子菜单最多可创建 5 个，子菜单名称不多于 8 个汉字或 16 个字母，在子菜单下可设置动作。

所有公众号均可在自定义菜单中直接选择素材库中的图文消息作为跳转到网页的对象。已认证的订阅号和服务号还可以直接输入网址。

编辑中的菜单不会马上被用户看到，单击"发布"按钮后，会在 24 小时后在手机端同步显示，粉丝不会收到更新提示，若多次编辑，则以最后一次保存为准。

（4）留言管理。只有移入精选的留言才可以在文章底部显示。可以对所有留言进行回复，写留言的读者将收到回复。也可以删除某条读者的留言。如图 3-11 所示为"珍珠达人"公众号后台留言。

图 3-11　"珍珠达人"公众号后台留言

（5）投票管理。投票功能提供给使用公众平台的用户有关于比赛、活动、选举等操作界面，从而收集粉丝意见。

如何设置投票？在微信公众平台的"功能"板块，找到"投票管理"选项，单击设置界面中的"新建投票"按钮，在打开的页面中输入投票信息，如图 3-12 所示。

图 3-12　输入投票信息

如何查看投票结果？登录微信公众号后台，依次选择"功能"→"投票管理"选项，选择对应的投票标题，单击"详情"按钮即可。

以"珍珠达人"微信公众号发起的"致闺蜜，相约一起'白'！"第三期投票为例，其投票结果如图3-13所示。

图3-13　查看投票结果

（6）页面管理。页面管理功能是为公众号运营者创建行业网页提供的功能插件。可以选择行业模板，然后导入控件和素材生成网页，最后对外发布。目前只有开通了原创声明功能的公众号才可以使用该功能，且只提供媒体行业模板，包括列表模板和封面模板。一个公众号最多可创建15个页面。在公众号中可复制链接，通过自定义菜单、图文消息、阅读原文和其他方式发布。

"珍珠达人"微信公众号的页面模板如图3-14和图3-15所示。

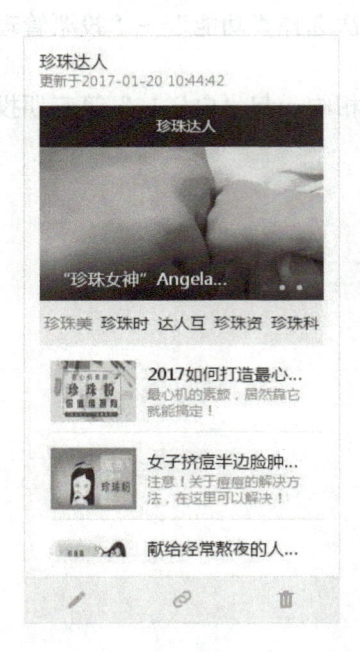

图 3-14 "珍珠达人"微信公众号页面模板 1　　图 3-15 "珍珠达人"微信公众号页面模板 2

（7）原创声明。原创声明实为文章原创者在微信公众平台的主动自发行为。原创文章在原创声明成功后，微信公众平台会给原创文章添加"原创"标识，当其他用户在微信公众平台发布已进行原创声明的文章时，系统会为其注明出处。

所有标注原创声明功能的文章，都要遵守《微信公众平台原创声明及相关功能使用协议》。

4. 统计

统计功能主要用于数据统计的分析，主要包括用户分析、图文页分析、菜单分析、消息分析、接口分析、网页分析。下面介绍部分功能。

（1）用户分析之用户增长。

用户增长即查看粉丝人数的变化或当前公众平台粉丝的分布情况。

昨日关键指标模块：针对昨天的关注人数变化，以及与前天、7 天前、30 天前进行对比的情况，体现为日、周、月的百分比变化，如图 3-16 所示。

图 3-16　昨日关键指标模块

关键指标详解趋势图：可选择 7 天、15 天、30 天或某个时间段的关注人数变化，也可以选择按时间对比，如图 3-17 所示。

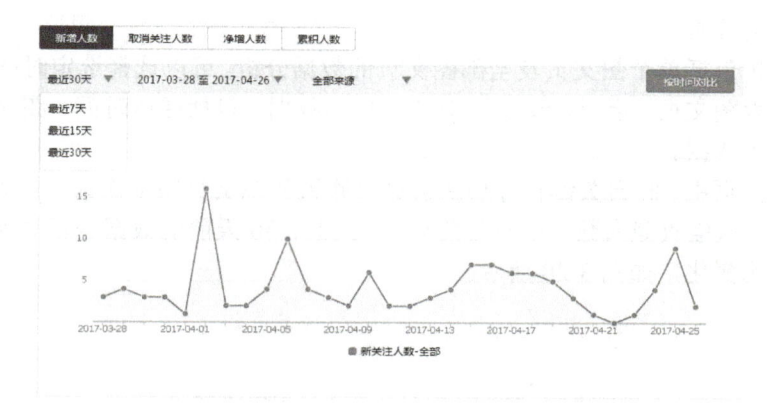

图 3-17　关键指标详解趋势图

（2）用户分析之用户属性。

微信公众平台会对所有用户分别按性别、语言、省份分布进行统计。每日数据统计截至 24 点，并在第二天中午 12 点前显示昨天的最新数据。由于服务器缓存，以及指标计算方法和统计时间的差异，数据可能出现微小误差，如图 3-18 和图 3-19 所示。

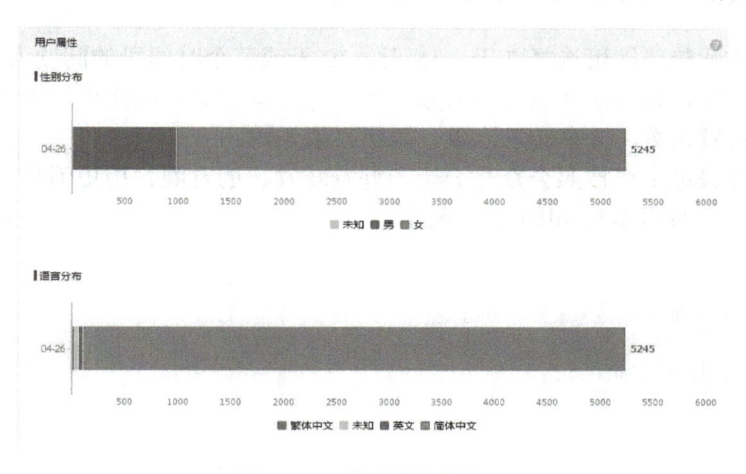

图 3-18　用户属性统计 1

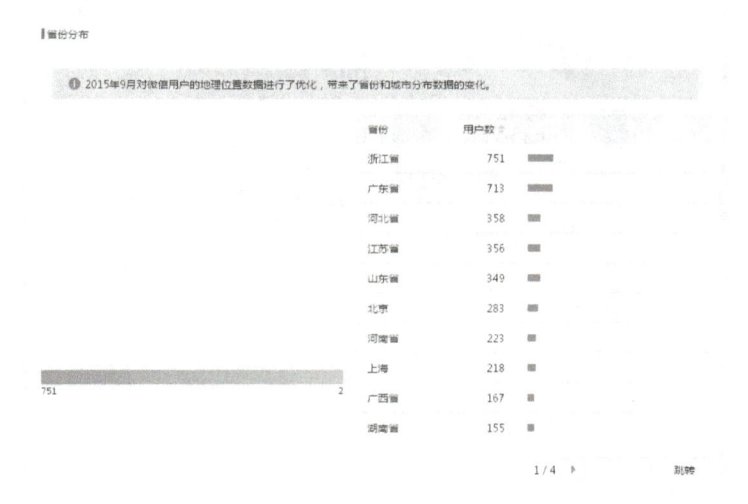

图 3-19　用户属性统计 2

（3）图文页分析。

图文页分析包括单个图文页及全部图文页的数据分析。可以选择选定时间内的图文页，或者按标题搜索图文页，会显示图文页对应指标的数据，包括送达时间、图文页阅读次数、分享转发次数等数据。

在全部图文页中，昨日关键指标模块会针对昨天的图文页阅读次数、原文页阅读次数、分享转发次数、微信收藏人数，以及与前天、7天前、30天前的数据进行对比，体现为日、周、月的百分比变化，如图3-20所示。

图3-20　昨日关键指标模块的图文页分析

关键指标详解趋势图可选择7天、15天、30天或某个时间段的阅读人数、次数变化，也可以按时间对比，查看图文页阅读人数、图文页阅读次数、原文页阅读人数、原文页阅读次数、分享转发人数、分享转发次数、微信收藏人数。

图文页阅读渠道：可按照公众号会话、好友转发、朋友圈、历史消息、其他渠道查看图文页阅读数据，如图3-21和图3-22所示。

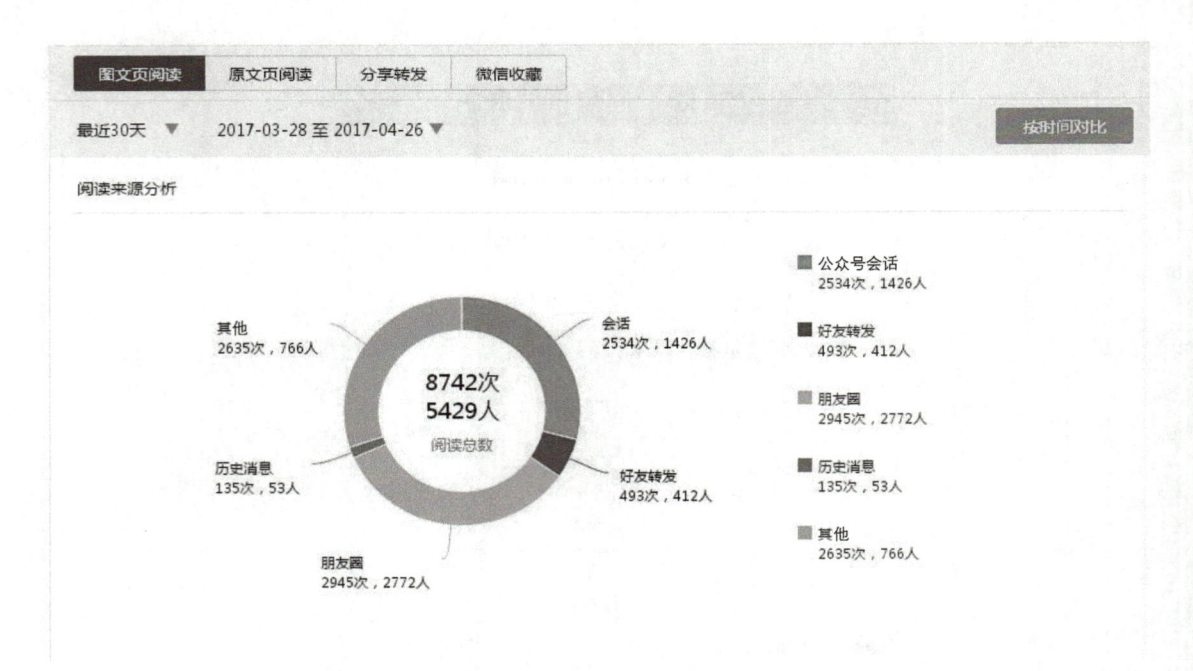

图3-21　图文页阅读渠道的阅读来源分析

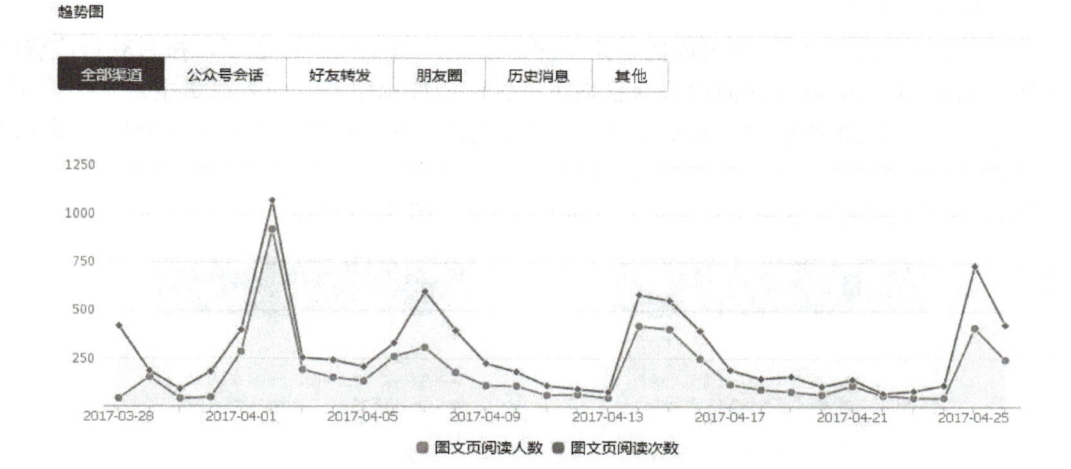

图 3-22 图文页阅读渠道的全部渠道分析

5. 推广

推广分为广告主推广和流量主推广，它们的特点是拥有海量用户，覆盖超过 6 亿个活跃用户，每天超 20 亿次图文页消息阅览；精准触达，深度挖掘微信用户兴趣，精准定制投放人群；闭环生态，基于微信开放的生态体系，提供闭环营销解决方案。

（1）广告主推广。

公众号运营者通过广告主功能可向不同性别、年龄、地区的微信用户精准推广自己的服务，获得潜在用户。微信认证的公众号可申请开通投放服务，成为广告主。

展示位置：图文消息的全文页面底部。公众号广告主的位置如图 3-23 所示。推广广告的具体位置如图 3-24 所示。

图 3-23　公众号广告主的位置　　　　图 3-24　推广广告的位置

(2)流量主推广。

公众号运营者自愿将公众号内的指定位置分享给广告主做广告展示,按月获得广告收入。粉丝人数超过 5000 人的微信公众号均可提供广告展示服务,成为流量主。

展示位置:图文消息的全文页面底部。流量主位置下载和流量主位置关注分别如图 3-25 和图 3-26 所示。

展示形式:图文展示和图片展示分别如图 3-27 和图 3-28 所示。

图 3-25　流量主位置下载　　　　图 3-26　流量主位置关注

图 3-27　图文展示　　　　图 3-28　图片展示

6. 开发

开发即微信公众平台开发，它将企业信息、服务、活动等内容通过微信网页的方式进行展现，用户通过简单的设置，就能生成微信 3G 网站。通过微信公众平台将企业品牌展示给微信用户，减少宣传成本，建立企业与用户的一对一互动和沟通，将用户接入企业 CRM 系统，进行促销、推广、宣传、售后等，形成一种主流的线上和线下微信互动营销方式。

微信开发主要功能如下。

（1）微信官网。

① 公司介绍：支持多级分类。

② 产品展示：产品支持多图显示，手指滑动可浏览图片。

③ 新闻资讯：对接微信公众平台的消息推送。

④ 联系方式：LBS 地图位置标注，点击电话号码可直接拨打。

⑤ 信息推送：以微信官方规定的消息推送为准。

（2）微信客服。

① 多人工客服：多人工客服在线与微信公众平台用户沟通。

② LBS 位置服务：用户通过微信提供位置，微信公众平台自动应答离用户最近的门店、经销商。

③ 建议 / 投诉 / 售后：微信公众平台内嵌售后服务表单。

（3）微信商城。

① 在线订购：支持现有商城系统进行对接。

② 会员系统：支持现有会员系统进行对接。

③ 在线支付：支持在线支付功能，若无须在线支付，则只记录订单信息与流程。

（4）活动与促销。

① 活动发布：企业系统直接对接微信公众平台发布。

② 抽奖刮刮卡：支持系统自定义奖品。

③ 抽奖转盘：支持系统自定义奖品。

想一想

微信公众平台的注册有哪几步？

3.3.3 微信公众号后台的内容编辑与美化

微信内容的编辑与美化关系着微信的推广及粉丝的阅读量。人们常常利用微信编辑器排版工具来进行内容的编辑与美化。

微信编辑器排版工具的特点：提供美化微信图文消息的功能，模板多样且样式美观，可轻松编辑微信图文消息。常见的微信编辑器排版工具有秀米、135 编辑器、i 排版等。

1. 编辑内容的规则

在 PC 端进入微信公众平台，依次选择"管理"→"素材管理"选项，在弹出的设置界面中单击"新建图文消息"按钮，即可编辑单图文。如果需要编辑多图文消息，则单击设置界面左侧的"＋"（图文导航）按钮，可增加一条图文消息，最多可编辑 8 条图文消息。

（1）新建图文消息，如图 3-29 所示。

图 3-29　新建图文消息

（2）标题。

标题不能为空且长度不能超过 64 个字（不支持换行及设置字号），如图 3-30 所示。

图 3-30　编辑标题

（3）原文链接。

勾选"原文链接"复选框（如图 3-31 所示）后，粉丝可通过手机登录微信接收消息，点击"阅读原文"可跳转到运营者设置的链接。

图 3-31　原文链接

（4）图文消息正文内容的编辑规则。

① 正文必须输入文字内容，不能超过 20 000 字。
② 可设置字体、字号、颜色、背景色、文字加粗、斜体、下画线。
③ 可以通过居中、居左、居右、段落间隔功能调整正文内容。
④ 可通过浮动功能把图片放置在需要的位置。
⑤ 可设置文字背景颜色，但图文消息背景颜色不支持自定义设置。
⑥ 右边的导航栏多媒体功能支持添加图片、视频、音乐、投票等内容。
⑦ 可以在左边导航栏中上下移动编辑好的图文，调整图文顺序。

可以手动输入 10～50px 的值来设置字号；可以手动输入颜色代码，设置任意颜色；还可以执行撤销、重做操作；利用格式刷可以快速将指定段落或文本的格式套用到其他段落或文本上。

（5）图文消息封面、正文图片的上传规则。

① 封面必须上传图片。
② 封面和正文图片支持 BMP、PNG、JPEG、JPG、GIF 格式。

③ 封面图片大小在 5MB 以内，正文图片大小不能超过 5MB。

④ 大图片建议尺寸 900px×500px，但上传后的图片会被自动调整成宽为 640px（高会被调整成对应比例）的缩略图，在手机端可点击查看原图。

⑤ 封面和正文支持上传 GIF 格式的动态图片，会显示上传的原图（但因手机客户端系统问题可能会导致部分手机无法显示动态封面）。

（6）编辑完成的图文消息可以发送到手机预览。

选择"发送预览"后输入个人微信号，发送成功后可以在手机上查看效果，发送预览只有输入的个人微信号能接收到，其他粉丝无法查看。目前，预览的图文不支持分享到朋友圈，可以分享给微信好友或微信群。

值得注意的是，预览微信号必须是已关注该公众号的私人微信号，如图 3-32 所示。素材库文章预览功能已全面升级，在电脑端、手机端看到的预览文章，预览次数达到 500次或预览后超过 12 小时，内容会自动失效。

图 3-32　关注公众号后才能接收预览消息

2. 内容美化

微信内容的美化主要有标题、单图、多图、卡片、分隔线、关注和原文、新模板等几大类。

秀米、135 编辑器、i 排版 3 大微信内容美化软件的界面，左侧均为分类部分，右侧均为编辑部分。编辑完毕，可通过单击右侧的"微信复制"按钮或"复制全文"按钮复制并粘贴到微信公众平台，如图 3-33 ～图 3-35 所示。

图 3-33　图文内容美化 1

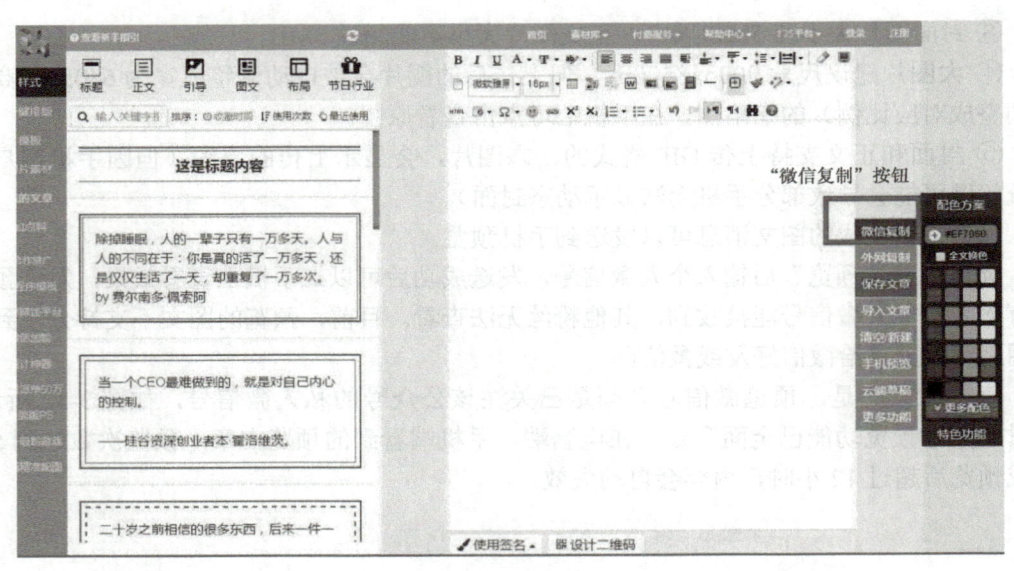

图 3-34　图文内容美化 2

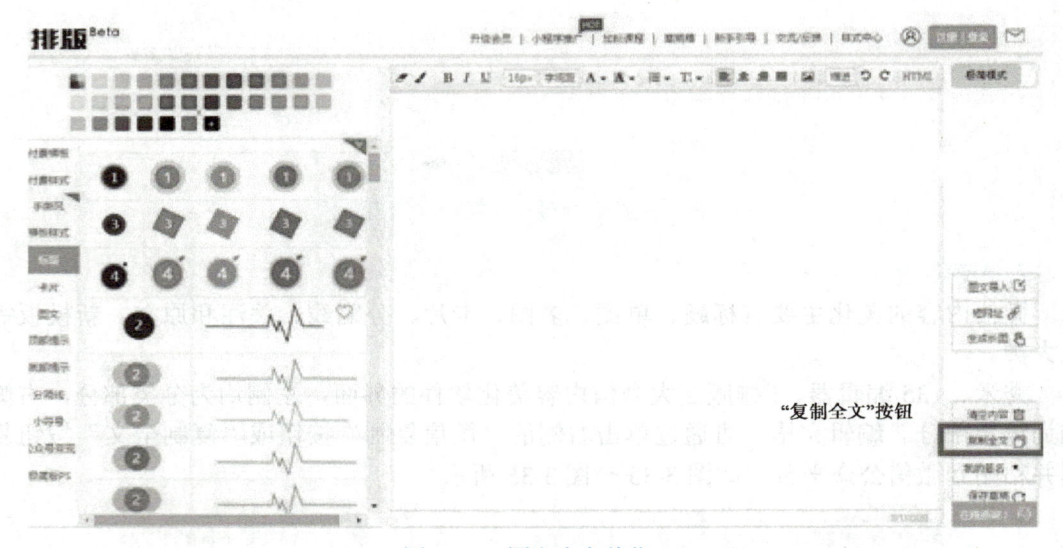

图 3-35　图文内容美化 3

此外，还可以使用目前流行的表情包，运用视频、音乐、音频、投票等功能，使内容更丰富。

3. 标题的美化

微信时代，标题成为最重要的元素。要想出一篇微信热门文章，首先要做一个"标题党"。很多人在朋友圈里看到一篇文章，首先会看标题，如果标题很吸引人，用户可能就会分享。

易于传播的标题主要分为短标题、长标题、数字标题、简化标题、对话式标题。

（1）短标题：要求有态度，观点鲜明，如"中年如秋，丰富的安静"（"洞见"公众号）、"喜报！发射成功"（《环球时报》）、"秋裤警告"（新华网）。

（2）长标题：要求信息前置，或者有冲突反转，如"国家最高科学技术奖获得者顾诵芬、王大中：科技创新是我们的爱国方式"（中央纪委国家监委网站）、"'母亲说她不能死，她要让我上学'，这篇博士论文后记看哭了"（央视网）。

（3）数字标题：要求制造体验感或有比较，如"新冠死亡风险直降89%，辉瑞这个口服药能终结疫情吗？"（"差评"公众号）、"破纪录！1603.9千克！"《环球时报》。

（4）简化标题：要求通过标题把内容简化，如"30天学习疯狂英语""七天作文速成""一天让你变大厨""三步教你打造完美身材"。

（5）对话式标题：简而言之就是对话形式，如"跷二郎腿会让腿变粗？是真的……"（丁香医生）。

4. 常见排版问题

（1）内容。

问题：行间距过于拥挤或稀疏、字号过大或过小、样式套用繁杂或太过单调。

正确示范：行间距以1.5倍或1.75倍为佳；正文字号不小于14号，一般不大于16号；文字首行不需要缩进（不需要空两个格）；段落与段落、段落与图片之间空一行；需要重点强调的文字部分可适当加粗或用其他颜色加以区分；如果不是长文，可以尝试把段落"打碎"并居中处理。

（2）颜色。

问题：使用高饱和度的颜色，刺激眼睛；一篇文章中出现多种颜色的文字或多种格式。

正确示范：使用同色系的颜色，或者同色系+黑白灰，让颜色过渡自然；一篇文章的主要颜色最好不超过5种，尽量控制在3种以内。

5. 其他常见问题

（1）使用超链接功能，跳转到外部链接。

已开通微信支付的用户可以使用图文插入超链接的功能，支持跳转到外部链接，操作步骤如图3-36和图3-37所示。

图3-36　单击"超链接"按钮

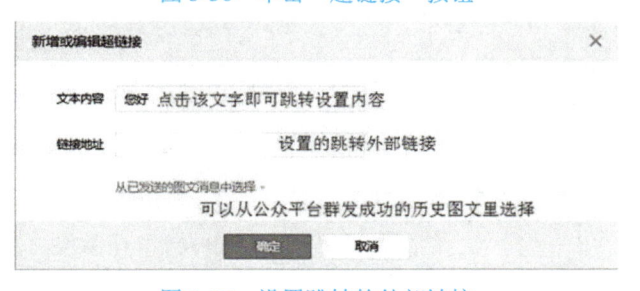

图3-37　设置跳转的外部链接

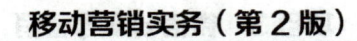

（2）使用超链接功能，跳转到已发送的图文消息。

已开通微信支付或获取内测原创功能的用户可以设置跳转到已发送的图文消息，操作步骤如图 3-38 和图 3-39 所示。

图 3-38 单击"超链接"按钮

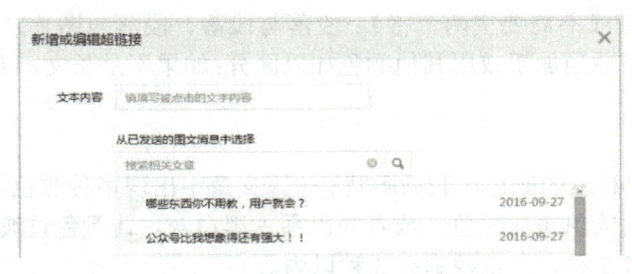

图 3-39 设置跳转到已发送的图文消息

案例："珍珠达人"微信公众号在 2017 年 3 月 14 日推送的"董卿：所谓蕙质兰心，大抵如珍珠"

该案例的数据分析和数据转化率分别如图 3-40 和图 3-41 所示。

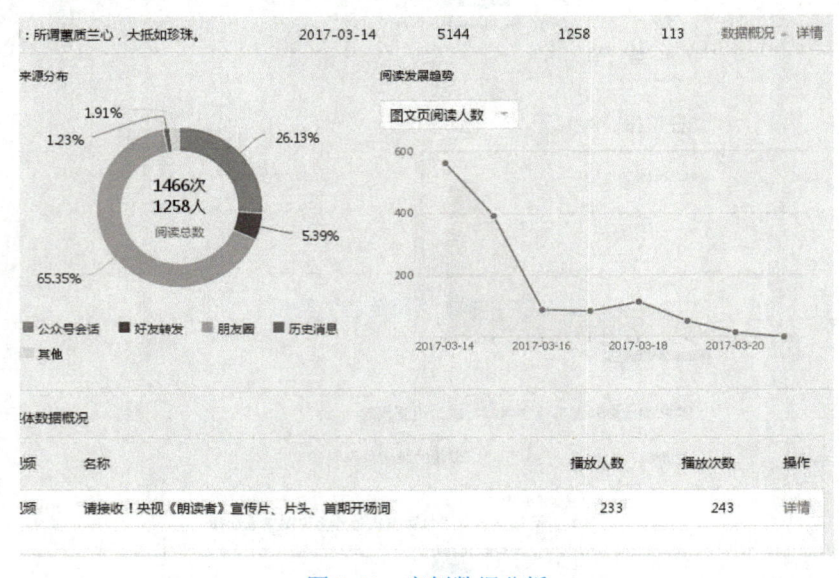

图 3-40 案例数据分析

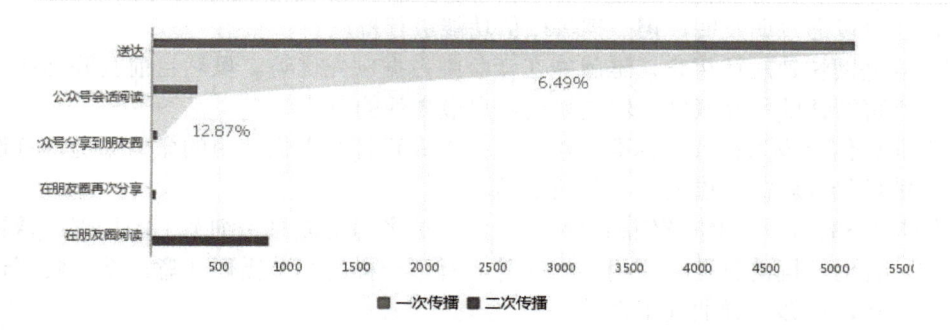

图 3-41　案例数据转化率

> **想一想**
>
> 微信内容美化的常见软件有哪几个？你认为还需要运用哪些软件？

3.3.4　微信公众号后台的粉丝管理

企业可以在微信公众号上通过创建自定义菜单、二次开发、关键词回复、信息推送、活动等方式吸引消费者关注，并且通过各种方式维护用户，让用户成为该企业公众号的忠实粉丝，这些粉丝在一定程度上是认可企业和产品的。

粉丝的管理可以使用各种互动的方式，包括留言、点赞、投票、问卷等。微信虽然自带留言、点赞、投票的功能，但是受投票数量及展示风格限制，建议使用第三方平台软件。

> 第三方平台软件推荐：
> 麦客：一款在线"表单"制作工具，同时也是强大的客户信息处理和关系管理系统。
> 爱豆子：集公众号展示、朋友圈推广、粉丝互动于一体的第三方运营服务平台。

> **想一想**
>
> 微信粉丝管理的互动形式有哪些？

同步阅读

2021 年微信营销行业发展现状及前景分析

随着数字时代的到来，在线流量的获取已成为银行"开门红"的关键。与手机银行、网银等银行自有渠道相比，微信这个用户规模大、用户黏性强的线上平台已成为银行业务拓展的重要渠道和主阵地，银行掀起了一场微信营销的热潮。

在微信时代，企业运营微信公众号已经是主要趋势，微信营销是企业进行移动端产品宣传的有效形式。微信营销也是逐渐"火"起来的营销方式之一，它不仅可以通过微信公众号来推广，还可以通过朋友圈、摇一摇等微信功能进行推广。

谁能利用互联网快速触达用户，谁就能在竞争中占据领先优势。虽然目前互联网在去中心化，但是不可否认的是互联网仍然是触达用户最高效的方式。

目前，企业微信已成为银行的标准配置。如果想真正打开人们使用的微信渠道，打造银行全渠道营销场景，就需要借助数字营销工具。

微信营销其实和普通的网络营销相差并不太大，更多的可能只是细节上的处理。营销思维是贯通的，针对不同的行业、应用、产品等，有不一样的细节需要注意。至于实际运用时的方法或技巧，应该有异曲同工之妙。

微信具有广大的使用人群，潜在的商机让企业纷纷试水微信营销，希望借用新媒体的力量获得更大的市场。微信可以把信息导入手机，一键添加用户微信，快速引流意向用户前来咨询，还可以一键添加某个微信群内的所有成员，在短时间内积累大量的潜在用户，后期可以通过发朋友圈或群发消息去引流。

微信营销主要有8种技巧：

（1）做好自我定位；

（2）关注竞争对手；

（3）培养用户信心；

（4）沟通要有针对性；

（5）内容与众不同；

（6）真诚待客；

（7）活动有吸引力；

（8）耐心执行。

微信营销的3大特点是分享性、广泛性、实时性。

微信营销是现在非常热门的营销方法，人们争先恐后地想做微信营销，纷纷建立起自己的公众号与粉丝群，以为这样就是微信营销。其实，距离真正的微信营销还有很长的路要走。微信营销的关键就是要做对内容。根据资料显示，微信的用户数量已经超过了9亿人，这是一个很大的群体，市场空间很广阔。怎样在这样庞大的用户群体之中获取潜在用户，以及考虑用什么方式去挖掘用户是运营者需要考虑的。

同步实训

实训1　注册微信公众号

〖实训目的〗

通过注册微信公众号，熟悉注册步骤，加深对微信公众号的认识。

〖实训内容与步骤〗

注册一个个人微信公众号。

（1）在PC端搜索引擎上搜索"微信公众平台"，找到官方的网址，单击进入即可。

在官网页面的右上角有"立即注册"链接，单击即可申请微信公众号，如图3-42所示。

（2）在打开的页面中选择注册的账号类型，如图3-43所示。

图 3-42 微信公众平台官网

图 3-43 选择注册的账号类型

订阅号和服务号的功能区别如表 3-3 所示。

表 3-3 订阅号和服务号的功能区别

功能权限	普通订阅号	微信认证订阅号	普通服务号	微信认证服务号
消息直接显示在好友对话列表中			✓	✓
消息显示在"订阅号"文件夹中	✓	✓		
每天可以群发1条消息	✓	✓		
每个月可以群发4条消息			✓	✓
无限制群发				
保密消息禁止转发				
关注时验证身份				
基本的消息接收/运营接口	✓	✓	✓	✓
聊天界面底部，自定义菜单	✓	✓	✓	✓
定制应用				
高级接口能力		部分支持		✓
微信支付 — 商户功能		部分支持		✓

081

（3）输入基本信息，如图 3-44 所示。

图 3-44　输入基本信息

（4）根据图 3-45 所示的提示，登录注册时输入的邮箱，激活邮件。

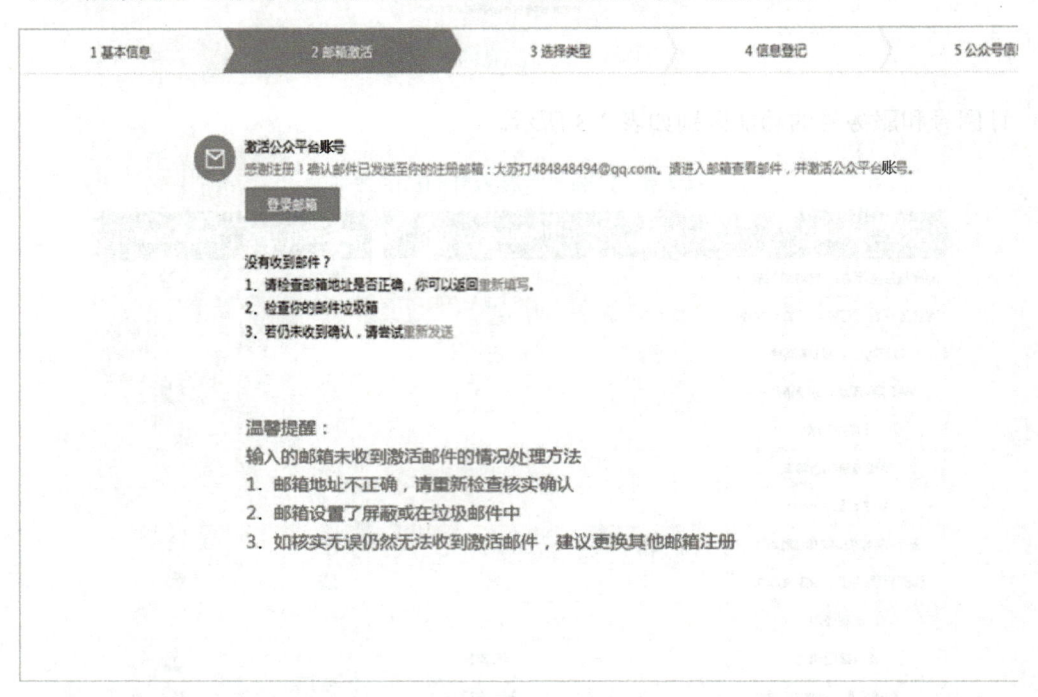

图 3-45　激活邮件

（5）个人注册选择订阅号，如图 3-46 所示。

图 3-46　选择公众号类型

（6）输入主体类型信息，如图 3-47 和图 3-48 所示。

图 3-47　信息登记 1

图 3-48　信息登记 2

（7）输入账号信息，如图 3-49 所示。

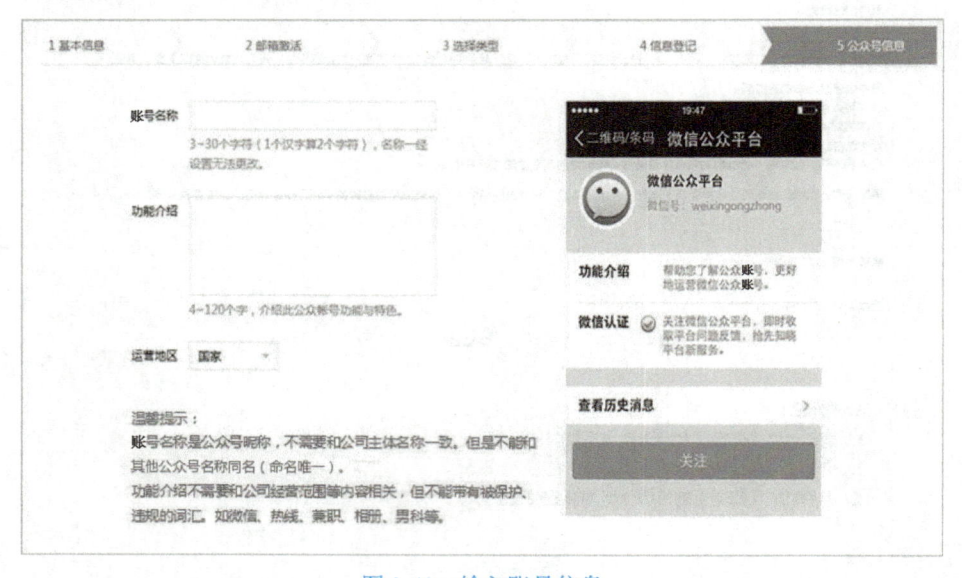

图 3-49　输入账号信息

恭喜，注册成功啦！可以开始使用该公众号了，如图 3-50 所示。

项目 3　微信公众号营销

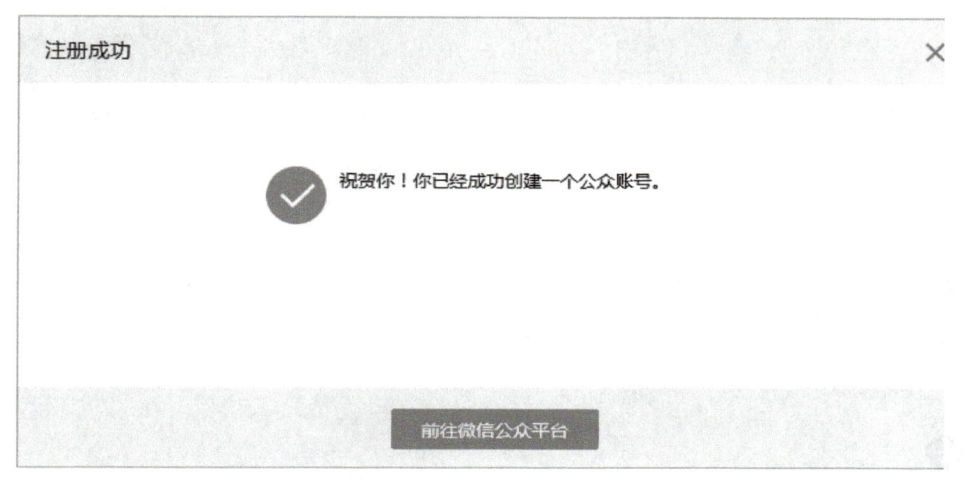

图 3-50　注册成功

实训 2　欣赏优秀的微信公众号

〖实训目的〗

了解我国不同行业、地区、服务的微信公众号的榜单，为企业注册微信公众号提供参考。

〖实训内容与步骤〗

（1）登录"新榜"首页，打开公众号日榜排名列表，如图 3-51 所示。

图 3-51　公众号日榜排名列表

（2）调查你感兴趣的行业的微信公众号，关注 1～2 个微信公众号，分别找一篇热点文章，针对该文章进行分析，从文字内容和排版设计等角度分析文章的优缺点，如图 3-52～图 3-54 所示。

085

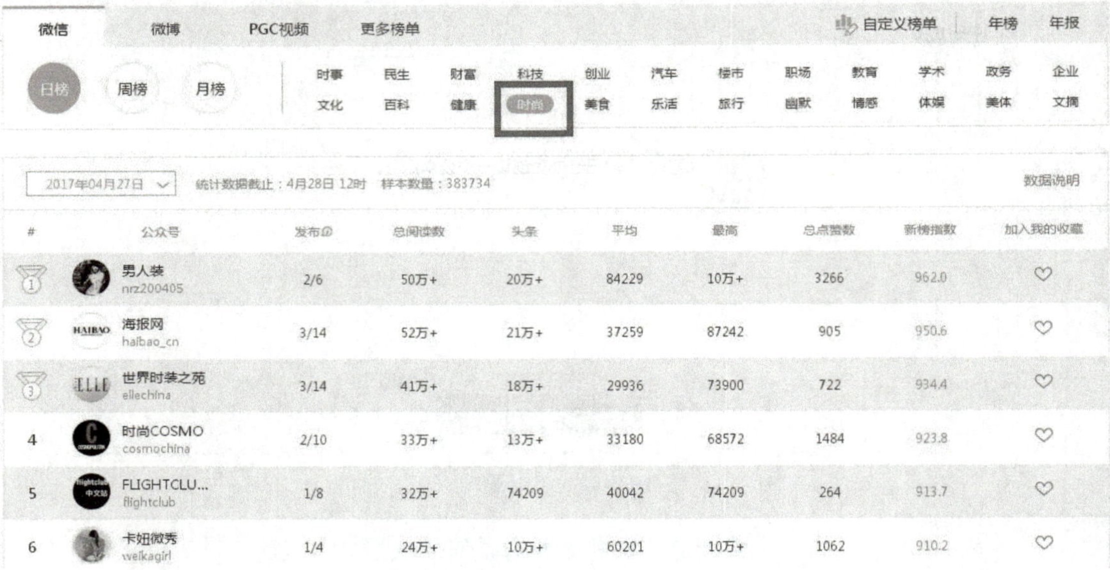

#	公众号	发布①	总阅读数	头条	平均	最高	总点赞数	新榜指数	加入我的收藏
1	男人装 nrz200405	2/6	50万+	20万+	84229	10万+	3266	962.0	
2	海报网 haibao_cn	3/14	52万+	21万+	37259	87242	905	950.6	
3	世界时装之苑 ellechina	3/14	41万+	18万+	29936	73900	722	934.4	
4	时尚COSMO cosmochina	2/10	33万+	13万+	33180	68572	1484	923.8	
5	FLIGHTCLU... flightclub	1/8	32万+	74209	40042	74209	264	913.7	
6	卡妞微秀 weikagirl	1/4	24万+	10万+	60201	10万+	1062	910.2	

图 3-52　调查微信公众号 1

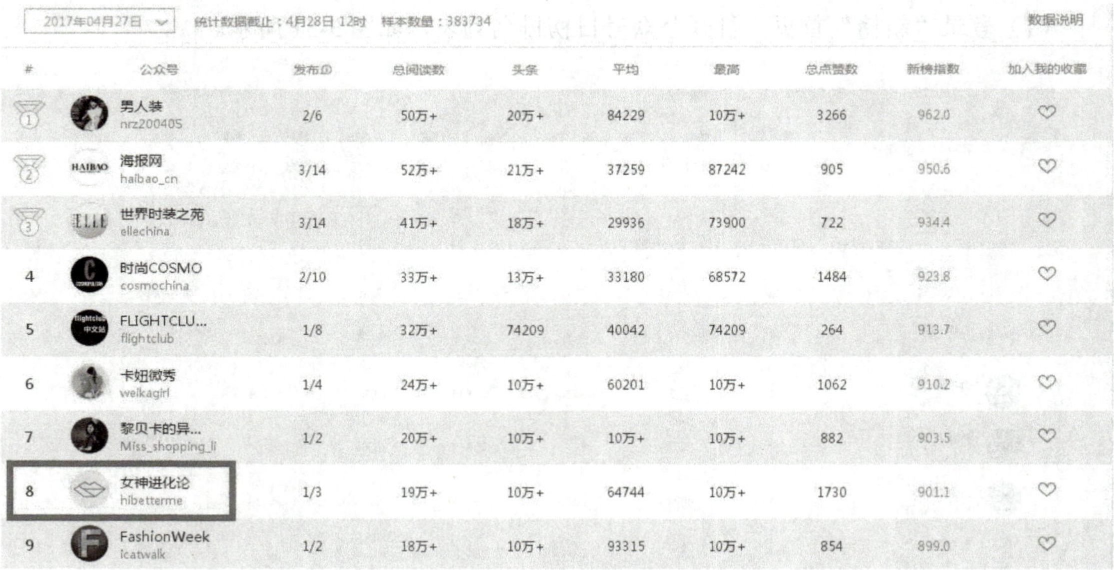

#	公众号	发布①	总阅读数	头条	平均	最高	总点赞数	新榜指数	加入我的收藏
1	男人装 nrz200405	2/6	50万+	20万+	84229	10万+	3266	962.0	
2	海报网 haibao_cn	3/14	52万+	21万+	37259	87242	905	950.6	
3	世界时装之苑 ellechina	3/14	41万+	18万+	29936	73900	722	934.4	
4	时尚COSMO cosmochina	2/10	33万+	13万+	33180	68572	1484	923.8	
5	FLIGHTCLU... flightclub	1/8	32万+	74209	40042	74209	264	913.7	
6	卡妞微秀 weikagirl	1/4	24万+	10万+	60201	10万+	1062	910.2	
7	黎贝卡的异... Miss_shopping_li	1/2	20万+	10万+	10万+	10万+	882	903.5	
8	女神进化论 hibetterme	1/3	19万+	10万+	64744	10万+	1730	901.1	
9	FashionWeek icatwalk	1/2	18万+	10万+	93315	10万+	854	899.0	

图 3-53　调查微信公众号 2

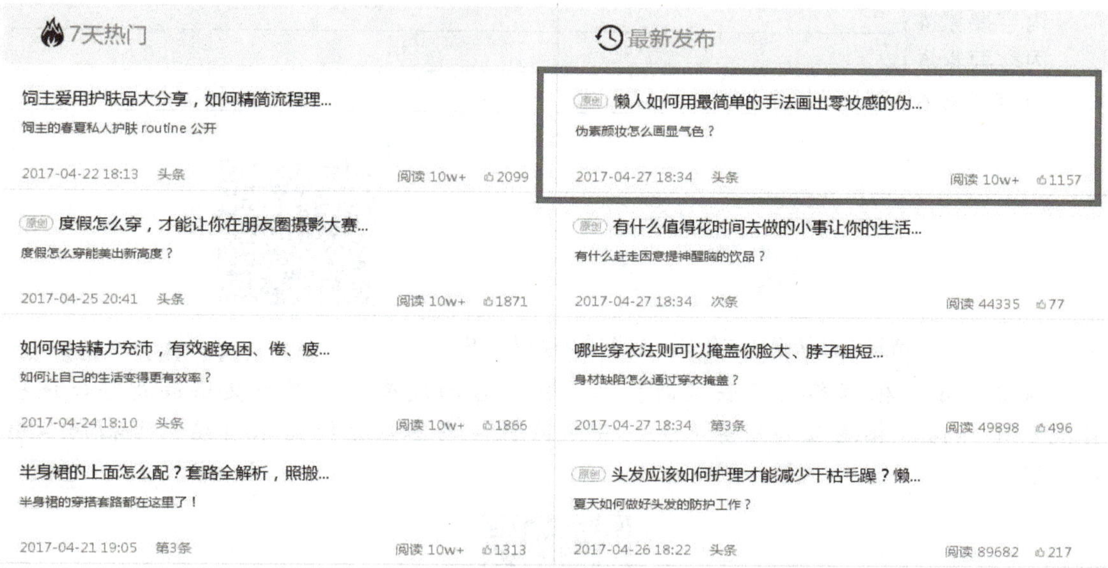

项目 3　微信公众号营销

7天热门			最新发布		
饲主爱用护肤品大分享，如何精简流程理...			原创 懒人如何用最简单的手法画出零妆感的伪...		
饲主的春夏私人护肤 routine 公开			伪素颜妆怎么画显气色？		
2017-04-22 18:13　头条	阅读 10w+	⌒2099	2017-04-27 18:34　头条	阅读 10w+	⌒1157
原创 度假怎么穿，才能让你在朋友圈摄影大赛...			原创 有什么值得花时间去做的小事让你的生活...		
度假怎么穿能美出新高度？			有什么赶走困意提神醒脑的饮品？		
2017-04-25 20:41　头条	阅读 10w+	⌒1871	2017-04-27 18:34　次条	阅读 44335	⌒77
如何保持精力充沛，有效避免困、倦、疲...			哪些穿衣法则可以掩盖你脸大、脖子粗短...		
如何让自己的生活变得更有效率？			身材缺陷怎么通过穿衣掩盖？		
2017-04-24 18:10　头条	阅读 10w+	⌒1866	2017-04-27 18:34　第3条	阅读 49898	⌒496
半身裙的上面怎么配？套路全解析，照搬...			原创 头发应该如何护理才能减少干枯毛躁？懒...		
半身裙的穿搭套路都在这里了！			夏天如何做好头发的防护工作？		
2017-04-21 19:05　第3条	阅读 10w+	⌒1313	2017-04-26 18:22　头条	阅读 89682	⌒217

图 3-54　调查微信公众号 3

〖实训提示〗

在注册微信公众号时，需要按照步骤操作，提前准备好注册的资料。

〖思考与练习〗

（1）不同行业及区域的微信公众号的内容及风格分别是什么？

（2）微信公众号对企业及个人的价值是什么？

项目小结

微信公众号营销是网络经济时代企业和个人营销模式的一种。微信不存在距离的限制，用户注册微信后，订阅自己所需的信息，可与周围同样注册的"朋友"形成一种联系。商家通过提供用户需要的信息，推广自己的产品，从而实现点对点的营销。

庞大的腾讯用户基数能够使商家获取更加真实的用户群。毫无疑问，微信已经成为当下最火热的互联网聊天、社交工具，微信公众号的营销发展空间仍然很广阔。

任务布置

参考"欧诗漫美如珍珠"微信公众号，选择一款欧诗漫的产品，撰写一篇公众号推文。

学生活动

内容要素 1：_____

内容要素 2：_____

内容要素 3：_____

内容要素4：_____
内容要素5：_____
内容要素6：_____

请将作品转换成二维码，粘贴在右图方框中

温馨提示：根据移动互联网新技术、新平台的发展，本教材提供最新符合该项目或与工作岗位相适应的任务布置，将实践教学内容与市场需求对接，可扫描二维码获取。

能力测评

考评人			被考评人			
考评地点			考评时间			
考核项目	考核内容	分值	教师评分 50%	小组评分 40%	自我评分 10%	实际得分
	1. 公众号推文主题明确	20				
	2. 公众号推文文笔流畅	15				
	3. 公众号推文排版美观	15				
	4. 公众号推文标题吸睛	15				
	5. 推文内容体现思政元素	15				
	6. 公众号自定义菜单运作正常	10				
	7. 公众号自定义菜单设置合理	10				

同步测试

1. 单项选择题

（1）微信订阅号每天可以发几条图文消息？（　　）
　　A. 1条/天　　　　B. 2条/天　　　　C. 3条/天　　　　D. 4条/天

（2）微信服务号每月发送的图文消息条数是（　　）。
　　A. 1条/月　　　　B. 2条/月　　　　C. 3条/月　　　　D. 4条/月

（3）微信预览后超过多少小时内容才会自动失效？（　　）
　　A. 10 小时　　　　B. 12 小时　　　　C. 24 小时　　　　D. 36 小时
（4）在微信素材编辑中，图片大小不能超过（　　）。
　　A. 2MB　　　　　B. 3MB　　　　　C. 4MB　　　　　D. 5MB
（5）微信公众号自定义菜单最多可以设置（　　）栏。
　　A. 1　　　　　　B. 2　　　　　　C. 3　　　　　　D. 4

2. 多项选择题

（1）个人可注册微信公众号的类型是（　　）。
　　A. 订阅号　　　　B. 服务号　　　　C. 企业号　　　　D. 都不行
（2）企业注册微信公众号，需要（　　）。
　　A. 企业名称　　　　　　　　　　　B. 营业执照注册号
　　C. 运营者手机号码　　　　　　　　D. 企业对公账户

3. 分析题

（1）找出近期你认为微信公众号营销成功的案例，分析它成功在哪里。

（2）找出同一个行业的两个微信公众号，通过排版风格、文章风格、互动类型等，对比两者的不同。

项目 4 小程序营销

项目重难点

小程序的概念、发展历程及特点；小程序与 App 的对比；小程序的注册及适用领域；综合使用小程序进行营销推广，为企业销售助力。

课程思政

思政目标	引导和培养学生提升移动营销时代综合营销素养，提高信息安全意识，保护自己和用户隐私
思政主题	职业素养、信息安全、公平交易、保护用户隐私
思政元素	国家安全、公平公正、顾客至上

思政推进		
项目前	项目中	项目后
提升学生与时俱进、不断学习新技术的职业素养	树立信息安全意识，在小程序的注册和推广环节都要注意保护自己和用户的信息	针对运营数据进行分析，关注用户需求，在保护用户隐私的前提下调整营销方案

思政成效	（1）对营销人员应具备的职业素养有全面的认识。 （2）培养学生的安全意识和自我保护意识。 （3）能与时俱进，不断学习新技术、新知识，树立大数据营销理念，立足用户需求，转变营销策略

项目导图

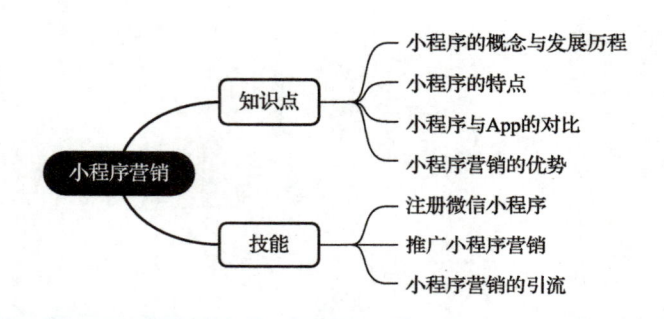

小程序营销
- 知识点
  - 小程序的概念与发展历程
  - 小程序的特点
  - 小程序与App的对比
  - 小程序营销的优势
- 技能
  - 注册微信小程序
  - 推广小程序营销
  - 小程序营销的引流

引例

受全球新冠肺炎疫情影响，我国消费者的跨境购物需求也转到线上，海外品牌纷纷布局多元化的线上市场，不再局限于单一跨境电商平台。其中，积极融入微信生态，通过微信小程序实现在中国市场的布局更是成为潮流。

2020年，微信小程序DAU（日活跃用户）实现4亿多人，人均使用数量增长25%，人均小程序交易金额上涨67%，活跃小程序数量增长75%，有交易小程序数量增长68%，2020年微信小程序全年交易额同比增长超过100%。从2020年中国移动应用用户小程序使用体验调查数据来看，19.5%的用户对小程序非常满意，60.4%的用户比较满意，18.4%的用户感觉一般。

将营销工具布局在微信小程序上，在线吸引用户，这已经不再是秘密，但是如何让自己的品牌在竞争如此激烈的环境中脱颖而出呢？特别是海外商家，在对中国消费文化尚未充分了解的前提下，贸然布局微信小程序，很容易出现"水土不服"的现象，最终让小程序成为一种摆设或点缀，起不到任何营销的作用。

Linkhaitao是55海淘旗下的效果营销联盟平台，主营互联网效果营销服务业务，利用大数据处理技术、广告主（媒体）管理平台、媒体资源库等，为海外品牌方、海外电商平台等类型广告主提供针对中国市场的品销合一推广。得益于母公司55海淘在跨境电商市场的强大资源优势，Linkhaitao深入理解国内与国际两个市场的用户习惯和消费方式。

微信是Linkhaitao重要的社交媒体渠道，目前已经与数千位KOL（Key Opinion Leader，关键意见领袖）达成合作关系，助力已经搭建微信小程序的广告主，让其通过微信小程序这个"场"，实现自身品牌的线上闭环销售，享受到数字化转型的红利。Linkhaitao凭借自身强大的媒体资源和技术能力，利用Affiliate渠道进行营销，不仅为商家的微信小程序提升私域流量，还能帮助商家获取公域流量。

Iherb是美国知名的电商平台，在售1200多个品牌、3万多件商品，是消费者海淘的必选平台之一。Iherb积极"拥抱"变化，搭建微信小程序商城，简化购物流程，还设置了很多符合中国人消费习惯的优惠活动。Iherb与Linkhaitao就微信小程序开展合作以来，销量实现了增长。

效果是商家开展营销活动最为关注的话题，广告预算花出去了，却不知道花在了哪里。"真实、精准"是Linkhaitao的核心优势，以CPS为主要业务模式，产生销量之后才需支付推广费用，帮助商家合理规划广告投放预算，并以数据为支撑量身定制效果营销方案。截至目前，Linkhaitao联盟已与数万家优质媒体达成合作，合作的品牌商、电商平台近7000家。[1]

引例分析

在全球新冠肺炎疫情的背景下，全球消费者的跨境购物需求也转到线上，为微信小程序的迅速发展奠定了基础。小程序融合了App和H5页面的优点，操作简单，易于寻找，用户只需要扫一扫就可以使用跨境电商小程序实现跨境购物，既简单，又便捷。此外，小程序的出现还解决了订单、支付单、物流单对碰中的障碍，它可以把支付单直接推给海关，解决了众多代购、网红在销售中的合法合规问题，促进了跨境贸易的发展。但是，在小程序内容设计及推广过程中要注意保护消费者和相关人员及企业的信息安全。

---

[1] 参考艾媒咨询的《Linkhaitao：海外商家"试水"微信小程序，让"广告"变成实实在在的订单》，经作者改编。

任务 1 认识小程序

4.1.1 小程序的概念与发展历程

小程序是一种不需要安装即可使用的轻应用，用户扫一扫小程序码或搜一下小程序名即可打开应用，体现了"用完即走"的理念，实现了应用"触手可及"的梦想，更好地解决了用户内存的问题，也为商家降低了推广成本，能低成本、高效地实现推广效果。小程序被开发之初全面开放申请，降低了申请条件，企业、政府、媒体、其他组织或个人均可申请注册小程序。人与人、人与物、线上与线下、现实与虚拟，小程序作为一个连接器，慢慢地将他们连接在一起，默默地改变着整个互联网的格局，引领新一轮的移动互联网浪潮。随着小程序的不断发展，它的营销属性也在不断增加，在各个行业的发展趋势也在不断加强，据官方数据统计，目前小程序 C 端个人用户访问量已经超过 2 亿次，用户的留存指数达到周期留存 10% 以上，日活跃用户数量增长迅速，如图 4-1 所示。

2017—2020年小程序日活跃用户增长趋势

年复合增长率=33%

- DAU: **1.7亿人**（2017-12）
- DAU: **2.3亿人**（2018-12）
- DAU: **3.3亿人**（2019-12）
- DAU: **4亿人**（2020-12）

2020年DAU 同比增长21.2%

数据来源：阿拉丁小程序统计平台

图 4-1　2017—2020 年小程序日活跃用户数量增长趋势

微信小程序是小程序的一种，微信小程序、微信订阅号、微信服务号、微信企业号是并行的体系。2016 年 1 月 11 日，张小龙在广州举办的"2016 微信公开课 Pro 版"时表示，微信团队计划开发"应用号"，这便是微信小程序的雏形。2017 年 1 月 9 日，张小龙在"2017 微信公开课 Pro 版"上发布的微信小程序正式上线。2018 年 1 月 25 日，微信团队在微信公众平台发布公告称，"从移动应用分享至微信的小程序页面，用户访问时支持打开来源应用。同时，为提升用户使用体验，开发者可以设置小程序菜单的颜色风格，并根据业务需求，对小程序菜单外的标题栏区域进行自定义。"2018 年 2 月，微信官方发布公告称：已对涉及假货高仿、色情低俗和违规"现金贷"等超过 2000 个微信小程序进行永久封禁处理。2019 年 8 月 9 日，微信向开发者发布新能力公测与更新公告，在微信 PC 版新版本中，支持打开聊天中分享的微信小程序。2017 年 1 月 9 日，微信正式发布小程序。2017 年 9 月，支付宝开启小程序企业公测。2018 年 4 月，百度上线智能小程序，同年 9 月今日头条小程序正式发布，QQ小程序内测上线。BAT相继入局小程序，推动新一轮技术的发展。小程序详细发展历程如图4-2所示。

2017年

- 1月，微信小程序正式发布。小程序全面进入用户的日常工作和生活
- 3月，小程序面向个人开发者开放。自此，小程序数量进入爆发期
- 4月，第三方平台宣布支持小程序。小程序进入零门槛开发时代
- 9月，支付宝小程序面向用户全面公测。小程序成为互联网下半场竞争的关键
- 12月，代码包扩大至4MB。小游戏正式上线，微信启动页面重点推荐了"跳一跳"小游戏。小程序市场进入爆发式增长阶段

2018年

- 1月，微信小程序实现直接打开App的功能。小程序让App不再是"孤岛"
- 3月，微信小程序插件功能开放。小程序生态进一步开放
- 4月，百度推出小程序。BAT已全部加入小程序生态圈
- 9月，"小程序·云开发"正式上线。QQ小程序内测上线。今日头条小程序平台正式发布。淘宝小程序开始内测。"巨头"加速布局小程序生态
- 12月，微信购物单被推出，微信正式以搜索形式给小程序派"糖"。支付宝小程序"搜索直达"开放公测。搜索市场硝烟再起，市场面临重构

2019年

- 1月，微信更新7.0.3版本，主页下拉出现小程序桌面。小程序"操作系统"潜质初现
- 3月，小程序纳入腾讯最高战略。腾讯直播内测。小程序+直播为电商市场再添变数
- 4月，微信开放全量搜索。微信公众号可自由挂载小程序。海量流量"开闸"，加速小程序对各场景渗透
- 5月，腾讯推出"生态车联网"解决方案，小程序迎来车载版本。小程序助力"万物互联"全面落地
- 9月，微信小程序开放"视频前贴广告"和"视频广告"组件。微信小程序可内嵌腾讯直播。小程序商业化基础初步完成
- 10月，滴滴在微信入口小程序化，"十二宫格"全部升级为小程序。小程序成为主要流量承接方式
- 11月，微信入口上线"智慧零售"小程序。基本能力升级，小程序应用领域充满想象空间
- 12月20日全球小程序生态大会，阿拉丁创始人史文禄定义小程序互联网时代到来

2020年

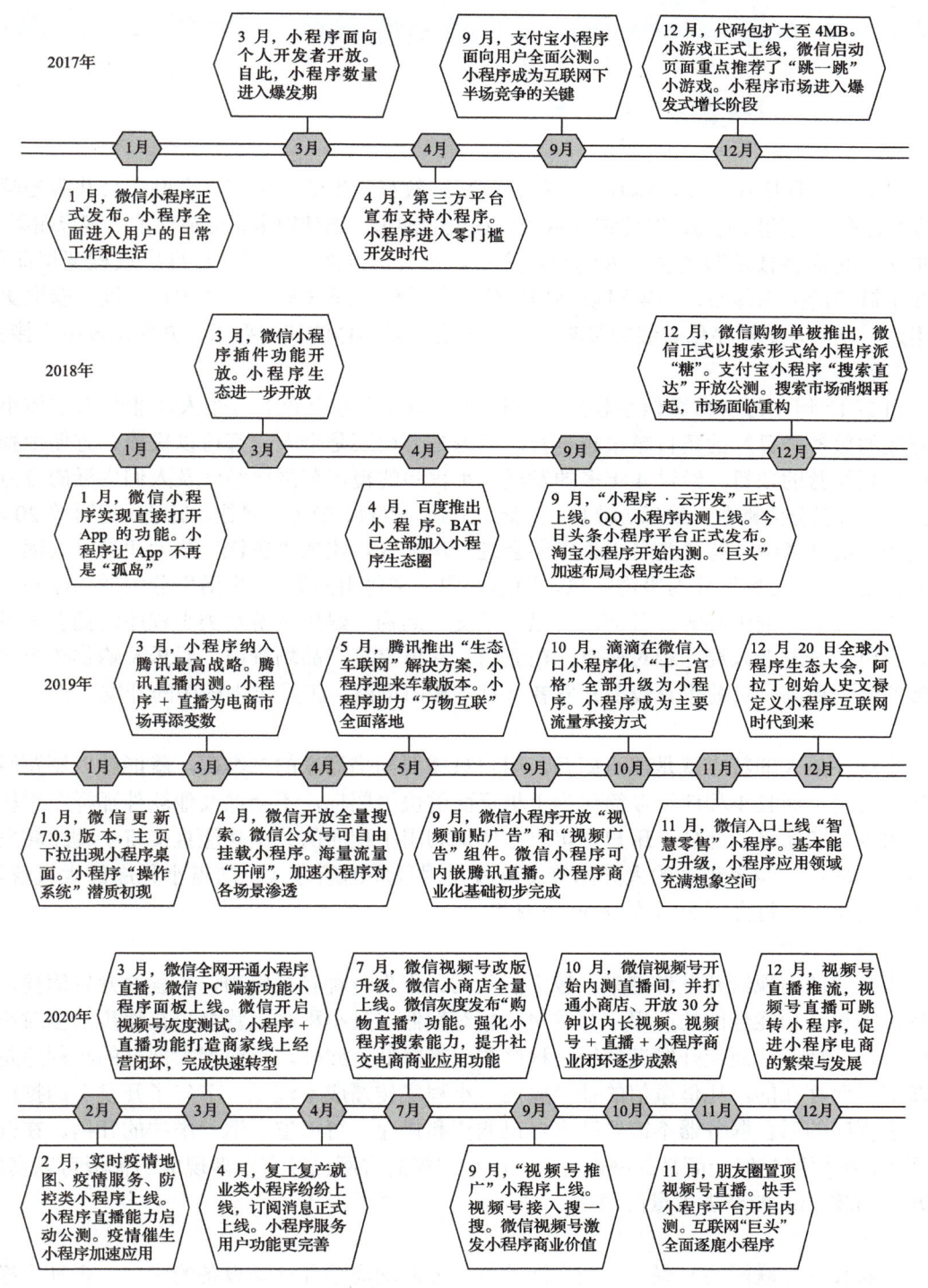

- 2月，实时疫情地图、疫情服务、防控类小程序上线。小程序直播能力启动公测。疫情催生小程序加速应用
- 3月，微信全网开通小程序直播，微信PC端新功能小程序面板上线。微信开启视频号灰度测试。小程序+直播功能打造商家线上经营闭环，完成快速转型
- 4月，复工复产就业类小程序纷纷上线，订阅消息正式上线。小程序服务用户功能更完善
- 7月，微信视频号改版升级。微信小商店全量上线。微信灰度发布"购物直播"功能。强化小程序搜索能力，提升社交电商商业应用功能
- 9月，"视频号推广"小程序上线。视频号接入搜一搜。微信视频号激发小程序商业价值
- 10月，微信视频号开始内测直播间，并打通小商店、开放30分钟以内长视频。视频号+直播+小程序商业闭环逐步成熟
- 11月，朋友圈置顶视频号直播。快手小程序平台开启内测。互联网"巨头"全面逐鹿小程序
- 12月，视频号直播推流，视频号直播可跳转至小程序，促进小程序电商的繁荣与发展

图4-2 小程序发展历程（2017—2020年）

> **想一想**
>
> 你知道微信小程序为什么发展如此迅速吗？谈谈你的看法。

4.1.2 小程序的特点

目前，小程序在美食、购物、出行、住宿、教育、生活、医疗、金融、公共服务等众多方面都有一定的影响力，对传统 App 也有很大的冲击，迫使很多企业放弃了"客户端第一"的想法，转而将技术和资金投入到小程序中。在营销方面，小程序让推广过程变得简单，依托于微信的生态体系，商家可以利用微信自带的流量迅速提升品牌的知名度，获取更多的用户。同时，小程序免安装的策略也可以满足更多群体的使用要求，更容易被用户接受。

1. 覆盖范围广

自 2017 年 1 月 9 日微信小程序问世以来，如今官方公布的《个人、非个人主体小程序开放的服务类目》的条目越来越丰富。无论是公司还是个人，都可以快捷、方便地找到自己计划经营的项目。经过 4 年多的发展，小程序的覆盖范围已经涉及人们生活的方方面面，大抵可以分为购物、娱乐、游戏、生活、工具、教育、商务、餐饮、运动、理财等 20 项。在这些大的分类中，有的类目小程序还会进一步细分，比如"餐饮"分为西餐、火锅、小吃及快餐等；"购物"分为服饰箱包、图书音像、文化用品等；"生活"分为通信服务、家政中心、信息咨询中心等。目前，资讯、社交、购物、娱乐及游戏类小程序均拥有大量用户，吸引着开发者入局。相对而言，在微信、支付宝等产品场景内，娱乐及购物类小程序发展的潜力更高，目前也有较多开发者将目光转向电商、工具类小程序的开发。

2. 无须安装和卸载

小程序最大的特点就是即点即开，用户只需要扫描商家的二维码，就能够以浏览网页的形式使用，而且小程序可以简化为手机桌面的快捷图标，不会像其他软件那样在手机后台占用内存和流量。此外，用户也可以方便地利用小程序的分享功能直接将小程序转发给其他人。所以，越来越多的人开始接受这种使用程序的新方式。随着小程序的大量普及，在未来几年内，将会有 80% 的 App 被取代。

3. 开发和维护成本低

小程序的出现给开发者带来了较大的便利。作为一种轻量应用，小程序开发简捷，开发者无须设计功能全面的应用，开发费用相对较低，且小程序运营商也在逐步加强对小程序的开发扶持，从而使开发者使用小程序的门槛降低。此外，目前绝大部分的小程序是基于微信平台存在的，凭借微信的社交属性，小程序传播成本较低，节省了开发者的推广成本。小程序的后台服务器不需要商家自己购买和搭建，可以省去运营维护的开销。在开发过程中，小程序类似于简易的网站开发，在小程序的官网已经有很多现成的模板可以套用，比开发同款 App 能节省大量的成本。

4. 内存轻量化

随着移动互联网的发展，人们生活的各个方面均离不开移动设备的应用，多种多样的手机应用（App）对手机内存提出了更高的要求。小程序体积小，不额外占用手机内存，相较于 App，能为用户节省较大的内存空间，用户可以将更多的内存应用于有价值的个人信息资源的存储。小程序的轻量化还体现在灵活、快捷的使用中，小程序不仅为用户节省了较大的内存空间，而且专注于满足用户的核心需求，没有花哨的功能，也没有复杂的逻辑，注重简洁轻盈，使用户体验更佳。在这个追求高效的时代，围绕核心需求的轻量化体验是用户及市场所追求的。

5. 完美关联公众号

虽然小程序和微信公众号相互独立，但是商家可以将原有的公众号和新建立的小程序相互绑定，这样商家先前积攒的关注者也不会流失。小程序利用微信支持付费经营的理念，可以使商家直接利用小程序获得收入。"小程序+公众号+朋友圈"的经营方式分别对应着服务、内容和社交，正在被越来越多的自媒体利用，他们利用小程序设计物品导购的页面，用公众号来提供推广的文章，然后利用朋友圈向老用户进行传播。这种新颖的销售方式被称作"社交电商"。

6. 推送体验更好

小程序并不是独立的App，各个小程序也不允许毫无节制地向用户发推送，这在很大程度上可以保证用户免受广告骚扰。如果用户很久都没有使用某款小程序，那么它会安静地置于列表里，并不会频繁弹出。例如，当用户利用小程序购买了商品后，就会收到订单成功与否的提示；当用户订餐完成时，小程序会推送"需要取餐"的通知。所有小程序的历史通知都位于微信主界面的"服务通知"中。

4.1.3 小程序与App的产品形态比较

自小程序诞生以来，"小程序会取代App"的言论就甚嚣尘上，小程序与App的优势领域完全不同，App专注于高频内容与服务领域，而小程序专注于低频覆盖服务的领域。因此，小程序虽然不可能完全替代App，却有可能取代一部分定位于服务的微信服务号。

从张小龙团队对小程序的定位来看，小程序在用户体验方面优于网站。与App相比，小程序更为方便快捷。小程序和App有各自的应用场景，小程序很像精简版的App，除核心功能外，其他功能都被删除，从而让用户能够方便、快捷地获取最为核心的服务。如果只是想要获取这些核心服务，小程序已经足够，但显然用户需求远没有这么单一化，事实上，随着消费需求的不断升级，人们的需求变得越来越个性化。从数量来看，近两年小程序数量已经超越了App数量，且增长速度很快，如图4-3所示。

与App相比，小程序是一个入口较深的产品，在智能手机、Pad等移动终端上，人们可以根据自己的习惯与爱好，对App的顺序进行排列，通常把使用频率较高的App放在靠前的位置，以便有需要时快速使用。位于主屏和Tab栏中的App，直接点击就可以使用，其他屏中的App需要滑动屏幕。而对于那些位于分类文件夹中的App，需要先打开分类文件夹，才能点击使用。在使用小程序时，最为普遍的方式是，先打开微信，然后进入"发现"页面，再点击"小程序"，接着从历史记录中或使用"搜索"功能，获取并使用小程序。和直接使用App相比，这个过程显然颇为复杂，需要耗费更多的时间成本。微信团队考虑到这种情况，开发出将小程序在微信聊天页面置顶的功能，当然，仅有那些使用频率较高的小程序才能被置顶。

从长期发展的角度来看，小程序根本没必要和App比拼功能丰富，专注于核心服务即可，让用户能够在核心服务中获得前所未有的极致体验，这样才能使其轻量化的优势得到充分发挥。如今的小程序仍属于一种新生事物，相关的模式、标准尚未完善，进入该领域的创业者及企业缺乏可以借鉴的经验。通过 QQ、微信的摸索与实践，腾讯已经在线上服务场景方面取得了相当不错的效果，而在线下服务场景方面，腾讯还有较大的短板。小程序的出现无疑为解决这个问题提供了新的思路。

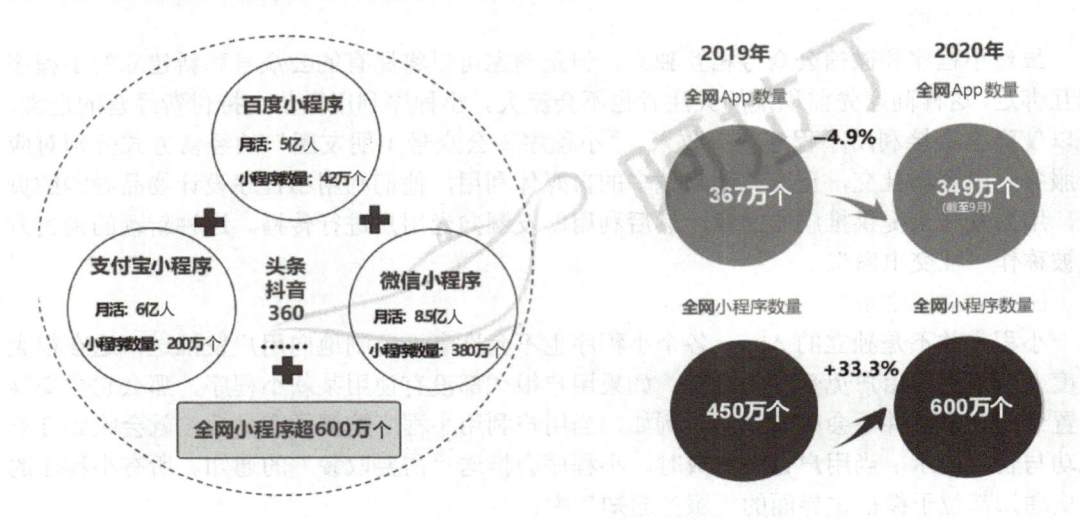

图 4-3　2019 年和 2020 年小程序数量与 App 数量对比

4.1.4　小程序与 App 各自的运作路径

依托微信近 10 亿个用户的庞大群体，小程序从上线起就始终牢牢吸引着各方，每个动态都会引发互联网从业者的广泛关注和热烈讨论。

在产品形态方面，当前小程序提供的功能服务远不及很多 App 成熟和完善，人们对小程序的存在价值产生疑虑，对拥有众多用户量、浏览量的电商与内容平台来说更是如此。

在入口方面，前期微信对小程序入口和功能进行了诸多限制，这是很多商家难以接受的。小程序备受关注和期待的一个重要原因是背靠微信平台近 10 亿个用户，没有流量入口就意味着庞大的用户只是"镜花水月"，无法有效转换为商家的客户。

在理念方面，微信团队将线下场景作为小程序的主要入口，提倡"用完即走"的理念。腾讯正以小程序为连接点，借助线下二维码和移动支付打通并融合线上及线下，实现用户与商家的实时、高效、精准对接，构建 O2O 和移动支付生态闭环。同时，与侧重线上场景的 App 不同，小程序排名前 10 名的主要集中在出行、外卖、餐饮等刚需和高频的线上及线下应用场景中。可以将小程序看作是一个比 App 更"轻"、更"小"的"轻应用"，它与微信服务号和朋友圈不同，是类似于 H5 但比 H5 更优化的一种新应用形态，为商家与用户对接拓展了新的想象空间。

在应用场景上，小程序比 App 更加灵活，能够基于碎片化场景快速聚合各种服务，实现用户与商家的高效、精准对接。阿拉平台的数据监测显示，2020 年上半年 App 排名前 10 名的主要集中在社交、泛娱乐等线上场景中，如 QQ 浏览器、百度搜索、输入法、内容媒体等。小程序排名前 10 名的主要集中在出行、外卖、零售等刚需和高频的线下服务场景中，具有明显的"线上＋线下"特点。

在运作路径上，App 经过近些年的深耕发展已构建出覆盖支付、搜索、浏览器、音乐、视频、输入法、新闻资讯等广泛内容的移动网络生态。小程序作为一种全新的应用形态，侧重于打通并融合线上与线下，构建 O2O 和支付闭环，如共享单车、外卖、旅行等日常生活场景。综合上述分析可以发现，小程序不仅集中在工具类应用及一些刚需、高频的生活场景，线下零售也对小程序具有一定的接受度，而泛娱乐化场景方面的小程序应用较弱。

> **想一想**
>
> 小程序和 App 有什么区别？其本质区别又是什么？

任务 2　注册小程序

4.2.1　哪些领域适合注册小程序

虽然小程序被认为拥有千亿级红利的巨大潜力，许多人都想从中分得一块"蛋糕"，但是并非所有领域都有可能借助小程序获得发展。那么，哪些领域适合注册小程序呢？大致可以分为以下几类。

1. 网络购物

网络购物是近年来发展最为快速的一个领域，相较于实体店，网络购物具有品类全、价格低等优势，因此越来越多的人开始倾向于网络购物。虽然国内已经拥有包括淘宝网、京东商城在内的众多电商平台，但是网络购物市场是庞大的，已有的这些电商平台并不能满足所有人的需求。再加上用户在小程序中进行购物时，操作相对更加简单，所以网络购物类小程序仍具有较大潜力。当然，网络购物的品类全、价格低等优势是令其在竞争中获胜的重要因素，在小程序的开发和设计中也应进行重点把握。这一点，大部分网络购物类小程序做得都比较好。在网络购物小程序中，生鲜和海外购物两大细分市场增长趋势显著，而在生鲜和海外购物市场中，头部应用集中度相对较低。对于市场成熟度较高的团购类应用，在拼多多、京东等应用的带动下活跃度上升。图 4-4 所示是"京东购物"小程序首页，图 4-5 所示是"京东购物"商品详情页。

2. 生活服务

生活服务类小程序是日常生活中使用高频、刚需的，功能完善、操作便捷的生活服务类小程序正在被越来越多的人接受。生活服务行业的头部小程序以腾讯系和美团系为主，美团系利用小程序矩阵提供差异化服务，满足用户点外卖、团购、点评和观影的不同需求。2020 年在排行前 10 名的生活服务类微信小程序中，3 个为腾讯系，分别为排名第 1 的生活缴费、排名第 5 的城市服务和排名第 7 的手机充值，而美团系数量为 4 个，分别是排名第 2、第 3、第 4 和第 8 的美团外卖、大众点评、猫眼电影和美团。小程序也成为生活服务类应用的重要流量入口，根据 Questmobile 的数据显示，2020 年 4 月，美团外卖、饿了么外卖类应用从小程序获取的流量超过了从 App 端获取的流量。图 4-6 所示是"生活缴费"小程序首页，图 4-7 所示是"美团外卖"小程序首页。

图 4-4 "京东购物"小程序首页　　图 4-5 "京东购物"商品详情页

图 4-6 "生活缴费"小程序首页　　图 4-7 "美团外卖"小程序首页

3. 游戏

很多人喜欢玩一些简单的小游戏，却又不喜欢下载 App，游戏小程序的出现正好解决了这些人的需求。2017 年 12 月 28 日小程序游戏上线，并且逐渐趋于完善，对小程序生态的发展具有深远的影响。从造成"万人空巷"的老少皆宜的"跳一跳"到文艺小青年的"成语消消看"，再到牌友必备的"欢乐斗地主"，小程序游戏一直深受用户喜爱。图 4-8 所示是"跳一跳"小程序首页，图 4-9 所示是"乌冬的旅店"小程序首页。

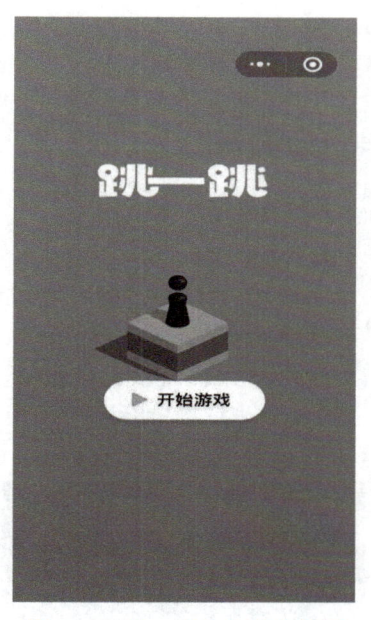

图 4-8 "跳一跳"小程序首页　　图 4-9 "乌冬的旅店"小程序首页

4. 政务服务

随着数字经济的发展，政务服务的数字化进程加快，为政务服务类小程序的发展奠定了基础。政务服务作为一种低频需求，相比开发成本高昂且容易沉没的 App，小程序即点即用，加上共享微信的用户黏性，能真正做到让政务服务留在民众手边。随着近几年小程序的发展，政务服务生态百花齐放，公安、法院、教育、税务、医疗等相关小程序齐头并进，都获得了不错的口碑。在新冠肺炎疫情期间，以"健康码"为代表的政务类小程序兴起，这也使小程序的普及度大幅提升。各地政务服务小程序为当地用户的缴费、办事提供了很大的便利，如苏州税务小程序、福建居民养老保险小程序、安徽财政小程序等。图 4-10 所示是"粤省事"小程序首页，图 4-11 所示是"浙里督"小程序首页。

5. 实用工具

说到工具类应用，每个人手机上面都会有，比如日历和计算器等。虽然这些工具看似只有单一的功能，却能在人们的生活中充当非常重要的角色。而部分实用工具类小程序不仅是上述应用的加强版，还可以在没有网络的情况下正常运行。这类小程序的便利性注定了它可以获得一定的流量。以"小小房贷计算器"小程序为例，用户进入后，看到的是图 4-12 所示的默认界面。用户只需在界面中选择贷款方式、房产总价、首付比例、利率和期限等信息后，就可以快速得出月供、支付利息和还款总额的具体数值，如图 4-13 所示。

图 4-10 "粤省事"小程序首页　　图 4-11 "浙里督"小程序首页

图 4-12 "小小房贷计算器"小程序默认界面　　图 4-13 计算结果显示

6. 社区团购

社区团购是真实居住在社区内的居民团体的一种购物消费行为，是依托真实社区的一种区域化、小众化、本地化的团购形式。在 2020 年，社区团购市场发展增长率超过 100%，市场规模达到 720 亿元。随着社区团购的不断成熟发展，诸多企业、资本都在积极开拓市场、深化布局，社区团购的市场规模也将保持高增长趋势，预计到 2022 年年底，中国社区团购的市场规模将超过 1220 亿元。社区团购小程序在社区购买中起着重要作用，并且也是连接消费者和"团长"的重要工具。社区团购小程序可以跟微信群完美地结合起来，利用接龙和群代办触达每一位用户，即点即用的特性可以给用户良好的体验。其中，兴盛优选、十荟团、美团优选等深受消费者喜爱。图 4-14 所示是"美团优选"小程序首页，图 4-15 所示是"十荟团"小程序首页。

图 4-14 "美团优选"小程序首页

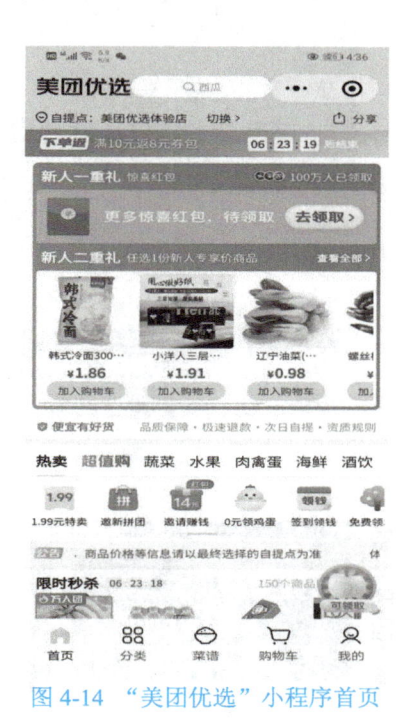

图 4-15 "十荟团"小程序首页

7. 教育

人人都有获得知识的需要，而学校课堂上能够提供的知识十分有限，因此为了满足自身的使用需求，人们除接受学校教育外，还需要进行一些课外学习，这便为教育领域的小程序带来了庞大的群众基础。值得一提的是，虽然教育本该是一件非常严肃的事，但是为了加强对用户的引导，教育领域的小程序在设计上应有一定的趣味性，只有这样才能吸引更多的用户，增强传播的效果。图 4-16 所示是"斑马学习乐园"小程序首页，图 4-17 所示是"斑马学习乐园"商品详情页。

8. 旅游

随着人们生活水平的不断提高，人们对精神享受的需求也在不断增长，旅游成为越来越多的人节假日的选择。虽然很多人向往说走就走的旅行，但是对于大部分人来说，旅游远没有想象中那么简单。因为除时间和金钱外，人们还必须对出行路线和行程等事项进行具体的安排。而对于旅游经验相对较少的人来说，旅游攻略便成了简化旅游活动最简单、有效的方法。针对这种情况，旅游出行领域可以通过在小程序中提供旅游攻略的方式获取流量。图 4-18 所示是"携程旅行"小程序首页，图 4-19 所示是"马蜂窝旅游攻略"小程序首页。

图 4-16 "斑马学习乐园"小程序首页

图 4-17 "斑马学习乐园"商品详情页

图 4-18 "携程旅行"小程序首页

图 4-19 "马蜂窝旅游攻略"小程序首页

想一想

为什么以上领域最适合注册小程序呢？请说出你的理由。

4.2.2 微信小程序注册范围

在注册小程序之前,有必要了解小程序的注册范围,因为只有在注册范围内的主体才能进行小程序的注册。小程序的注册主体可分为图 4-20 所示的 5 种类型。

个人　　企业　　政府　　媒体　　其他组织

图 4-20　小程序的注册主体

4.2.3 微信小程序注册入口

要想开发微信小程序,用小程序进行营销,需要先完成微信小程序的注册。当然,在注册小程序之前,运营者首先得找到注册的入口。微信小程序的注册入口主要有两个,下面分别进行具体的说明。

1. 微信公众平台官网首页

对于没有注册公众号的运营者,可以直接在微信公众平台官网首页进行小程序注册,具体操作步骤如下。

(1)在 PC 端的搜索引擎中输入"微信公众平台",进入微信公众平台官网的首页,单击该页面右下角的"小程序"图标,如图 4-21 所示。

图 4-21　微信公众平台官网首页

(2)打开"接入流程"页面,单击该页面中的"前往注册"按钮,如图 4-22 所示。下面就可以进行小程序的注册了。

接入流程

1 注册
在微信公众平台注册小程序，完成注册后可以同步进行信息完善和开发。

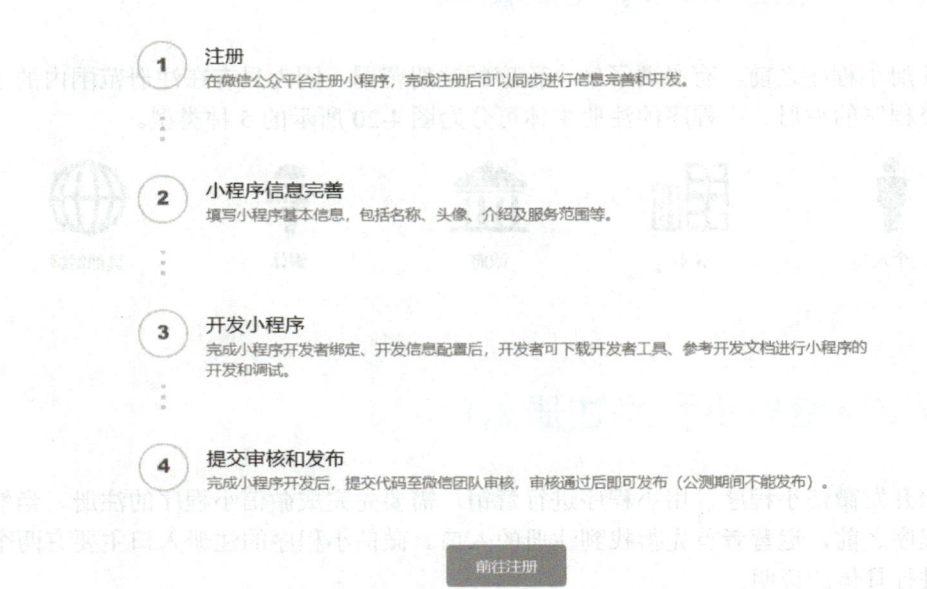

2 小程序信息完善
填写小程序基本信息，包括名称、头像、介绍及服务范围等。

3 开发小程序
完成小程序开发者绑定、开发信息配置后，开发者可下载开发者工具、参考开发文档进行小程序的开发和调试。

4 提交审核和发布
完成小程序开发后，提交代码至微信团队审核，审核通过后即可发布（公测期间不能发布）。

前往注册

图 4-22 "接入流程"页面

2. 微信公众平台后台

（1）在 PC 端进入微信公众平台的后台，单击左侧的"小程序管理"选项，打开"小程序"页面，单击该页面右上角的"开通"按钮，如图 4-23 所示。

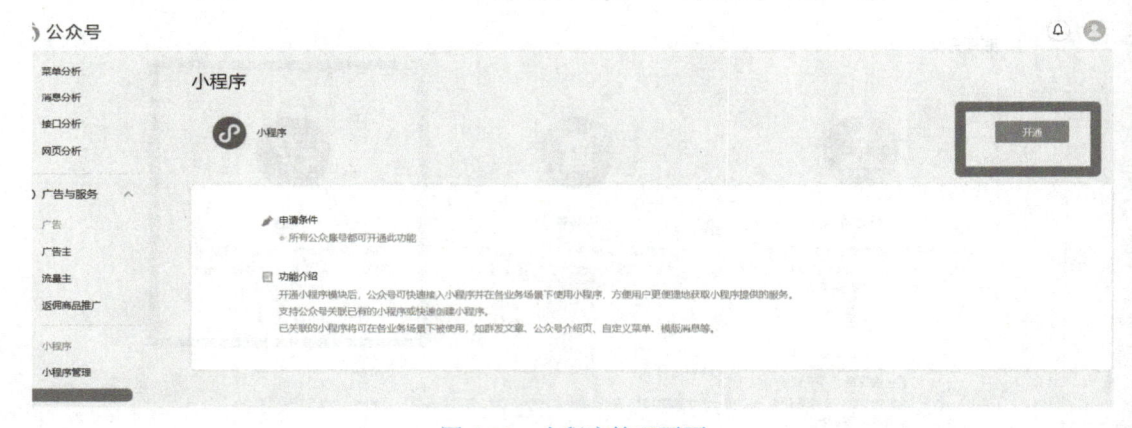

图 4-23 小程序管理页面

（2）弹出"小程序管理"页面，单击"快速注册并认证小程序"图标便可注册小程序，如图 4-24 所示。运营者还可以关联同主体的 10 个小程序、不同主体的 3 个小程序。

项目 4　小程序营销

图 4-24　单击"快速注册并认证小程序"图标

4.2.4　小程序注册步骤

虽然微信小程序的注册流程非常简单，但是运营者要想更快地获取小程序并进入微信小程序平台运营，还必须熟悉注册的流程。本节选用微信公众平台官网首页入口，对微信小程序的注册步骤进行具体说明。

（1）进入微信公众平台官网首页，单击"小程序"按钮，打开"接入流程"页面，单击该页面中的"前往注册"按钮。

（2）打开"小程序注册"页面，如图 4-25 所示。输入邮箱、密码、验证码等相关信息，单击"注册"按钮即可完成小程序的注册。

图 4-25　"小程序注册"页面

105

（3）打开激活小程序账号页面，单击"登录邮箱"按钮，如图4-26所示。

图4-26 激活小程序账号页面

（4）登录邮箱，打开激活邮件，选择主体类型，进行主体信息登记，信息输入完成后单击"继续"按钮，如图4-27所示。

图4-27 主体信息登记

（5）信息提交成功后，单击"前往小程序"按钮打开"填写小程序信息"页面，输入小程序的名称、简称、头像、介绍、服务类目等信息，最后单击"提交"按钮即可，如图4-28所示。

图 4-28 "填写小程序信息"页面

任务 3　小程序营销推广

4.3.1　小程序营销的优势

小程序营销的优势如图 4-29 所示。

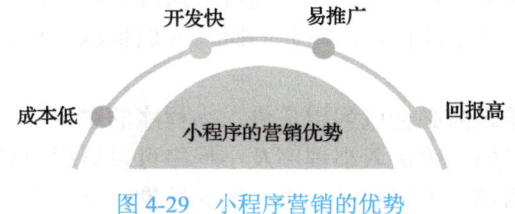

图 4-29　小程序营销的优势

1. 成本低

开发小程序的花费一般不会超过万元，相较于同等级别的 App 来说，小程序的开发成本要低很多。对于大众创业者而言，很多人的启动资金并不多，因此小程序成为许多互联网创业者的首选，毕竟开发一款 App 成本太高，运营维护及推广成本更高。对于零售商家而言，一般的线下零售商家除每年要交给平台固定的套餐费用外，还要被平台从流水里抽出几个点，一年下来被平台抽去的利润惊人。对于这两类人来说，从开发成本到运营推广成本，小程序的花费仅为 App 花费的十分之一，无论是对创业者还是对传统商家来说都是一大优势。

2. 开发快

小程序可以进行跨平台开发，无须进行多端开发，开发周期短。

3. 易推广

以微信分发平台做担保，应用的可信度比较高；以社群应用为基础进行分享，能推动用户开展自推广。小程序自带的"附近的小程序"功能，能帮助商家被 5 千米范围内的微信用户搜索到，解决当下商家广告无处可打的尴尬。店铺根据距离来排名，与品牌知名度无关。也就是说，用户离你越近，你就排得越靠前。另外，小程序存在于微信上，商家可以利用微信的社交属性进行宣传。

4. 回报高

微信用户规模庞大，首批小程序能享受百万 PV（Page View，页面浏览量）的流量红利。用户点击小程序之后就会成为小程序用户，即便不消费都会与商家产生关联。小程序链接线上电商，快速地实现了用户的变现和转换，这一点公众号和 H5 页面是做不到的，有利于微信用户的留存，提高他们的复购率。

> **想一想**
>
> 小程序营销优势如此之多，将来有替代 App 的可能吗？

4.3.2 小程序营销推广方式

1. 线下扫码推广

与其他应用相比，小程序推广最大的优势之一就是可以将二维码直接作为一个入口。用户无须搜索小程序名称，只要用微信"扫一扫"便可以进入，而且随着小程序的升级，即使是一般的二维码，只要进行了设置，同样可以进入小程序。

综观人们的日常生活，微信"扫一扫"功能可以说扮演着越来越重要的角色。从加微信好友到微信支付，只要手机在身上，人们便可以通过扫码做很多事。微信"扫一扫"功能无疑给人们带来了越来越多的便利，与此同时，人们也越来越习惯于通过扫码进行相关操作。

在这种情况下，二维码势必会成为用户进入小程序的重要途径。运营者可以将二维码放置在显眼的位置，并对扫码可进入小程序及小程序可以给用户带来哪些便利进行简单的说明。另外，可以通过增加二维码数量、进行针对性推广等方式，让更多用户接触到二维码,增强推广效果。

2. 提供特定使用场景推广

对于小程序来说,实用性可以说是制胜法宝之一。那么,如何体现小程序的实用性呢?其中较为简单和直接的一种方法就是提供特定的使用场景,创造机会让受众使用小程序。这一点对于以功能取胜的小程序来说尤其重要,因为使用场景的创造不仅能提高小程序的使用率,更能对品牌进行有效宣传,只要使用场景做得好,便可以争取大量用户。

3. 利用微信群推广

通常来说,利用微信群推广小程序有两种策略。一是"以量取胜",就是追求转发的数量,尽可能地将小程序转发至更多的微信群。这种策略相对来说更适合需要增加知名度的小程序,因为可以最大限度地扩大宣传面,正好契合了该类小程序的需求。但是这种推广方法因为对受众不加选择,所以需要花费大量的时间和精力。二是"追求质量",与"以量取胜"的策略不同,"追求质量"的微信群推广策略往往更注重对受众的选择,即挑选相对需要该小程序的人群进行针对性的宣传推广。"追求质量"的微信群推广策略无疑更具针对性,但是它的宣传面通常比较有限。因此,对于迫切需要提升知名度的小程序来说,使用"追求质量"策略并不是太合适。

4. 结合新媒体推广

从本质上来看,小程序就是一个工具,工具本身不具有传播性,要想吸引更多人使用就必须开展品牌营销。对于小程序推广来说,目前异常火爆的新媒体平台就是最好的推广营销工具。借助各大新媒体平台的内容输出对各项内容进行强化,将品牌信息、小程序名称融入内容,让用户在浏览内容的同时发现小程序,进而进入、使用小程序。很多优秀的内容运营人员早已将小程序名称融入了内容。例如,"十点读书"就在很多内容中提及小程序,在它的音频节目中也有专门介绍小程序的环节。总而言之,对于小程序来说,新媒体是最好的推广渠道之一,如果企业能有效利用新媒体,就能节省大量的广告费。

5. 利用小程序之间的跳转推广

为了更好地丰富小程序的服务功能,满足用户多样化的需求,开发者可以在小程序内通过开放接口,跳转到任意一个小程序。开发者可将每个小程序做成单一产品服务,通过互相跳转来打造互补型服务生态圈;也可以用一个小程序为载体,同时多个小程序向其跳转,将每个小程序的用户量进行汇集,打造一个精品小程序。同主体小程序(同属一个支付宝账户的小程序应用)可直接互相跳转,无须任何设置。不同主体小程序互相跳转,需要对方在小程序管理后台设置为"允许所有小程序跳转"或"指定小程序跳转"。例如,用户先用"去哪儿旅游度假"小程序了解旅游景点或预订旅游套餐,再跳转到"去哪儿旅行订酒店机票火车票门票"小程序订机票和酒店,最后跳转到"去哪儿门票玩乐"小程序订周边旅游景区门票。

> **想一想**
>
> 除以上小程序推广方式外,你还知道哪些营销推广方式?

4.3.3 小程序营销的引流工具

在流量获取难度和成本不断增加的情况下，微信小程序上线为商家提供了新的流量红利和想象空间，被认为将引发新一轮"营销变革"。特别是随着入口场景不断丰富，小程序已成为移动营销的重要风口，众多企业纷纷推出自己的小程序应用。总体来看，微信小程序在营销引流方面的功能主要包括以下几点。

1. 线下扫码

微信官方将线下扫描二维码作为小程序最主要的入口，用户只需扫描二维码便可进入小程序并获取相应服务。这种方式既符合用户的日常行为习惯，也打通了线上与线下的服务场景，为用户带来不同场景无缝对接的优质体验，帮助商家获取更多的流量。

2. 对话分享

微信允许用户将小程序转发给好友、微信群或嵌入自己的公众号中，其他用户可以通过点击转发的消息，直接进入小程序获取服务。这种设置将商品或服务链接融入了用户的社交活动中，能够为企业带来更多的引流机会。营销人员可以在微信群中分享小程序，或者直接转发给好友，让更多人知道小程序，帮助小程序增加更多的新用户，还可将小程序的快捷入口添加到微信公众号的对话栏中，为把粉丝转换为小程序用户提供了方便。

3. 历史列表

用户进入某个小程序后，"发现"—"小程序"界面便会将这个小程序保留在历史记录中，用户再次进入时直接点击即可，从而实现商家与用户的快速联系。用户在搜索小程序时，被使用过的小程序会排在列表靠前的位置。当然，用户也可以选择删除或重点标记列表中的小程序。

4. 公众号

如果企业既有微信公众号，又上线了小程序，则可以对两者进行关联跳转。营销人员可以用图片广告的形式将小程序的链接添加到微信公众号推送的文章中，让小程序实现迅速推广。

5. 消息通知

小程序有模板消息功能，商家可以发送模板消息给进入过小程序的用户，用户则可以通过模板消息进入小程序，与商家再次互动，从而实现商家与用户的持续沟通。在交流形式上，小程序支持文字和图片的沟通方式。

6. 自由切换

用户可以通过功能键在不同小程序界面自由切换，就像在 QQ、微信、微博、支付宝等不同应用间来回切换。换句话说，用户可以同时使用多个小程序，每个小程序都相当于一个独立的 App 应用，互不干扰。

7. 微信搜索

搜索是小程序的重要入口，用户可以在微信搜索窗口中输入名称或关键词获取小程序应用，然后直接点击进入。微信平台对小程序十分重视，搜索列表中小程序处于置顶位置，其次是公众号，最后是表情、朋友圈等其他消息。

8. 附近的小程序

小程序新开放的"附近的小程序"入口是基于 LBS 的应用服务，用户可以通过这个入口场景获取附近的小程序商家，从而形成一种定向推广，有效降低商家的广告营销成本。用户进入小程序后，点击"附近的小程序"就能搜索到很多附近的小程序，之后用户就可以按照个人需求选择一个小程序进行操作。

同步阅读

微信小程序发展现状及趋势分析[1]

小程序是一种全新的连接用户与服务的方式，它可以在微信内被便捷地获取和传播，同时具有良好的使用体验。小程序在微信生态中占据了前所未有的市场，特别是对于下沉市场，使用人群有了极大的扩展。如今小程序不仅在一二线城市已普及，在三四线城市和农村也已覆盖，未来这个数字还会进一步增长，小程序市场会更大。

小程序方面表示，2020年小程序提供原生模板广告、封面广告、激励式广告、插屏广告等，2020年小程序开发者分成收益（非游戏）增长25%。

2021年小程序从拓宽场景（比如视频号直播引流至小程序进行交易变现）、降本提效、丰富经营、数据分析、运营支撑、提升信任这6个方面入手，继续助力生态交易增长。

小程序的定义

小程序是一种不需要下载安装即可使用的应用，用户扫一扫小程序码或搜一下小程序名即可打开应用，体现了"用完即走"的理念。应用无处不在、随时可用，且无须安装和卸载。小程序为开发者降低了推广成本，使商家实现低成本、高效的推广效果。

小程序：快速链接用户与商家，契合即时消费场景

随着人口红利的消失，App发展陷入瓶颈，HTML 5技术和云存储技术逐渐成熟，小程序蓬勃发展。2019年中国微信小程序累计创造交易额达8000亿元，同比增长160%。依托微信超10亿用户的庞大数量及成熟的微信支付功能，微信小程序基本形成生态闭环。

此外，支付宝、百度、抖音也相继开始小程序开发。

艾媒咨询分析师认为，小程序具有多个优点，其即扫即用免安装的优势契合餐饮、泊车、扫码乘车等即时消费场景，在电商、美食、外卖、旅游等场景具有相对优势。

中国小程序发展趋势预测分析

（1）小程序降低开发门槛，助力产品推广发展。

小程序的出现给开发者带来了较大的便利。作为一种轻量级应用，小程序开发简捷，开发者无须开发功能全面的应用，开发费用相对较低，且小程序运营商也在逐步加强小程序开发扶持，从而使开发者使用小程序的门槛降低。此外，目前绝大部分的小程序是基于微信平台存在的，凭借微信的社交属性，小程序传播成本较低，节省了开发者的推广成本。

（2）小程序开发行业仍需规范化，确保行业健康发展。

小程序呈现爆发式增长态势，行业内的规范措施尚未完善，大量小程序的涌现导致行业乱象横生，如版权问题、开发框架的抄袭、内容创意的抄袭、病毒式分享传播等，行业亟待出台相关规范措施，保证行业的健康有序发展。

（3）小程序开发领域需精细化规制，避免盲目开发。

目前资讯类、社交类、购物类、娱乐类及游戏类小程序均拥有大量用户并吸引开发者入局。相对而言，在微信、支付宝等产品场景内，娱乐类及购物类小程序发展潜力更大，也有较多开发者将目光转向电商类、工具类小程序的开发。各开发者对于入局小程序的领域需要谨慎，应综合小程序依附平台特性进行考虑，避免盲目跟风。

---

1 参考艾媒咨询的《2020年微信小程序日活破4亿人，小程序发展现状及趋势分析》，经作者改编。

(4)人工智能技术为小程序赋能。

随着人工智能技术在技术层及平台层的完善,未来视觉识别、自然语言理解、语音识别等人工智能将会支持和服务小程序的运营者,而在平台层方面,腾讯、百度、阿里巴巴、今日头条等国内平台也将继续开发更多的小程序入口,丰富更多的运营场景。

(5)轻量化将成为小程序发展趋势。

小程序轻量化体现在灵活、快捷的使用中,相较于App,小程序不仅为用户节省较大的手机内存空间,而且专注于满足用户的核心需求,没有花哨的功能,也没有复杂的逻辑,注重简捷轻盈,使用户体验更加轻量化。在这个追求高效的时代,围绕核心需求的轻量化体验是用户及市场所追求的。

同步实训

实训1 注册微信小程序

〖实训目的〗

通过微信公众号平台注册微信小程序。

〖实训内容与步骤〗

按照第4.2.4节的小程序注册步骤,注册一个小程序。

〖实训提示〗

在注册小程序之前,要想好打算用微信小程序做些什么,并想好小程序的名称、简称、头像特点。

〖思考与练习〗

(1)哪些领域适合注册小程序?

(2)小程序注册需要注意什么?

(3)为什么很多商家选择使用小程序而不是App?

实训2 推广小程序

〖实训目的〗

将实训1注册完成的小程序进行推广,让精准用户关注该小程序,体验营销推广过程,制订营销推广方案。

〖实训内容与步骤〗

(1)将全班同学以4~6人为单位,分成小组。

(2)每组同学选取多种渠道对注册的小程序进行线上和线下推广。

(3)以小组为单位,思考如何让用户形成裂变。

(4)对用户行为及数据进行详细分析,描述用户画像,然后结合实际情况制订一份营销推广方案。

(5)小组派代表向全班同学展示小程序营销推广方案的可行性。

〖实训提示〗

小程序的推广有很多方式,尽量运用免费的方式。

〖思考与练习〗

(1)小程序推广的优势是什么?

(2)如何提高小程序的服务体验?

（3）如何让小程序更具有吸引力？

项目小结

随着"轻量"时代的到来，商家通过简易的操作即可满足用户各方面的生活需求。未来，小程序将迎来新的发展机遇和规模化的发展，中国的庞大流量将最大限度地激发其发展潜力。小程序有覆盖范围广、无须安装和卸载、开发和维护成本低、内存轻量化、完美关联公众号、推送体验更好等特点，注册也简单，企业和个人都可以申请，营销推广方式丰富，能够更好地满足用户和商家的需求。

任务布置

任务一：为"欧诗漫享逛官方旗舰店"小程序策划一个引流方案，可以使用欧诗漫珍珠博物院线上和线下相结合的方式。

任务二：选择一款"欧诗漫享逛官方旗舰店"的产品，制作图片文字，发至朋友圈进行营销推广。

学生活动

内容要素1：_____
内容要素2：_____
内容要素3：_____
内容要素4：_____
内容要素5：_____
内容要素6：_____

请将作品转换成二维码，粘贴在右图方框中

温馨提示：根据移动互联网新技术、新平台的发展，本教材提供最新符合该项目或与工作岗位相适应的任务布置，将实践教学内容与市场需求对接，可扫描二维码获取。

能力测评

考评人		被考评人				
考评地点		考评时间				
考核项目	考核内容	分值	教师评分 50%	小组评分 40%	自我评分 10%	实际得分
	1. 主题鲜明、吸睛	10				
	2. 活动内容丰富	20				
	3. 方案可实施、可操作	20				
	4. 能体现思政主题或元素	10				
	5. 内容具有创新性	10				
	6. 内容较为完整	20				
	7. 格式规范、符合要求	10				

同步测试

1. 单项选择题

（1）微信小程序不具备哪项特点？（　　）

　　A. 运营环境在微信内部

　　B. 开发成本低

　　C. 为用户提供服务

　　D. 在留存方面存在用户使用频率与内存的斗争

（2）以下哪一项不属于微信小程序的营销价值？（　　）

　　A. 提高文章转化效果　　　　　　　B. 提升社群用户体验

　　C. 降低内容设计门槛　　　　　　　D. 兴起了内容打赏文化

（3）公众号可以关联（　　）个不同主体的小程序。

　　A. 1　　　　　　B. 2　　　　　　C. 3　　　　　　D. 4

（4）企业认证完成订阅号或服务号后能免费注册（　　）个小程序。

　　A. 3　　　　　　B. 4　　　　　　C. 5　　　　　　D. 6

（5）小程序开通支付功能需要绑定（　　）。

　　A. 微信商户号　　B. 微信公众号　　C. 微信服务号　　D. 微信订阅号

2. 多项选择题

（1）微信小程序营销服务内容有（　　）。

　　A. H5 广告文设计　　　　　　　　B. 朋友圈信息流曝光

　　C. 根据年、区等微信大数据投放　　D. 公众号文章底部

（2）商家小程序营销的特点有哪些？（　　）

　　A. 传播快　　　　B. 体验好　　　　C. 增强品牌效应　　D. 产品展示

（3）附近的小程序门店地址创建有什么要求？（　　）

A. 门店的经营主体和小程序账号主体一致或相关
B. 没有要求
C. 需要有公众号
D. 提供经营资质信息，如营业执照或组织机构代码等

（4）小程序解决了餐饮行业的哪些问题？（　　）
A. 第三方平台抽佣最高达 25%　　　B. 排队
C. 选址地段　　　　　　　　　　　D. 翻台率

（5）下列哪些小程序功能不具有"裂变营销"作用？（　　）
A. 秒杀　　　B. 拼团　　　C. 好友帮砍价　　　D. 抽奖团

3. 分析题

（1）小程序是如何实现裂变营销的？
（2）试分析两个你最喜欢的小程序营销推广方式。
（3）相比 App，你认为小程序的劣势是什么？

项目 5

社群营销

项目重难点

社群的基本要素；社群构建的方法；通过选择合理的方法构建社群；通过策划和组织持续的活动运营社群。

课程思政

思政目标	引导和培养学生的团结协作精神、遵守"兼容并包"的网络社区行为规范
思政主题	团队协作、包容、法律底线
思政元素	网络社区行为规范

思政推进		
项目前	项目中	项目后
通过成功的社群运营案例引入虚拟网络社区的法律底线，学习互相尊重包容的处事之道	将团队精神、尊重包容全面渗透进教学内容	遵守兼容并包的网络社区行为规范，运营网络社群，开展社群营销

思政成效	（1）较好地根植了中华民族传统，遵守兼容并包的网络社区行为规范。 （2）点燃学生学习中华民族传统文化的热情；课间交流互动明显增加，课堂学习氛围浓厚。 （3）能将思政元素融入任务作品中，通过课程实践作品展现新时代大学生在互联网社群的正能量

项目导图

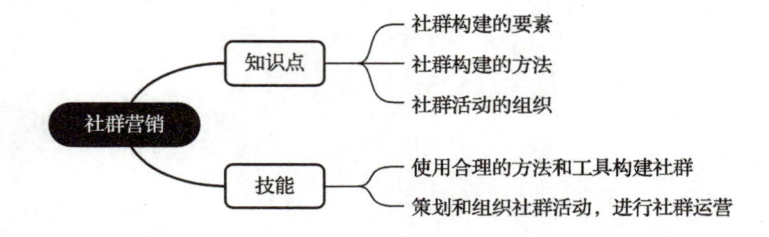

```
                    ┌─ 社群构建的要素
           ┌─ 知识点 ─┼─ 社群构建的方法
社群营销 ──┤         └─ 社群活动的组织
           │         ┌─ 使用合理的方法和工具构建社群
           └─ 技能 ──┴─ 策划和组织社群活动，进行社群运营
```

项目 5　社群营销

引例

爱到处玩的大学生牛仔

牛仔是一名在校的大二学生，和其他大学生不同，牛仔不喜欢整天窝在宿舍里玩游戏，他喜欢到处玩，而且喜欢捣鼓一些古玩、手串，也经常买一些材料回来自己做手串。

有一次，牛仔看上了一家古董店里的小古董，这个小古董要一万多元钱，他没有那么多钱，又非常想要，于是就经常有事没事地跑到这家古董店，跟老板聊天，帮老板一些小忙，或者买一些简单的材料。他每次去，都会特别咨询一下老板这个小古董的各种情况，然后每次都依依不舍地放下，然后离开。就这样经过几次之后，这家古董店老板实在熬不住了，终于开了口，说看牛仔这么喜欢这个小古董，就以成本价卖给他。

如果故事只到这里，那么这个故事并没有什么特别的地方，真正精彩的地方在后面。牛仔把这个小古董拿到手之后，他立马到他经常去的那几个群里面分享了这个故事。群里的人听了之后，都对牛仔特别的认可，对牛仔的这个小古董也感兴趣，故事最后的结局就是牛仔的这个小古董被群里的人买走了，而且价格还远高于这个小古董之前的售价。牛仔就这样轻松地赚到了一年的学费和生活费，又可以去捣鼓他的那些小玩意儿了。

上面这些都不是这个故事最关键的地方，这个故事最关键的地方在于牛仔的那几个群，那些才是他的制胜法宝。

牛仔的那几个群主要是一些车友群、摄影群、企业家群、退休老年人群，这些群的特点是没有一个群是跟古玩、手串相关的，而且牛仔加入的群也不多，就那么几个，但是牛仔在群里非常活跃，也很热心，所以群里很多人都认可牛仔这个大学生。

牛仔每次捣鼓出一些新古玩，或者去哪里玩淘回了什么宝贝之后，只要在群里一说，就会被群里面的人买走，而且从不讲价，只会加价，甚至有一些人，想要什么，会直接让牛仔去帮忙找，要多少钱直接说就行，同时还会加上一小笔"辛苦费"。

这个案例足以给那些每天到处在加群、群发垃圾广告的人以提醒，是不是该反思一下，你真正的客户到底在哪些群里呢？

引例分析

大学生可能会加入若干群，往往对群里的广告深恶痛绝。但是在群里不发广告怎么做营销？案例里面的大学生牛仔给了我们一个很好的思路。牛仔在群里的活跃与热心获得了群友的认可和信任，最终不费吹灰之力，卖出了古董，还获得了超额的利润。

任务 1　社群构建的要素

5.1.1　社群营销概述

传统的产品信息传播和推广方式是尽量利用各种渠道，将信息扩散给消费者，推广成本高，推广方式也越来越难以维系。随着移动互联网的飞速发展并逐步壮大，社群经济这个概念也应运而生，社群经济是移动互联网与新媒体进化的产物，指互联网时代，一群有共同兴趣、认知、价值观或行业导向的消费者"抱"成团形成的内在关系，以微信、微博、自媒体等多种载体为工具，通过调动社群成员的活跃度和传播力，最终实现产品和服务变现的过程。

1. 社群与社区

社群和社区是目前互联网比较流行的热门词，虽然两者意思看似相近，但是本质是不同的。另外，社群也是可以用来推广电商服务的，称为社群电商。

无论社群还是社区，都由一群人聚集而成。不同的是，社区更强调人与人之间有相同的爱好或某个物理空间里的人的集合。社群则更强调这群人的共同价值观或共同目标，聚在一个虚拟空间是为了互相学习或寻找归属感。有些社区成员之间积极联系，经常在一起进行共同活动也可以称之为社群。

2. 社群营销

社群营销就是基于相同或相似的兴趣爱好，通过某种载体聚集人气，通过产品或服务满足群体需求而产生的商业形态。社群营销的载体不局限于微信，各种平台都可以做社群营销，如论坛、微博、QQ 群，甚至线下的社区。

5.1.2　构建社群的三要素

社群的本质是共同体，通过线上和线下的互动，社群把具有相同目的、兴趣爱好、价值诉求的消费者通过共同的社群文化培育成铁杆粉丝。在了解社群的构建方法前，必须了解社群的构成要素，如图 5-1 所示。

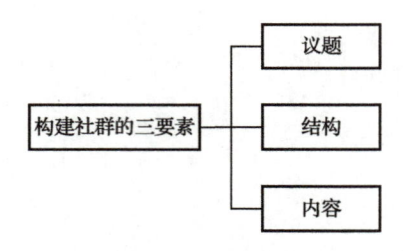

图 5-1　构建社群的三要素

项目 5　社群营销

1. 议题——社群构成的前提

共同的议题是社群建立的前提。我们可以基于一个产品聚在一起，如小米手机；可以基于一种行为聚在一起，如马拉松跑友俱乐部；也可以基于地域空间聚在一起，如某小区业主群；还可以基于某种标签聚在一起，如某明星粉丝后援团等。基于这些产品、行为、标签可以产生大量的议题。

2. 结构——社群存活的关键

社群的结构决定了社群能否长久存活下去。社群的结构包括成员、平台、加入原则和管理规范。社群的第一批成员将对社群产生较大的影响。社群的平台是指社群的交流工具。表 5-1 是常见的社群交流平台——QQ 群、QQ 讨论组、微信群、百度贴吧、论坛的特征比较。

表 5-1　常见的社群交流平台特征比较

	QQ 群	QQ 讨论组	微信群	百度贴吧	论坛
规模	人数规模有限制，群人数上限 2000 人	人数规模有限制	人数规模有限制，群人数上限 500 人	人数规模不受限制	人数规模不受限制
创建限制	创建数量受到限制	创建数量没有限制	创建数量没有限制	创建数量受到限制	创建数量受到限制
创建难度	低，无门槛	低，无门槛	低，无门槛	中，受百度公司管理	高，需申请域名搭建网站
管理结构	金字塔形结构，设有群主管理员，群主管理员有管理权限	环形结构，自由邀请加入，创建者可踢人	环形结构，自由邀请加入，创建者可踢人	金字塔形结构，管理者受百度公司管理	金字塔形结构，版主拥有管理权限
共享方式	QQ 群文件、群相册、发链接、演示共享	群发文件、发链接	发链接（易被屏蔽）	群相册、群视频、发链接（易被屏蔽）	附件、发链接
玩法	匿名、@、群红包、群活动、群投票、直播	群红包、@	红包、@	引用、投票	引用、投票
普及程度	普及程度极高，全年龄段	普及程度一般，职场人士常用	普及程度极高，全年龄段	一般青少年居多	普及程度呈下降趋势

社群的加入原则指用户加入社群的要求，加入社群并非没有门槛，适当设立加入原则，能够保证加入社群的人对社群更加珍惜。一些社群加入标准较为严格，如"罗辑思维"会员需要付费才能加入。

社群的管理规范指社群的具体管理办法，当社群规模逐渐变大、人员开始增加时，就需要对广告、"灌水"等行为做出明确的管理规定。

3. 内容——社群价值的评价

社群需要持续输出有价值的内容，这也是考验社群能否长期存活下去的指标。每个加入的社群的人都希望能从社群中获得对自己有用的内容。好的社群需要持续给群成员带来稳定的服务内容。"罗辑思维"公众号每天推送一条微信语音，坚持知识的分享。许多产品论坛往往都有精华帖置顶给新加入的群成员查看。社群服务内容往往由社群成员提供，社群需要对为社群做出贡献、提供有价值内容的群成员进行奖励，提高他们的积极性。

任务 2　社群的构建与组织

5.2.1　社群的构建方法

构建移动社群需要有敏锐的洞察力，对特定的需求进行较为深层的挖掘，还需要通过不同的渠道做好精准的人群定位，让成员加大对社群的信任和依赖，顺利培养和发展粉丝。社群的构建方法如图 5-2 所示。

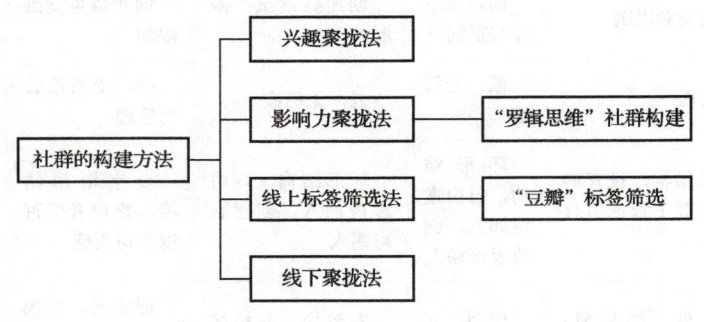

图 5-2　社群的构建方法

1. 兴趣聚拢法

社群一开始招人很困难，通过兴趣聚拢的方法可以比较容易地实现社群初始的构建。传统的兴趣聚拢构建社群的方法可以借鉴现实生活中的活动，如足球爱好者可以在观看球赛时结识好友，进而形成一个小社群；热心公益的人在进行公益活动时也会形成社群。

2. 影响力聚拢法

影响力聚拢法的关键在于这个拥有影响力的个人或组织。"罗辑思维"的罗振宇通过早期的脱口秀、每日的语音推送形成了自己的粉丝群体，他的身边聚拢了许多认可他的价值观的人，后来"罗辑思维"宣布成立社群，需要缴纳一定费用才能加入，会员资格立马被一抢而空。

3. 线上标签筛选法

随着移动互联网的普及，结识有共同爱好好友的方式开始有了很大的变化，大量的线上平台都可以帮助用户更快地找到有共同兴趣的人。常见的线上平台都具有标签筛选功能，如图 5-3 所示。

豆瓣小组通过标签将小组进行分类，分为文化、行摄、娱乐、时尚、生活、科技等大类，在大类下又有多个小类别的标签，豆瓣文化类大标签下有文学、语言、人文、建筑、哲学、宗教、展览等。

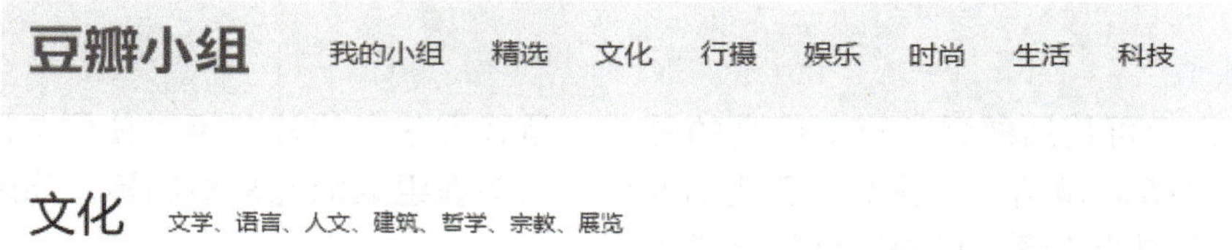

图 5-3　豆瓣小组标签筛选功能

4. 线下聚拢法

线下场景是聚集社群的另一种有效方式。假如你是一个运动健身配件销售商，那么常见的场景就是健身房、运动场等。在这些场景中可以提供一个聚拢有共同爱好好友形成社群的机遇。我们可以采用赠送运动装备等方式吸引用户进群，完成社群的建立。

> **想一想**
>
> 如果母婴用品店想建立社群，应选择怎样的场景？

5.2.2　社群公告

社群公告包含群简介、群活动、紧急通知等内容。群简介服务新入群成员，方便群成员入群时熟悉社群，可向群成员介绍社群的功能和为成员带来的便利，告诉群成员应在群内遵守的规则，如图 5-4 所示。群活动与紧急通知主要是发布群活动、群福利等，如图 5-5 所示。

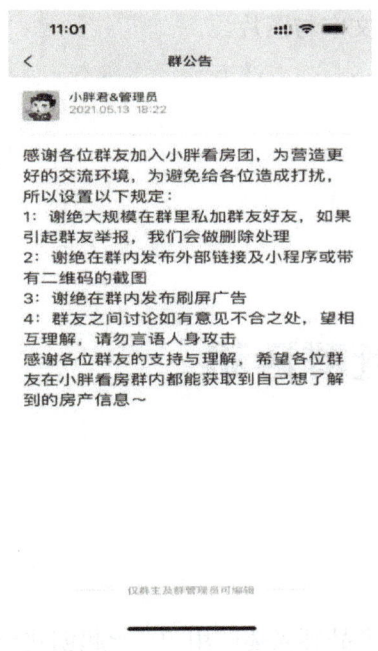

图 5-4　通过群公告发布群内规则 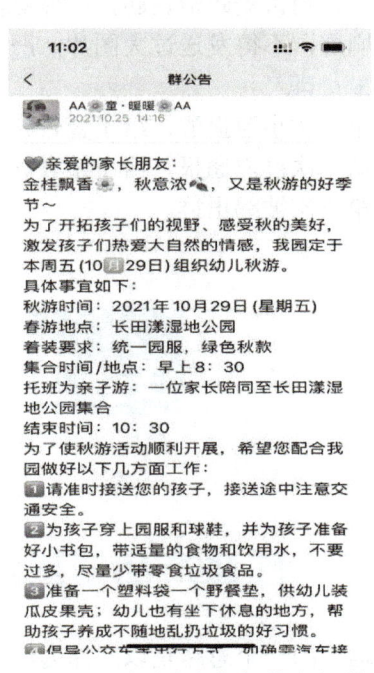　　　图 5-5　通过群公告发布群活动通知

121

5.2.3　社群头像与名称

1. 群头像

QQ群头像可使用醒目、辨识度高的图片。品牌方建立的社群可以使用品牌方Logo、商标、吉祥物等。微信群头像是由群内前9位成员头像组成的九宫格图标,品牌方的管理员可以使用相同的头像,以提高微信群辨识度。

2. 群名称

群名称是代表社群的一个重要符号,是社群品牌的第一标签和印象,要方便准成员搜索到,群名称应定位精准、适于传播并简洁易记、突出主题,如某互联网产品沟通群。

5.2.4　社群规则

在社群成立之初就应该想清楚如何设置社群规则,搭建具有生命力和消费者价值闭环的社群。社群规则的制定应当让社群成员知道哪些行为是被提倡和鼓励的,哪些行为是被禁止的。制定社群规则主要考虑以下3个方面:鼓励行为、违规行为、违规处理。

1. 鼓励行为

(1)鼓励社群成员分享自己的原创文章(和社群主题相关即可),与大家一起交流。
(2)鼓励社群成员踊跃提出合理化建议,检举各种违规人员和现象。
(3)鼓励社群成员文明交流、团结互助,有问题可以与群主或管理员私聊。

2. 违规行为

(1)严禁群内争吵,聊天内容不得有谩骂、侮辱性文字,不得对他人进行恶意人身攻击。
(2)严禁带有性别歧视、种族歧视、信仰歧视、个人侮辱、自侮辱、宣扬暴力、色情、猥亵等违反国家法律及社会公德的不雅的昵称。
(3)不提倡讨论政治话题,不得发表敏感性言论,不得发送垃圾信息,不得发送广告,不得恶意刷屏,不得发送过大图片,严禁发送不雅文字与图片。

3. 违规处理

(1)第一次小窗提醒,给予警告。
(2)第二次群内通报,给予禁言。
(3)第三次被踢出群。

任务3　组织社群活动

5.3.1　围绕产品创建活跃社群

社群运营的一个思路是以产品为纽带,找到对产品感兴趣的用户,一起创建一个社群。

1. 小米社群

小米科技的第一个成熟产品是手机的操作系统，就是今天的 MIUI。小米选择运营的第一个社区产品不是微博，而是论坛，因为它与 MIUI 的产品特征息息相关。MIUI 是一个很"重"的产品，它需要刷机、解锁 ROM 权限，存在着不小的门槛，其中的很多知识很难通过微博完整地传播、沉淀，所以小米最初的 50 万名核心用户是在论坛传播中获取的。

在做小米手机系统（MIUI）时，雷军下达了一个指标：不花钱将 MIUI 做到拥有 100 万个用户。于是，MIUI 的负责人黎万强只能通过论坛做口碑：满世界"泡"论坛，找资深用户，几个人注册了上百个账户，天天在手机论坛发广告，精心挑选了 100 个超级用户，参与 MIUI 的设计、研发、反馈等。借助这 100 个人的口碑传播，MIUI 迅速得以推广。

那时，雷军每天会花一个小时的时间回复微博上的评论，工程师也要按时回复论坛上的帖子。据统计，小米论坛每天大约有 8000 条有实质内容的帖子，平均每个工程师每天要回复 150 个帖子。而且在每一个帖子后面，都有一个状态，显示这个建议被采纳的程度及解决问题的工程师 ID，这些给了用户被重视的感觉。

2. 吴晓波频道

吴晓波频道是国内目前较大的互联网财经社群，包括微信公众订阅号、财经类脱口秀视频及音频、书友会等。

作为国内出色的财经作家，曾被评为"中国青年领袖"的吴晓波，在财经爱好者群体中具有极强的号召力。2014 年 5 月 8 日，吴晓波频道订阅号上线，每周二、周日各推出一篇财经专栏，每周四在爱奇艺上播出 30 分钟左右的脱口秀视频。其中，微信订阅号上线当天的订阅用户为 4582 人，到一个月后的 6 月 8 日便超过了 10 万人。

从 2014 年 6 月下旬开始，自发组织的城市书友会出现，到百日时，已有 30 个城市组建了书友会，其中 9 个城市选出了管理员，他们负责各自城市的读书活动。而吴晓波则推荐了"罗伯特议事规则"（美国国会开会规则）给大家，帮助大家制定讨论的规则。

在初期的运营中，吴晓波总结了 5 个特点。

（1）好内容是硬道理，文本、视频、音频、图表、投票及现场授课，多种形式构成一个新的、以个人或某个聚合体为中心的思想平台。

（2）移动客户端和社交网络的兴起，让自媒体这个小而专的存在变得更加灵活和主动，相对于提供海量分类内容的大平台，这甚至是优势。

（3）内容产品化成为必然。一篇文章或视频，无论是前向式收费（会员订阅制），还是后向式收费（广告内嵌、品牌冠名、流量分成、打赏），都将与内容提供者直接相关。

（4）增值兑付模式多元化。不同属性的自媒体人将因其行业特征而获取线上、线下的商业利益，比如，心理师可以发展在线咨询或线下培训课、财经专家可以举办专场演讲会或开展咨询业务等。

（5）核心粉丝价值凸显。用户的分地区、分类群运营将变得至关重要，在有效的、半封闭的互动环境中，会出现"秘密语言"、社群特征，甚至独有的仪式，百分之一的核心粉丝将构成自媒体社区的传播和引爆力量，经典意义上的"大众媒体"消失了，小众化或精众化成为新常态。

3. 秋叶 PPT

秋叶 PPT 是一个专注 PPT 在线教育的学习社群，主要群成员为大学生和职场新人。目前课程学员超过 9 万人，主推"和秋叶一起学 PPT""和秋叶一起学习职场技能""和阿文一起学信息图表"等课程。

秋叶团队的社群分为以下两块：第一块为由 69 人组成的核心群，群成员各有擅长的领域，在一起经常能碰撞出很多绝妙的创意或想法，基于互联网众包协作开发课程，做有影响力的新媒体，创作了累计下载量过百万份的电子书；第二块为 PPT 爱好者组成的社群，其中很大一部分群成员已经是课程学员，还有很多喜欢读书、喜欢新媒体、喜欢分享的年轻人。秋叶老师在核心群不断推出新课程、新活动，鼓励大家一起动手、总结、分享，吸引越来越多爱学习的年轻人加入。

在秋叶 PPT 的运营中，"群殴 PPT""一页纸大赛"等活动的举办提高了群成员的参与感和社群影响力，吸引了更多爱好学习、爱好分享的小伙伴加入。目前这几个活动项目都取得了良好效果，已经顺利和美的集团、万达集团取得合作。

4. 樊登读书会

樊登读书会是目前全国最大的付费阅读社群，付费会员高达 60 余万人，年度收入达亿元之多，在全国成立了 145 家市级分会，还成立了美国亚特兰大、加拿大多伦多等海外分会，成为当下分享经济时代内容创业的一道非常绚丽耀眼的风景。

樊登读书会解决的痛点是绝大多数人需要学习、需要读书，但是没有时间读，没有能力读出精髓、读出味道，这是一个非常巨大的需求。同时，读书本质上是帮助人们解决现实中的难题，如如何与孩子相处、如何与爱人相处、如何把事业做好、如何赚钱等现实的困惑。樊登读书会至今没有花过一分钱广告费，所有会员都来自用户的口碑，目前每月新增付费会员 4 万名左右。黑龙江有一个叫宝清县的边境小县城，常住人口 5 万多人，现在居然发展了 4000 多名读书会会员，并且续费率高达 85% 以上。只有产品很棒的时候，才会产生消费者认同。如苹果、特斯拉，因为给用户很强烈的冲击感，就自然触发了用户主动向别人推荐，也就是做活了线上、线下的社群。樊登读书会的图标如图 5-6 所示。

图 5-6 樊登读书会的图标

5.3.2 组织社群讨论

社群讨论是指定一个话题，尽可能让每个成员都参与进来的一个活动方式，通过相互讨论获得高质量的输出。

社群讨论的形式可以多种多样，常见的是文字形式，也可以通过语音通话、群直播等方式进行。

1. 社群讨论的内容策划

组织者提出的话题一般需要遵循以下几个原则。

（1）讨论主题要积极向上、符合社会主义核心价值观，不得出现违法、违背社会公序良俗的话题。如果话题设置不当，对社群成员的言论缺乏有效引导，社群就会面临被解散的风险，群主甚至需要承担法律责任。

（2）讨论主题需要明确，契合社群成员特征。比如可以在育儿社群讨论婴幼儿辅食话题。讨论主题需要聚焦，范围不能太大。讨论主题要简单、易讨论，让人可以随时参与。比如近期播出的精彩影片，你最喜欢里面的哪个演员、你喜欢其中的哪个片段、你喜欢剧中的哪个人物等。在设计话题时，可以多考虑如何找到大家的兴趣点，比如让群成员通过分享经验和心得提高参与度。

（3）话题不是自己凭空造出来的，一定是发现和挖掘出来的。那么，怎样找到更多用户愿意互动和交流的话题呢？及时捕捉发生的热点事件，可以从相关的网站和渠道看看当下的热点话题，包括微博热搜榜、新榜热门内容、传送门的热门内容、头条号热词分析、百度指数、百度风云榜、微信指数、抖音热门话题等，结合社群服务本身来确定一些话题。除热点事件外，群成员对大众都关心的社会民生类话题也很感兴趣，因为都与自己的生活息息相关，都是自己身边发生的一些事情。

（4）在社群中偶尔打打感情牌，抒发情怀，引发群成员的共鸣，也可以形成一个不错的话题。社群成员进群，一方面是寻求物质资源，另一方面也是为了找到一个情感的宣泄口。

（5）成长经历话题，和群成员分享社群的一些成长经历，让他们有参与感和归属感，同样会联想到自己的一些工作和生活经历，引起共鸣。

（6）确认讨论时段。如果讨论的时间不对，就会导致大家反应平淡，参与度不高。时间一般选取群成员的活跃时间段，如晚上睡觉前、中午吃饭时、下午下班时这几个时间段都是群成员看手机的高峰期。

2. 社群的管理小组人员

参与讨论的群成员很多，需要建立对应的管理组，确保有重要信息能够随时沟通。管理小组人员一般由以下3个角色组成。

（1）组织人员。组织人员需要有自己的想法，并提出讨论话题，让群成员在社群里进行讨论，活跃气氛。

（2）配合人。配合人一般有社群管理和主持经验，可配合群内互动，冷场时可及时救场。

（3）小帮手。小帮手在社群中需要协助组织人员和配合人共同完成一些事项，并在群里及时回复，活跃群气氛，带动社群的讨论，比如社群活动提前通知、提醒社群讨论的相关注意事项、维护群秩序等。

3. 讨论环节

讨论一个问题前需要设想在讨论过程中应该说什么、做什么，可以提前写下来作为过程稿。那么，过程稿需要如何准备呢？

（1）开场介绍。可以准备自我介绍，对要讨论的话题做大体说明。

（2）引申阶段。让话题自然过渡到被讨论的问题，让大家可以及时结束上一个问题的讨论，进入下一个问题。

（3）互动热场。在讨论过程中难免会出现冷场的情况，应安排配合人及时救场，话题组织人员也要提前设置好互动诱导点，鼓励大家踊跃发言。

（4）收尾。对本次讨论做一个总结，引导群成员说出自己的心得，完成分享。

5.3.3 社群打卡

在社群中，"打卡"活动的作用有以下 4 个。

（1）让用户形成习惯。在社群中打卡有助于养成好习惯，习惯的培养有它自身的规律。打卡是一种有效养成好习惯的方式。

（2）能随时掌握用户的活跃数据。运营者通过用户的具体表现，能够了解社群的整体运营情况。打卡对于运营者来说是一个很好的反馈，可以随时掌握用户的活跃数据。

（3）帮助筛选用户。打卡机制可以帮助运营者筛选出精准用户。因为普通的粉丝根本坚持不下去，只有忠实粉丝才会每天打卡，这部分用户有很高的变现概率。

（4）形成一种竞争的氛围。打卡机制可以让社群形成一种竞争氛围。试想，坚持每天打卡的社群成员会得到很多奖励，而什么都不做的人就不会有奖励，因此打卡会变成一种竞争机制。

5.3.4 社群福利

一般而言，社群福利主要有以下 4 类。

（1）实物产品类。为了能带给社群成员有价值的福利，发物质奖励无疑是一个明智的选择，尤其是定制化的特殊礼物。

（2）知识课程类。随着知识付费的兴起，再加上这个时代每个人都渴望成长、进步，可以免费赠送各种付费订阅知识产品，这种操作与发红包一样，既快速又便捷，而且还为群成员着想。对于付费精品课程，还可以开设小班分享，但只限于核心成员参与，这样可以激发大家的活跃度。

（3）荣誉头衔类。对于没有专门组织架构的社群来说，在群里设立一些特别的、有趣的头衔也是激发群成员活跃度的一种方法，可作为社群专属福利发给群成员。比如"知识型 IP 训练营"社群的头衔，可以有"班主任""辅导员""内容官""城市分舵主"等各司其职的头衔名称，这样对于社群发展和活跃度都有特别显著的作用。

（4）积分虚拟类。有些福利不是实际的商品或钱财，而是在社群体系下的某些规则，常见的有积分、优惠券等。比如知识型学习社群，采用打卡的方式给成员一些学分，采用的是学分制，群成员根据学分获得不同的奖品。

5.3.5 进行面对面的接触

社群建立之后应当创造面对面的接触机会，人与人建立信任的有效方式就是面对面的接触。对于社群而言，增加面对面的接触能够有效地保持群活跃度。

面对面的接触一般都是线下聚会的方式。大型聚会的难度比较高，要确定人数、选择地点。小范围的社群聚会组织起来更为容易，聚会时能聊的内容也相对较多。

1. 小米同城会

小米同城会是各地喜爱小米产品、志同道合的人聚在一起的民间"米粉"组织，同城会会长是小米同城会活动的主导者，负责协助官方管理和组织线下活动，组织所在城市的

“米粉”交流心得、分享爱好、结交朋友，从而扩大小米产品的影响力。目前，海内外已有近百个小米同城会，百余位同城会会长。

2.《魔兽世界》线下活动

《魔兽世界》网络游戏中玩家与玩家之间的线下互动主要发生在官方或玩家自发组织的各类以《魔兽世界》为主题的活动中，比如各类比赛、COSPLAY 等。还有就是一些不常见、非常规的互动方式，但有时却会对社群黏性产生不可低估的促进作用。比如 2011 年 12 月，有一个著名的玩家“老刀 99”与其因游戏而结缘并相恋 7 年的女友举行了一场以《魔兽世界》为主题的婚礼，从现场布置、请柬设计到主宾服装、婚礼流程等，到处可见《魔兽世界》的元素。婚礼宾客以《魔兽世界》的玩家为主。各种媒体对此进行了详细报道，运营商也通过官网论坛等渠道对此事件进行了大肆宣传，成为《魔兽世界》玩家津津乐道的一段佳话。

5.3.6　社群活动持续运营形成品牌

社群活动需要持续运营形成话题沉淀，长期运营下去形成品牌就能不断吸引忠实的用户。

1.“罗辑思维”跨年演讲活动

2015 年 11 月 3 号，罗振宇在其微信公众号“罗辑思维”里宣布要在 2015 年 12 月 31 日晚上举办一场跨年演讲，名为《时间的朋友》，同时宣称要将这个演讲持续举办 20 年（以后每年的同一时间），并预售 20 年的门票 99 张，售价 40000 元；预售 18 年的门票 300 张，售价 36000 元。这些门票据罗振宇本人表示都被一抢而空。2016 年 12 月 31 日，跨年演讲会如期举行，有超过 10000 人聆听这场跨年演讲。此后每年的 12 月 31 日，罗振宇都会在不同的城市如期举办演讲会，截至 2020 年已连续举办 6 场。

2. 小米橙色星期五

为了让用户深入参与到产品研发过程中，小米设计了“橙色星期五”互联网开发模式，如图 5-7 所示。核心是 MIUI 团队在论坛里和用户互动，系统每周更新。

周一	周二	周三	周四	周五
开发	开发/四格体验报告	开发/升级预告	内测	发包

图 5-7　小米“橙色星期五”开发模式

在确保基础功能稳定的基础上，小米把好的或不够好的想法、成熟的或不够成熟的功能，都坦诚地放在用户的面前。每周五的下午，伴随着小米橙色的标志，新一版 MIUI 如约而至。随后，MIUI 会在第二周的周二让用户提交使用过的四格体验报告。通过四格体验报告，可以汇总出用户最喜欢上周版本的哪些功能、觉得哪些不够好、哪些功能广受期待。

小米内部设置了“爆米花奖”，根据用户对新功能的投票产生上周做得最好的项目，然后给员工奖励。奖品是一桶爆米花，以及被称为“大神”的荣誉。

3. 大V店

大V店是MAMA+旗下的妈妈社群电商平台，是由一个叫作"经典绘本"的公众号转变而来的。"经典绘本"是亲子阅读推广人哈爸创建的亲子阅读平台，人们可以在上面分享自己的亲子阅读故事，也推销绘本，从而迅速吸引了大量宝妈的关注。哈爸在公众号推销绘本，创造了日销量高达3万册的奇迹。此后，很多宝妈提出要参与分销，哈爸找到投资后，成立了大V店。

大V店的定位对象是宝妈，目标是让宝妈利用业余时间轻松开店，随时学习，结识更多的优秀宝妈。在运营中，大V店采用的是分销付佣金的模式，宝妈不用进货和发货就能开展分销，卖出商品就可以获得佣金。简单地说，大V店的模式就是让用户赚钱，从共享中获利。

4. 大熊会

2012年，著名自媒体人"万能的大熊"（本名宗宁）组建了"万能的大熊"群。起初，这个群的组建目标是方便电商交流。从2013年起，"万能的大熊"开始涉足微博和微信领域。借助微信赋予的红利，"万能的大熊"在2013年年中就开始尝试"朋友圈营销"方面的培训。到2014年，越来越多的人开始重视微商，由于"万能的大熊"产出了大量高质量文章，所以获得了众多粉丝。2015年，"万能的大熊"开始将收费群更名为"大熊会"，主要目的是把优秀的微商聚集在一起。在"大熊会"的基础上，"万能的大熊"还成立了"大熊会名人堂"。"大熊会"帮助更多人通过微信、微博等工具打造自己的品牌和产品，实现最低成本创业。

"大熊会"从成立之初就奠定了微商人士聚集的基础，"大熊会名人堂"有着一定的准入标准。"大熊会名人堂"是一个更加精准的社群，它是"大熊会"的核心组织。"大熊会名人堂"的群内经常交流一些业界信息，还会组织会员做一些商业上的尝试，久而久之，这个社群就成为许多微商从业者的"天堂"，或者说是一个可以挣钱的平台。

同步阅读

4个社群营销的经典案例

近年来，营销人员可以很明显地感受到，企业对圈流量这件事越来越没有从前那么重视了，各个巨头已经大幅降低了对补贴战、地推的投入。同时，以流量为核心的线上投放策略越来越没有效果，不管是搜索引擎，还是信息流、网盟、首页、开屏，打开率越来越不理想，ROI（Return On Investment，投资回报率）远达不到KPI（Key Performance Indication，关键业绩指标）要求。

如今的消费者市场，营销到底应该怎样做，才能做到低投入、高产出，并让用户获得最佳体验呢？答案是精准化社群营销。

案例1："罗辑思维"

"罗辑思维"在成立之初只是罗振宇创建的一个微信公众号，以互联网自媒体产品的形式出现在大众视野中，如图5-8所示。主讲人罗振宇高喊"有种、有料、有趣"的口号，在每天早上6：30推出60秒的音频，并每周更新一次视频节目。他倡导独立、理性的思考，主张互联网思维，在8个月内收获了50万名听众，"罗辑思维"的视频播放量达到了3000万次。罗振宇身边聚集了一大群小伙伴后，他开始创建"罗辑思维"社群，致力于打造一个有灵魂的知识社群。"罗辑思维"社群形成一定规模后，很快开始向商业社群转型。

"罗辑思维"估值上亿，而其最大的价值就是构建了一个顶级的微信社群。"罗辑思维"是如何构建社群的呢？主要有下面3个步骤。

（1）选人。

"罗辑思维"的用户主要是"85后"爱读书的人，这群人有共同的价值观、爱好，热爱知识类产品；会员加入要交钱，分为200元和1200元，确保会员能真正付出行动。

（2）培养习惯。

培养共同的习惯，可以进一步固化会员"自己人效应"。比如，"罗辑思维"固定每天早上6：30发送语音消息，培养用户的阅读习惯。

（3）加强线下互动。

线下的互动更能激发人与人之间的联系，"罗辑思维"就曾举办过不少线下活动，比如"爱与抱抱""霸王餐"游戏等，如图5-9所示。

图5-8 "罗辑思维"微信公众号　　图5-9 "罗辑思维"线下互动活动

案例2：小米

小米的快速崛起离不开其社群营销。小米在社群营销上的做法主要包括以下几点。

（1）聚集粉丝。

小米主要通过3个方式聚集粉丝：利用微博获取新用户、利用论坛保持用户活跃度、利用微信做客服。

（2）增强参与感。

比如，在开发MIUI时，让"米粉"参与其中，提出建议和要求，由工程师改进，这样极大地增强了用户的主人翁感。

（3）增加自我认同感。

小米通过爆米花论坛、米粉节、同城会等活动，让用户固化"我是主角"的感受，如图5-10所示。

图 5-10 小米粉丝活动

（4）全民客服。

小米从领导到员工都是客服，都与粉丝持续对话，以时刻解决问题。图 5-11 所示为小米创始人雷军线下直接与消费者交流沟通。

图 5-11 小米创始人雷军线下交流

案例 3：霸蛮社

提到湖南的饮食，人们的第一印象就是辣，而说到具体的食物，米粉是典型的代表。霸蛮社是一个优质的在京湖南人社群，在偌大的北京城住着 30 多万湖南人，他们远离家乡，却时刻思念着家乡的味道。伏牛堂的米粉是很多湖南人的选择，霸蛮社的出现，解决了许多在京湖南人的"相思之苦"。

但是，再喜欢吃米粉也不能天天吃。社群建立起来后如何维护？仅仅靠米粉，过了"蜜月期"应该就直奔"冷淡期"了。于是，运营者将霸蛮社积极打造成在京湖南人的优质乐活空间，做了一件似乎与卖米粉没有任何关系的事情，只是带着大家一起玩。目前，霸蛮社有核心粉丝 300 人，这些人就跟自己家里人一样。

霸蛮社的主流群体是"80 后""90 后"，他们玩的形式不限于吃、观影、公益、读书都可以。可以把霸蛮社理解为一个湖南文化品牌，做了一个青年社区，顺带着卖点米粉；或者把他们理解为一个文化公司，做了一个自媒体，顺带着给伏牛堂做些广告。在"自己人效应"之下，这些都是无可厚非的，大家能够理解并且愿意主动为老乡捧场，而无须区分主次，如图 5-12 所示。

图 5-12　霸蛮社会员活动

案例 4：知味葡萄酒

知味葡萄酒是一家专注于为葡萄酒爱好者提供轻松的葡萄酒文化、专业的品酒知识、实用的买酒建议和精彩的品鉴体验的创业公司。自创业以来，知味的推广与内容始终以社群为核心。通过专业、垂直的葡萄酒媒体内容和线下的葡萄酒教育体系，知味已然成为国内最火的葡萄酒媒体，超过 50 万名葡萄酒爱好者聚集到知味周围的葡萄酒文化社群里。

社群已经建立，运营应该怎么做？知味并不希望像传统方式那样单纯地搜集所有会员的联系方式做成通讯录，或者在社群内部群发广告，知味认为社群营销是依赖个人偏好及消费行为特征所构建的社群，在增值服务这方面，应适度规避"商业激励"而采用"情感维系"，来升华客户与厂家和品牌的关系。

知味能够采集社群用户与知味的交互行为，分析用户的内容偏好。用户不管是看了一篇特定内容的微信图文、参加了一场特定主题的品酒活动，还是购买了知味所推荐的葡萄酒或周边产品，知味都能记录下来。

通过足够长时间的数据搜集，知味可以通过结构化获取的用户信息对用户进行分类，并通过不同主题的话题社群将用户组织到一起。比如阅读过较多次数关于意大利葡萄酒文章的用户，或者参加过知味组织的意大利葡萄酒品鉴会的用户，都会被邀请加入"知味意粉"小组。用户会陆续被不同主题的社群以网状的形式邀请到至少一个社群小组中。

这样一来，精准的分组使得社群活跃度非常高，而且还为精准地向用户发送他们感兴趣的内容信息和产品营销内容提供了有效通路。同时，基于对庞大的粉丝数据系统进行挖掘，知味可以据此为粉丝发送完全个性化的促销信息。

例如，知味可以设定自动流程规则，让系统自动向在过往一个月内参加过入门级葡萄酒培训课程的用户发送中级葡萄酒培训课程的培训信息。这样个性化、差异化的优惠大大地提高了粉丝购买的可能性，也降低了信息推送的成本。知味还使用平台活跃度打分的功能，交互频繁的用户活跃分数会上升。对于不够活跃的用户，定向推送一些"召回"目的的内容以减少用户流失。就这样，3 个月内，粉丝的活跃度上升了 55%。

同步实训

实训 1　使用手机 QQ 软件建立一个兴趣爱好群

〖实训目的〗

通过本次实训，能够熟练掌握和描述 QQ 群的建立和推广流程，能够分析 QQ 群营销的优势和劣势，加深对社群营销的感性认知。

〖实训内容与步骤〗

1. 创建 QQ 群

（1）打开手机 QQ，其界面如图 5-13 所示，点击"群聊"图标。

（2）在"群聊"界面中单击右上角的"+"按钮，在弹出的列表中选择"创建群"选项，如图 5-14 所示。

图 5-13　手机 QQ 界面　　　　图 5-14　选择"创建群"选项

（3）在打开的界面中可以输入群名称、上传群头像，如图 5-15 所示。完成后单击"下一步"按钮。

（4）在打开的界面中选择"兴趣爱好"，然后在弹出的面板中选择分类标签，如图 5-16 所示。完成后单击"下一步"按钮。

图 5-15　编辑 QQ 群资料　　　　图 5-16　选择群分类

（5）在打开的界面中选择群地点，如图 5-17 所示。完成后单击"下一步"按钮，或者单击"跳过"按钮跳过此步骤。

（6）在打开的界面中输入群介绍文字，如图 5-18 所示。完成后单击"提交"按钮。

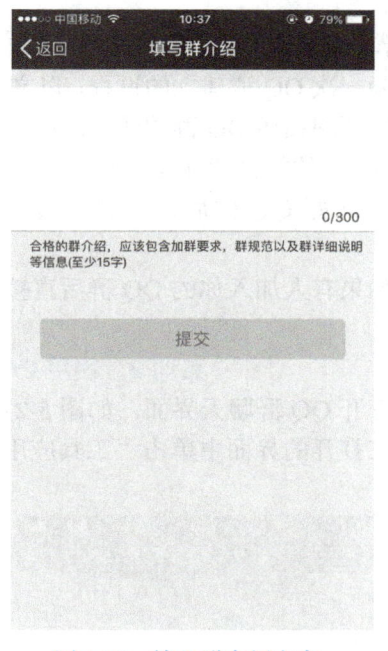

图 5-17　选择群地点　　　　　图 5-18　输入群介绍文字

2. QQ 群分享

（1）打开"群资料"界面，选择"分享群"选项，如图 5-19 所示。

（2）弹出分享群的二维码，可分享到平台邀请他人加入，如图 5-20 所示。

图 5-19　"群资料"界面　　　　　图 5-20　QQ 群二维码

通过推广使群内人数达到 30 人。

〖实训提示〗

根据 QQ 群的主题，取一个具有吸引力的群名称，并且选择合适的群头像，合理选择推广人群。

〖思考与练习〗

请体验一次 QQ 群建立的过程，以文字配截图的形式记录操作过程，并回答下列问题：

（1）用框图描述 QQ 群的建立过程。

（2）QQ 群的社群特征有哪些？

（3）建立好 QQ 群后，你打算如何运营你的 QQ 群？如何吸引更多人加入你的 QQ 群？

（4）如果有人加入你的 QQ 群后直接发广告链接，你将如何应对？

实训 2 使用 QQ 群发布线上和线下活动

（1）打开 QQ 群聊天界面，如图 5-21 所示，点击"群应用"图标。

（2）在打开的界面中单击"工具应用"中的"话题"图标，如图 5-22 所示。

图 5-21 QQ 群聊天界面　　　　图 5-22 单击"话题"图标

（3）在打开的界面中输入话题内容，如图 5-23 所示。完成后单击"发表"按钮。

（4）在打开的界面中选择活动类型，如群内活动，如图 5-24 所示。

（5）在打开的界面中输入活动名称，上传活动简介的照片。完成后单击"下一步"按钮。

（6）在打开的界面中选择活动地点，如图 5-25 所示。单击"确定"按钮后设置活动的起止时间。

图 5-23　输入话题内容

图 5-24　选择活动类型

图 5-25　活动地点设置界面

（7）单击"下一步"按钮，在打开的界面中编辑群活动介绍，然后单击"完成"按钮发布群活动，如图 5-26 所示。设置完成后的群内活动界面如图 5-27 所示。

135

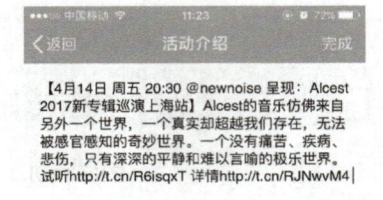

图 5-26　群活动介绍编辑界面　　　　图 5-27　群内活动界面

〖实训提示〗

在 QQ 群内做营销活动有助于提高社群成员活跃度和凝聚力，应选择 QQ 群成员喜爱参与的活动类型。

〖思考与练习〗

分别发布一次 QQ 群线上活动和线下活动，并回答下列问题：

（1）描述线上活动和线下活动的主要流程与结果。

（2）QQ 群主要的线上活动和线下活动有哪些类型？

（3）线上活动参与度不够高应该如何解决？

（4）线下活动如涉及群成员平均分摊费用，通过什么方式解决？

项目小结

社群是人们相互关系和情感联结的象征，是基于相同或相似的兴趣爱好，通过某种载体聚集人气，通过产品或服务满足群体需求而产生的商业形态。社群营销的载体多种多样。从本质上来说，社群是以产品品牌为导向、以消费者为中心的关系营销。

社群营销的主要步骤包括社群的建立及社群活动的组织。社群的建立需要根据营销目标选择合理的载体，社群活动的组织应围绕产品形成社群的亚文化，创造线下的接触机会，持续开展运营，以便形成品牌影响力。

任务布置

围绕京东欧诗漫官方旗舰店的产品，策划一个社群专属福利活动。

项目 5　社群营销

学生活动

内容要素 1：_____
内容要素 2：_____
内容要素 3：_____
内容要素 4：_____
内容要素 5：_____
内容要素 6：_____

请将作品转换成二维码，粘贴在右图方框中

温馨提示：根据移动互联网新技术、新平台的发展，本教材提供最新符合该项目或与工作岗位相适应的任务布置，将实践教学内容与市场需求对接，可扫描二维码获取。

能力测评

考评人			被考评人			
考评地点			考评时间			
考核项目	考核内容	分值	教师评分 50%	小组评分 40%	自我评分 10%	实际得分
	1. 社群平台选择合理	10				
	2. 社群目标群体选择适当	20				
	3. 社群福利活动设置合理	20				
	4. 社群福利活动参与度高	20				
	5. 社群福利活动成效显著	15				
	6. 社群依法合规	15				

同步测试

1. 单项选择题

（1）社群构成的前提条件是什么？（　　）
　　A. 共同的议题　　　B. 共同的地理区域　C. 共同的价值观　　D. 共同的目标

（2）以下哪个社群组织管理结构不是金字塔形？（　　）
　　A. QQ 群　　　　　B. 微信群　　　　　C. 百度贴吧　　　　D. 网络论坛

（3）以下哪个社群最适合进行文件传输共享？（　　）
　　A. QQ 群　　　　　B. 微信群　　　　　C. 百度贴吧　　　　D. 网络论坛

（4）假如你是一位母婴用品经销商，希望通过社群推广商品，最合适建立社群的方式是哪种？（　　）
　　A. 兴趣聚拢法　　　B. 影响力聚拢法　　C. 线上标签筛选法　D. 线下聚拢法

（5）关于社群活动的组织，以下说法错误的是（　　）。
　　A. 围绕产品进行社群活动的组织有利于构建活跃社群
　　B. 社群亚文化的产生不利于提高社群的凝聚力
　　C. 社群活动的开展不应该仅局限于线上
　　D. 坚持运营社群活动并形成品牌能够提升社群成员的忠诚度

2. 多项选择题

（1）以下哪些组织属于社群？（　　）
　　A. 小米品牌爱好者"米粉 QQ 群"　　　　B. 杭州市电子商务协会
　　C. 清华大学 2010 级校友微信群　　　　　D. 休斯敦火箭队球迷贴吧

（2）哪些网络社群可以进行抢红包互动？（　　）
　　A. QQ 群　　　　　B. 微信群　　　　　C. 百度贴吧　　　　D. 网络论坛

（3）哪些网站 /App 具备标签筛选建立社群的功能？（　　）
　　A. 新浪微博　　　　B. 豆瓣网　　　　　C. 网易云音乐 App　D. 人民网

（4）哪些社群是依靠创始者影响力聚拢成立的？（　　）
　　A. "小米手机"社群　　　　　　　　　　B. "罗辑思维"社群
　　C. "虎扑体育"社群　　　　　　　　　　D. 吴晓波频道

3. 论述题

（1）通过互联网查阅一个成功的社群营销案例。

（2）结合自身经历，选择一个你熟悉的公司 / 产品，分析应如何开展社群营销。

项目 6
短视频营销

项目重难点

短视频的概念、现状及特点；短视频的内容形式及未来发展趋势；短视频直播的主要平台特点；短视频营销的策略；短视频常见的几种制作软件。

课程思政

思政目标	紧跟时代潮流，创作能体现社会主义核心价值观的作品，增强时代感和吸引力
思政主题	社会主义核心价值观、工匠精神
思政元素	法治、文明、精益求精

思政推进		
项目前	项目中	项目后
通过"我看十九大""身边的模范党员"等时事性视频，引入短视频的概念和类别	通过讲解优秀短视频案例，培养学生在创作过程中应具备的精益求精的态度和锲而不舍的精神	设计创意短视频脚本，要求体现社会主义核心价值观元素

思政成效	（1）引导学生观看积极向上、符合社会主义核心价值观和道德标准的短视频。 （2）学生能识别和主动过滤不良价值及不良营销的短视频。 （3）能将文明、法治、精益求精等思政元素融入脚本策划中，通过内容策划表现正确的社会主义核心价值观，全面提升学生的人文素养

项目导图

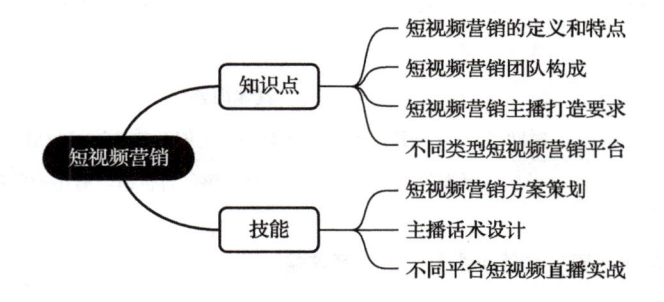

短视频营销
- 知识点
  - 短视频营销的定义和特点
  - 短视频营销团队构成
  - 短视频营销主播打造要求
  - 不同类型短视频营销平台
- 技能
  - 短视频营销方案策划
  - 主播话术设计
  - 不同平台短视频直播实战

> **引例**

《米家什么值得买》是爱否科技对米家一些产品的评测视频,这支短视频细致、全面地介绍了米家产品的主要特点和性能,整体内容体现了爱否科技高质量、娱乐性强的制作优势,其中一些有趣的创意让视频更加富有节奏感和趣味性。在视频中,爱否科技对米家的一些产品,例如小米台灯、小米电池盒、小米果蔬料理机等进行了细致和客观的评测,展示了大多数人关心的产品性能,非常实用。整支视频的风格轻松搞笑而又诚意满满,对米家产品的评价较为客观、中肯,非常到位地对米家的一些优质产品进行了一波良心推荐。

该短视频上线后播放量达到了 36.1 万次,总弹幕数达到 3032 个,视频下方评论数达到 5691 个,推广效果显著。爱否科技作为一个专注于科技产品评测的短视频自媒体,凭借幽默搞笑的高质量测评内容获得了很多网友的喜爱,成为科技垂直类榜单的头部媒体。[1]

> **引例分析**
>
> 短视频营销作为移动营销中的一种,内容和创意是非常重要的。在以"内容为王"的时代,只有不断创新,制作出优质、具有吸引力的短视频内容,才能牢牢地抓住用户。

任务 1　初识短视频营销

6.1.1　短视频营销的定义和特点

短视频营销是内容营销的一种,主要借助短视频,通过选择目标受众人群,向他们传播有价值的内容,以吸引用户了解企业产品和服务,最终达成交易。

短视频即短片视频,是一种互联网内容传播方式,一般指在互联网新媒体上传播的、时长在 5 分钟以内、适合在移动状态和短时休闲状态下观看的、高频推送的视频。视频内容包括技能分享、幽默搞怪、时尚潮流、社会热点、街头采访、公益教育、广告创意、商业定制等。短视频具有"短""小""轻""薄""新""快""碎"的特点,如表 6-1 所示。

表 6-1　短视频营销的特点

特点	具体内容
短	时间较短,一般在 15 秒到 5 分钟,能够有效地讲好故事,做好营销
小	话题有聚焦,小而美,有情感,有价值,有用户共鸣

1　资料来源:B 站《米家什么值得买》,经作者改编。

续表

特点	具体内容
轻	内容轻快明了，不太沉重
薄	表达的内容清晰，一看就懂
新	新鲜、新颖、新奇、新意
快	能快速抓住热点，具有话题度
碎	内容碎片化，适合用户利用碎片化时间观看

6.1.2 短视频营销的发展现状和趋势

短视频营销的发展主要分为蓄势期、转型期、爆发期、探索新商业模式期4个阶段，如图6-1所示。

蓄势期
2012—2014年

转型期
2014—2015年

爆发期
2016—2017年

探索新商业模式期
2018年至今

图6-1 短视频营销的发展阶段

蓄势期（2012—2014年）：随着智能手机、3G网络、Wi-Fi网络逐渐普及，秒拍、美拍等视频平台开始出现。该时期以低质量内容为主，行业发展较慢。

转型期（2014—2015年）：网络基础设施不断完善，4G网络开始普及。该时期短视频分发渠道逐渐多元化。

爆发期（2016—2017年）：字节跳动推出抖音、西瓜视频等，并依靠智能算法迅速抢占风口。该时期各大互联网巨头相继布局，短视频应用爆发式增长，用户规模快速增长。

探索新商业模式期（2018年至今）：市场格局逐渐稳定，抖音、快手头部优势扩大；头条视频、土豆视频转型升级；短视频平台探索更加多元化和更深层次的商业变现模式。

目前，短视频营销处于探索新商业模式期，具有以下特点。

1. 短视频用户增长迅速

2020年，新冠肺炎疫情让很多行业发展受阻，却给了短视频行业快速发展的机会。被隔离或居家办公时，刷视频成为大部分人的选择，短视频用户规模得以进一步增长，据官方研究调查显示，2020年12月，我国短视频用户规模已经达到8.73亿人，占整体网民的88.3%。图6-2所示为中国短视频用户规模增长情况。

2. 行业产业链参与主体众多，行业规模增长

短视频用户的激增，使短视频平台不断探索新商业模式，行业规模增长迅速。2019年我国短视频行业规模1302.4亿元，2020年高达1408.3亿元。短视频行业逐渐形成了较为完善的产业链，内容生产方、内容分发方、用户终端、基础支持、广告监管等各方主体为整个短视频内容生产链提供了稳步向前的动力元素。

2018.6—2020.12网络视频（含短视频）用户规模及使用率

单位：万人

时间	用户规模	使用率
2018.6	71107	88.7%
2018.12	72486	87.5%
2019.6	75877	88.8%
2020.3	85044	94.1%
2020.12	92677	93.7%

图 6-2　中国短视频用户规模增长情况

（图片来源：CNNIC 中国互联网络发展状况统计调查，2020 年 12 月。

使用率 = 短视频用户规模 / 网民用户规模）

3. 短视频内容品质逐步提升，平台商业模式逐步成熟

近年来，匠心精制的理念逐步得到短视频行业的认可和落实，视频品质大幅度提升。同时，各大视频平台也纷纷创新商业模式，有短剧、竖屏剧、互动剧等创新剧集，有长短视频相互渗透、相互融合发展的模式，还有短视频平台涉及综合视频业务，创新试水"微剧""微综艺"。例如，爱奇艺推出短视频内容社区"随刻"，利用自身的 IP 内容优势，全面赋能创作者。快手也在 2020 年打造专业团队制作长视频，往纪录片和网络电影方向发力。

4. 短视频应用开拓海外市场，面临政策监管风险

从 2016 年开始，短视频平台就在不断尝试国际化发展，从东亚、东南亚等新兴市场着手，逐步扩展到北美和欧洲市场，发展十分迅速。截至 2020 年上半年，抖音海外版 TikTok 已经有高达 2.26 亿份的全球下载量，位列世界第一。快手推出的短视频应用在越南、俄罗斯和韩国的市场表现也十分突出。同时，短视频平台在国际化过程中面临着一定的政策监管风险。2020 年 6 月，印度政府就曾限制民众下载和使用抖音等 59 款中国的 App。因此，短视频企业未来在海外发展中根据国际形势和所在国的法律及时调整战略是十分必要的。

5. 短视频平台进军支付领域，进一步完善生态布局

2020 年，字节跳动和快手陆续通过收购等方式获得了支付牌照，完成了电商业务的闭环。通过完善短视频电商业务闭环，不仅可以降低平台成本，还可以提升用户体验，为后续的客户精细化服务打下基础。基于支付业务，平台可以通过海量用户数据，描摹用户和商家的画像，从而针对性地进行产品信息的推送和营销。

想一想

目前短视频的内容形式有哪些类型？请举例说明。

6.1.3 短视频的内容

首先，众多普通网民以娱乐的心态制作短视频，整体数量庞大；其次，随着专业人员的不断加入，短视频内容质量提升，进入内容创业的黄金期。

在内容整合方面，MCN 商业模式是一种新的网红经济运作模式，企业通过资本、团队运作，保障网红持续输出优质内容，扩大粉丝影响力，实现最终商业变现和多方主体的高效沟通。

在内容发布平台方面，各类平台积极布局短视频领域。从短视频应用发展来看，短视频平台可分为独立平台和综合平台。独立平台是基于移动互联网，以短视频内容、功能和服务为核心定位的平台，通常以移动端 App 为主。综合平台是指嵌入短视频内容、功能和服务，但核心定位不是短视频的其他平台，包括新闻资讯平台、社交平台、传统视频网站。目前越来越多的综合性平台开始布局短视频领域。

未来短视频发展离不开内容形式的提升和创新，主要趋势概括为以下几个方面。

1. 短视频创作内容不断创新，制作品质提升

在以"内容为王"的新媒体时代，短视频的内容创作需要不断创新，才能得到持续的发展。具有新意的优质内容是平台维持和提升用户黏性的核心。为了制作出优质的视频，制作短视频的技术和创作水平将不断提高，制作流程也将不断精细化。

2. 短视频录制人员专业化水平将不断提升

随着短视频行业内容和质量的提升，制作人员为了获取竞争优势会积极主动地提升相关专业技术水平，学习并加强视频拍摄、剪辑和后期处理等方面的技术。短视频平台将成为录制人员展示自我才艺的窗口和相互交流学习并提高文化修养的良好平台。

3. 短视频平台的监管规范化，审核更加严格

目前短视频平台上的一些内容低俗、传播违规的视频受到不少网民的谴责，相关部门也加大了对这类视频播放平台的处罚和整改力度。未来短视频平台将会不断加强自身的监管，加大对内容的审核力度，以保证及时纠正不良内容的发布和传播，实现平台的自我净化。另外，相关政府部门也在不断加强对短视频行业的监管，未来可能会有更加规范的管理制度。

4. 视频作者版权意识不断提升，平台注重版权保护

在视频行业中，存在版权保护意识不强、版权维权成本高和时间长等问题，未经授权使用、盗用、裁剪等情况非常普遍。未来普通用户自身的版权保护意识将不断提升，注重自身作品的知识产权保护；各大短视频平台也将越来越重视版权问题，以相关机制维护平台用户的版权，提升视频创作者的创作积极性和创造力，使得平台更具内容吸引力。

> **想一想**
>
> 短视频发展趋势除以上几种外，你认为还可能有哪些？

任务 2　短视频营销平台

6.2.1　头条系

头条系的系列产品由北京字节跳动科技有限公司开发出品，其短视频平台包括但不限于抖音、抖音（火山版）、西瓜视频。

1. 抖音

所属系：头条系（字节跳动）。

标语：记录美好生活。

用户属性：年轻、时尚、女性居多，一二线城市的用户居多。

平台特色：多元化，智能推荐算法，平衡流量、内容、用户、产品之间的关系，提升商业变现、内容生产，放大达人的能力。

日活用户：约 4 亿人。

直播端口：有。

呈现方式：以竖屏为主，小视频。

内容生产：UGC（User Generated Content，用户原创内容）、PGC（Professionally Generated Content，专业生产内容如视频网站、专家生产内容如微博）、OGC（Occupationally Generated Content，职业生产内容）。

变现渠道：广告、电商、平台活动、流量分成、KOL（Key Opinion Leader，关键意见领袖）、KOC（Key Opinion Consumer，消费者领袖）。

想一想

UGC、PGC、OGC、KOL、KOC 分别代表什么？

抖音是目前短视频领域中的一个超级 App，如果想涉及短视频领域创作，抖音可以作为首选的短视频平台，不论是用户量级还是相关后端服务，都有很大的优势，官方也出版了很多教程，方便创作者进行创作。在抖音上发布短视频的方式有很多，包括上传视频模式、使用歌曲开拍模式、用别人的音乐开拍模式、直接开拍模式、话题页面开拍模式、用"剪映"剪辑后上传模式等。

以将拍摄好的短视频直接上传为例，发布短视频的具体步骤如下。

（1）打开抖音 App，点击界面底部的"+"按钮，如图 6-3 所示。

（2）打开登录界面，输入手机号，阅读并勾选协议后，点击"验证并登录"按钮，如图 6-4 所示。可以用手机号登录，也可以用 QQ 账号、微信账号、微博账号登录。

项目 6　短视频营销

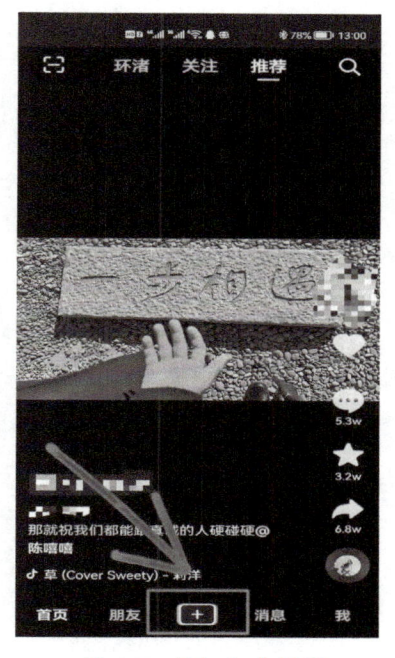

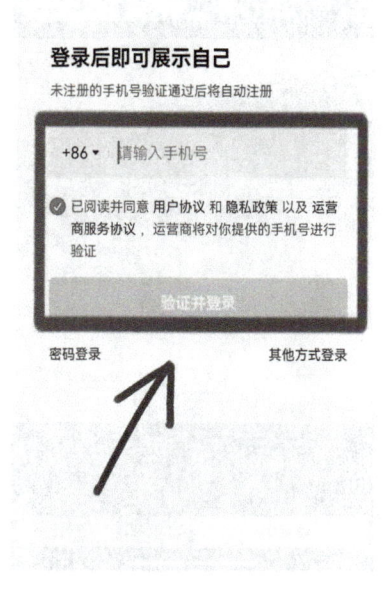

图 6-3　点击"+"按钮　　　　　　　　图 6-4　登录界面

（3）点击界面右下角的"相册"按钮，如图 6-5 所示。在打开的界面中选择一个视频，截取 15 秒，完成后点击"下一步"按钮，如图 6-6 所示。在打开的界面中可以选择特效、封面、音乐等，继续点击"下一步"按钮，如图 6-7 所示。在打开的发布界面中可以输入合适的话题，也可以选择谁可以看该视频，最后点击"发布"按钮即可，如图 6-8 所示。

图 6-5　点击"相册"按钮　　　　　　　图 6-6　截取视频

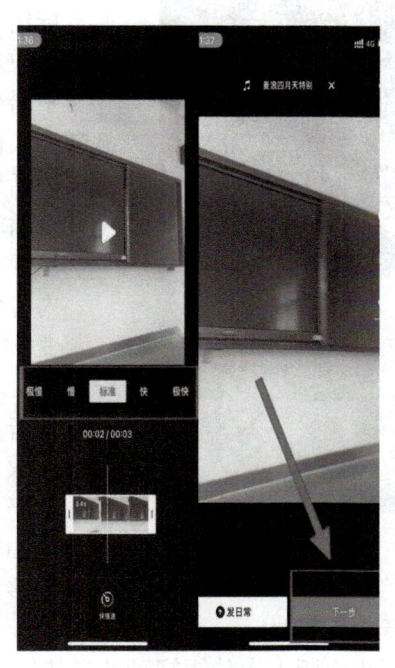

145

图 6-7　视频编辑界面　　　　　图 6-8　发布界面

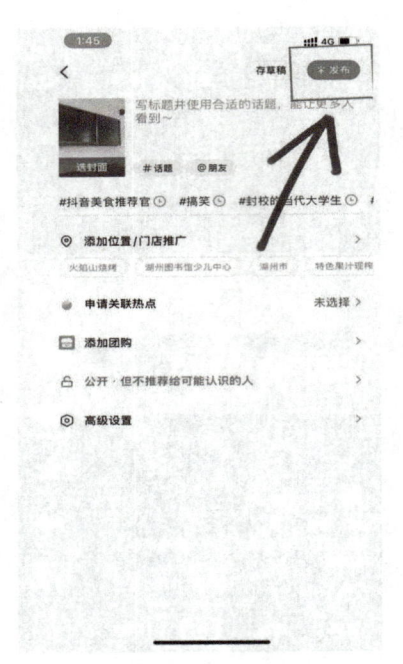

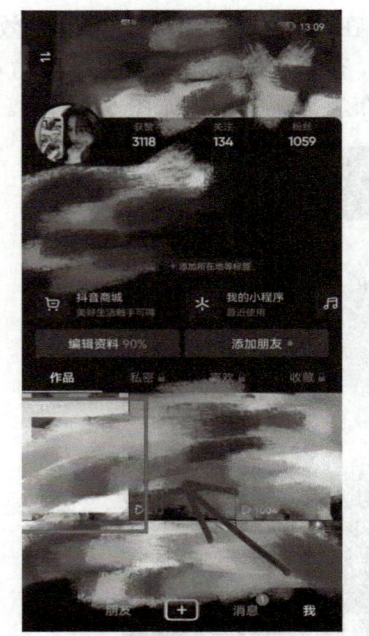

图 6-9　查看已发布的作品

（4）若想查看自己已经发布的视频，可以点击"我"按钮，在打开的界面中查看，如图 6-9 所示。

2. 抖音火山版

所属系：头条系（字节跳动）。

标语：更多朋友，更大世界。

用户属性：以三四线城市用户为主。

平台特色：对标快手，内容更接地气，适合大众化品牌和人群，功能容易上手。

日活用户：约 5000 万人。

直播端口：有。

呈现方式：以竖屏为主，小视频。

内容生产：UGC、PGC。

变现渠道：电商、平台活动、流量分成、KOL、KOC。

抖音火山版作为头条系对标快手的平台，从火山改成抖音火山版，也可以看出头条对其在战略上的足够重视。对于创作者来说，如果已经在抖音上有所深耕，则抖音火山版可以作为一个同步窗口来操作。如果还没有涉足太多短视频领域、创作能力也比较欠缺，就可以尝试一下抖音火山版。

在抖音火山版上上传短视频的步骤如下。

（1）打开抖音火山版首页，点击"相机"图标，如图 6-10 所示。进入相机界面后，点击"快捷发布"按钮，如图 6-11 所示。

项目6　短视频营销

图 6-10　抖音火山版首页

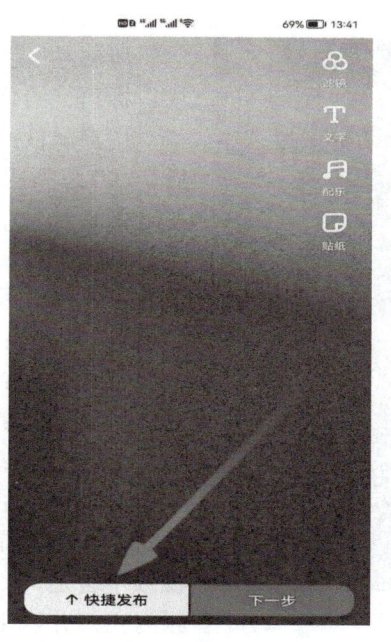

图 6-11　点击"快捷发布"按钮

（2）打开手机视频列表，点击"多段视频"按钮，如图 6-12 所示。进入多段视频模式后，选择几段视频，然后点击"完成"按钮即可上传，如图 6-13 所示。

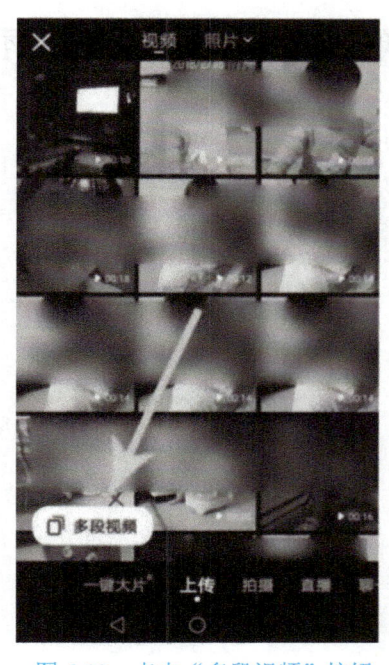

图 6-12　点击"多段视频"按钮

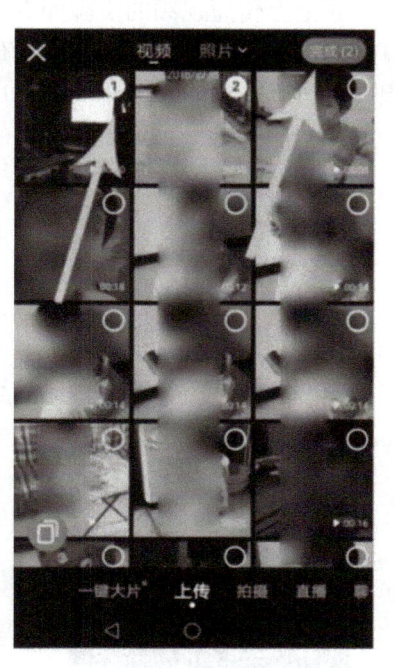

图 6-13　选择多段视频

（3）视频上传成功后进行预览，若未发现问题，即可点击"下一步"按钮进行发布，如图 6-14 所示。

147

图 6-14 发布界面

3. 西瓜视频

所属系：头条系（字节跳动）。

标语：给你新鲜好看。

用户属性：以一线、新一线、二线城市用户为主，多为"80后""90后"用户群体。

平台特色：基于人工智能算法，为用户推荐适合的内容，内容频道丰富，影视、游戏、音乐、美食、综艺 5 大内容占据半数视频量。

日活用户：约 5000 万人。

直播端口：有。

呈现方式：横屏，短视频。

内容生产：UGC、PGC、OGC。

变现渠道：电商、平台活动、流量分成、KOL、KOC。

西瓜视频是由头条视频升级过来的，现在也是头条系重要视频平台之一。它不同于头条系其他视频平台，主要以横版视频为主，并以 1 分钟以上的短视频为主。目前西瓜视频对 Vlog（Video Blog 或 Video Log，微录）和三农领域有着比较大的官方支持，官方也出版了很多教程供创作者学习。如果想涉足 Vlog 和三农领域，可以优先选择西瓜视频。

在西瓜视频上上传短视频的步骤如下。

（1）打开西瓜视频 App，在首页点击右下角的"我的"按钮，如图 6-15 所示。在"我的"界面中，点击右上角的"发布"按钮，如图 6-16 所示。

图 6-15 西瓜视频首页　　　图 6-16 "我的"界面

(2) 进入拍摄界面，如果弹出获取权限的提示，那么选择"允许"选项即可。进入拍摄界面，其中第 1 个按钮为打开闪光灯按钮、第 2 个按钮为打开美颜按钮、第 3 个按钮为切换前置和后置摄像头按钮，可以按需合理选用这 3 个功能，设置完成后点击下方红色圆形按钮开始拍摄，如图 6-17 所示。

(3) 拍摄完成后自动跳转到发布界面，拍摄的短视频时长最多 30 秒。在当前界面点击"编辑封面"按钮，可在拍摄的视频中选择任意一张图作为封面使用。在发布界面编辑一个吸引人的标题，然后点击"立即发布"按钮，即可开始上传拍摄的视频，如图 6-18 所示。上传完成后显示正在审核，审核成功即为成功发布，如图 6-19 所示。

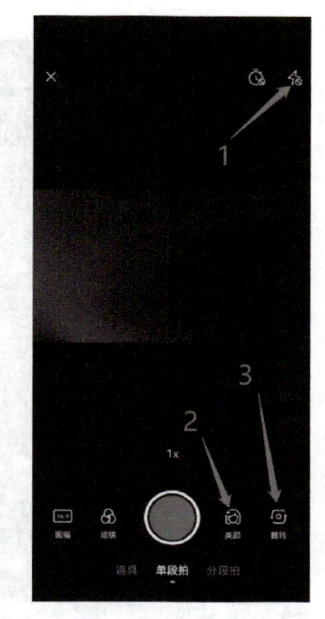

图 6-17　拍摄界面

图 6-18　发布界面

图 6-19　审核界面

6.2.2　快手平台

所属系：快手（百度、腾讯投资过）。
标语：快手，记录世界，记录你。
用户属性：三四线城市用户，真正热爱分享的群体。

平台特色：多元化，依托算法打通推荐和关注的协同关系，更新速度非常快，具有好物、生活、欢乐标签的平台。

日活用户：约3亿人。

直播端口：有。

呈现方式：以竖屏为主，小视频。

内容生产：UGC、PGC。

变现渠道：广告、电商、平台活动、KOL、KOC。

目前快手可以说是短视频领域的"榜二"，用户群体主要集中在三四线城市。快手平台对创作者的支持力度是相对比较大的。

在快手上上传高清短视频的步骤如下。

（1）为保证视频质量，在拍摄方面，要用手机相机的视频模式，视频分辨率一定要在1080p以上。尽量用后置摄像头拍摄，最好用单反，如图6-20所示。

（2）在上传的渠道方面，尽量选择在PC端上传自己的视频。登录快手官网，搜索快手创作者服务平台，用手机号验证登录。或者在手机中打开快手App，扫码登录，如图6-21所示。登录后找到内容发布，点开就可以上传视频。快手创作者服务平台支持最大4GB、15分钟的视频上传，如图6-22所示。

图6-20　手机的相机设置

图6-21　用手机登录快手App

图6-22　快手创作者服务平台界面

6.2.3 腾讯系

腾讯是我国最大的互联网公司之一，通过投资的方式，控股或持股了不少企业，形成了腾讯系。腾讯的短视频平台有微视、微信视频号等。

1. 微视

所属系：腾讯系。

标语：发现更有趣。

用户属性：大学生群体，职场新人，白领群体。

平台特色：基于影像的社交平台，功能丰富，容易上手。

日活用户：不详。

直播端口：无。

呈现方式：以竖屏为主，小视频。

内容生产：UGC、PGC。

变现渠道：平台活动、KOL。

微视是腾讯的短视频平台，用户主要是大学生和新生代职场人士。如果进行短视频创作，可以将微视作为一个分发窗口来操作。

在微视上上传短视频的步骤如下。

（1）打开微视 App，点击首页下方的"+"按钮，如图 6-23 所示。在打开的界面中点击"相册上传"按钮，如图 6-24 所示。

图 6-23　微视首页　　　　图 6-24　点击"机册上传"按钮

（2）在打开的界面中选择想要发布的作品，如图 6-25 所示。完成后点击"下一步"按钮。在打开的界面中编辑播放速度，完成后点击"√"按钮，如图 6-26 所示。

（3）在打开的"发布视频"界面中输入视频描述文字，点击"发布"按钮即可发布视频，如图 6-27 所示。

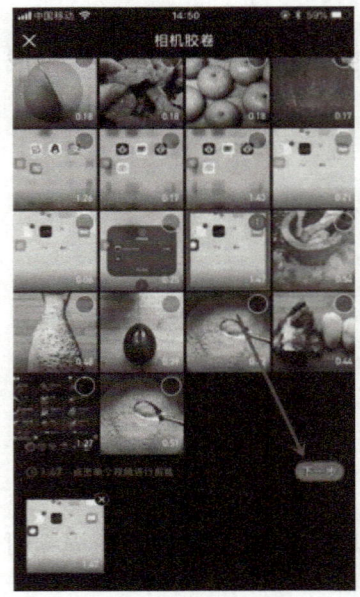

图 6-25　选择作品　　　　图 6-26　编辑播放速度　　　　图 6-27　发布界面

2. 微信视频号

所属系：腾讯系。

标语：记录真实生活。

用户属性：更强调"身份"感，因为是基于社交关系的，所以从这个角度来看，普通用户分享生活的成本更大，同时驱动他们点赞和互动的动力更多是因为内容比较符合自己的"身份"。

平台特色：基于社交的算法推荐，更加关注人而非内容。

日活用户：4.5 亿人。

直播端口：有。

呈现方式：横屏，短视频。

内容生产：UGC、PGC、OGC。

变现渠道：小程序商店、知识付费、流量分成、KOL、KOC。

微信视频号不同于订阅号、服务号，它是一个全新的内容记录与创作平台，也是一个了解他人、了解世界的窗口。视频号内置于微信当中，社交元素更多，并且它的推荐机制也表明视频号是一个熟人社交的产品。也就是说，视频号是微信的附属和延伸，微信在通过视频号扩大社交覆盖的范围。在短视频领域，视频号还是一个"新人"，目前正处于快速发展的阶段，越早进入视频号，瓜分初期红利，越容易做大做强。

在微信视频号上上传短视频的步骤如下。

（1）打开微信，选择"发现"里的"视频号"，如图 6-28 所示。

（2）在"视频号"里点击右上角的头像图标，如图 6-29 所示。

（3）在弹出的界面中点击"发表视频"图标，如图 6-30 所示。在打开的列表中选择"拍摄"或"从相册选择"选项，如图 6-31 所示。

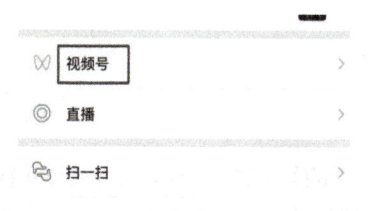

图 6-28　视频号位置

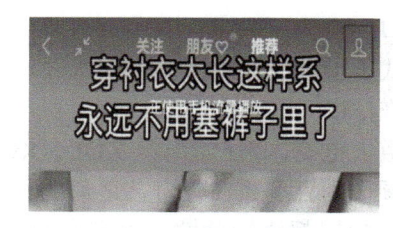

图 6-29　点击头像图标

图 6-30　点击"发表视频"图标

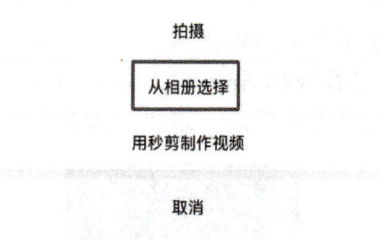

图 6-31　选择"从相册选择"选项

（4）选择需要发表的视频，点击"下一步"按钮，如图 6-32 所示。最后设置封面，并输入相应的标题，点击"发表"按钮即可，如图 6-33 所示。

图 6-32　选择作品

图 6-33　发表视频

6.2.4　百度系

目前中国互联网，除腾讯系、头条系、快手平台外，还有百度系。百度系短视频平台有好看视频、全民小视频等。

1. 好看视频

所属系：百度系。

标语：分享美好，看见世界。

用户属性：以三四线城市用户为主，年龄层多样化。

平台特色：技术可以帮助视频分发得无痕化，优化用户的体验；在视频场景识别方面，百度信息流已经实现了机器自动分类的聚合类短视频平台。

日活用户：约 1.1 亿人。

直播端口：有。
呈现方式：横屏，短视频。
内容生产：UGC、PGC。
变现渠道：电商、平台活动、KOL、KOC。

好看视频作为百度系在爱奇艺之后的一个重要的短视频平台，对标西瓜视频，用户群体在地域、年龄层都比较分散，内容层面有 IP 类的内容，也有泛娱乐、泛文化、泛生活的内容。短视频创作者可以将好看视频作为一个分发平台，毕竟这个平台有很高的搜索引擎权重。

在好看视频上上传短视频的步骤如下。

（1）打开好看视频 App，进入首页，如图 6-34 所示。点击右下角的"我的"按钮，如图 6-35 所示。进入用户管理界面，选择"我的上传"选项。

图 6-34　好看视频首页　　　　图 6-35　点击"我的"按钮

（2）在"我的上传"界面中会显示已经上传的视频。点击右上角的"发布"按钮，如图 6-36 所示，进入拍摄界面。在拍摄界面中，可以在拍摄视频之后添加背景音乐、滤镜等，拍摄完成后点击界面右下角的"√"按钮进行保存。也可以直接上传本地视频，点击界面右下角的"相册"按钮即可，如图 6-37 所示。

图 6-36　点击"发布"按钮　　　　图 6-37　选择本地视频

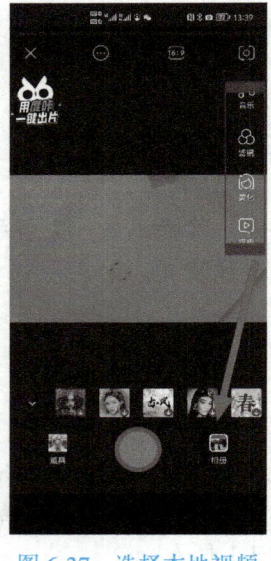

项目 6　短视频营销

（3）选择视频后点击"下一步"按钮，视频开始上传。可以添加视频描述，最多 40 个字。还可以添加话题、修改封面等，如图 6-38 所示。最后点击"发布"按钮，视频进入审核阶段，如图 6-39 所示。

图 6-38　发布界面　　　　　图 6-39　审核界面

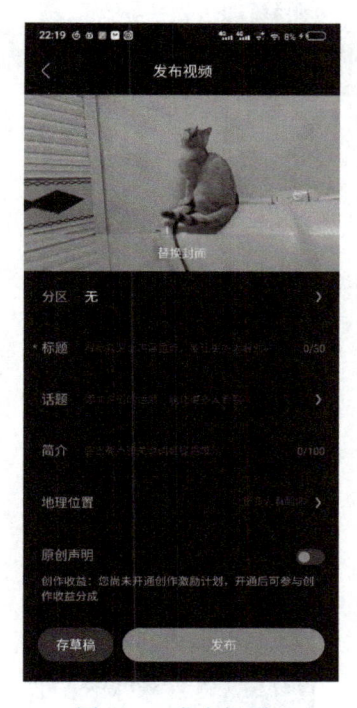

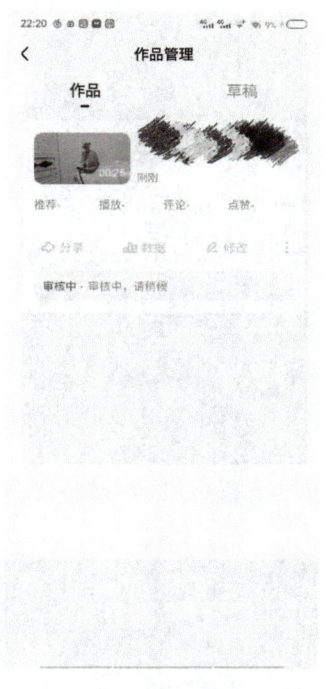

2. 全民小视频

所属系：百度系。

标语：品味达人趣事，发现真实有趣的世界。

用户属性：以三四线城市用户为主，男性用户居多，年龄层多样化。

平台特色：覆盖多种类型的视频，以分享、记录为主。

日活用户：不详。

直播端口：有。

呈现方式：以竖屏为主，小视频。

内容生产：UGC、PGC。

变现渠道：电商、平台活动、KOL、KOC。

全民小视频是百度系的一个小视频平台，对标的是抖音、快手这类平台，但是在用户体量和分布方面，它们并不是一个量级的。创作者可以将全民小视频作为一个备选的短视频平台或分发平台。

在全民小视频上上传短视频的步骤如下。

（1）打开全民小视频 App，点击首页右上角的"+"按钮，如图 6-40 所示。在打开的界面中点击右下角的"相册"图标，如图 6-41 所示。

（2）在打开的界面中选择想要发布的视频，如图 6-42 所示。也可以添加背景音乐，点击"下一步"按钮，添加描述文字，完成后点击"发布"按钮即可，如图 6-43 所示。

155

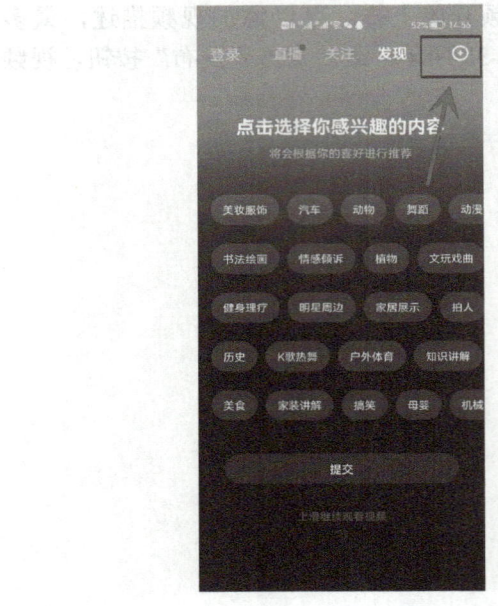

图 6-40　全民小视频首页　　　　　图 6-41　点击"相册"图标

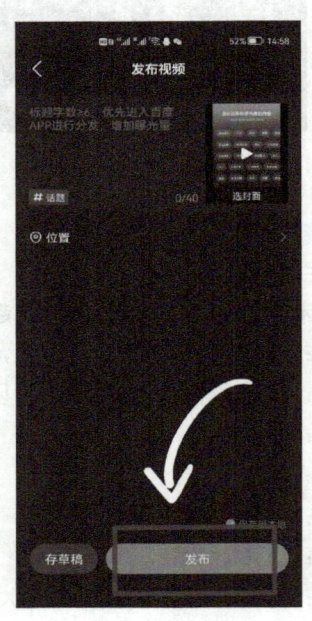

图 6-42　选择视频　　　　　图 6-43　发布界面

6.2.5　其他

其他的短视频平台还有美团系的美拍、新浪系的秒拍等。
1. 美拍
所属系：美团系。

156

标语：懂女生，更好看。

用户属性：女性居多，喜爱美妆、美食、穿搭等泛生活年轻用户群体。

平台特色：年轻人喜欢的视频社交平台，高颜值火爆的原创短视频平台，在美妆类垂直领域具有优势。

日活用户：不详。

直播端口：有。

呈现方式：以竖屏为主，小视频。

内容生产：UGC、PGC。

变现渠道：电商、平台活动、KOL、KOC。

美拍可以说是一个以女性为主的泛生活类的垂直领域平台，女性用户居多，非常适合做美妆、美食、健身、穿搭等类别的短视频创作。创作者如果能力和涉足领域比较切合，美拍是一个不错的可以深耕的短视频平台。

在美拍上上传短视频的步骤如下。

（1）打开美拍 App，点击首页底部的"➕"图标，如图 6-44 所示。进入视频拍摄界面，点击拍摄按钮，如图 6-45 所示。

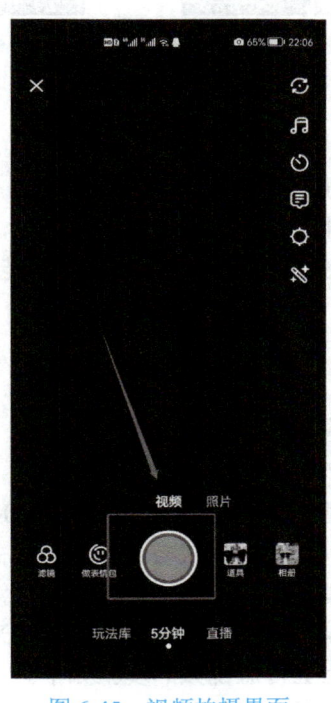

图 6-44　美拍首页　　　　图 6-45　视频拍摄界面

（2）打开本地视频文件列表，选择要上传的视频，然后点击"剪视频"按钮，如图 6-46 所示。进入视频编辑界面，可以对视频进行编辑，并添加背景音乐、字幕及其他效果，剪辑结束后点击右上角的"下一步"按钮，如图 6-47 所示。

（3）打开发布界面，可以编辑封面、输入标题和简介等，最后点击"发布"按钮即可，如图 6-48 所示。

图 6-46　选择视频　　　　图 6-47　视频编辑界面　　　　图 6-48　发布界面

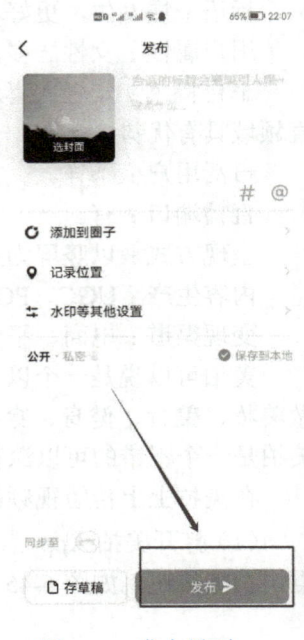

2. 秒拍

所属系：新浪系。

标语：秒拍，超好看。

用户属性：以二三线城市用户为主，多为年轻群体。

平台特色：短视频社交平台，功能容易上手，潮人集中社区，与新浪战略合作，打通微博。

日活用户：不详。

直播端口：无。

呈现方式：横屏，短视频。

内容生产：UGC、PGC、OGC。

变现渠道：平台活动、流量分成、KOL。

秒拍视频与新浪有战略合作关系，并且与微博打通，有搜索引擎的权重。秒拍是潮人生活类的垂直领域平台，如果创作者想涉足与此相关的领域，秒拍是一个不错的平台。其他类型的创作者可以将其作为分发平台来使用。

在秒拍上上传短视频的步骤如下。

（1）打开秒拍 App，进入首页，点击界面下方的"发布"按钮，如图 6-49 所示。在打开的界面中点击"拍摄"按钮可以直接录制视频，也可以点击"上传"按钮上传录制好的本地视频，如图 6-50 所示。

（2）点击"上传"按钮后会打开手机相册，选择想要发布的视频，如图 6-51 所示。视频导入到秒拍后，可以设置视频的清晰度及比例，也可以根据需要移动下方的两个黄色竖条来调节时间，截取相应的视频，如图 6-52 所示。完成编辑后，点击右上角的"√"按钮。

项目 6　短视频营销

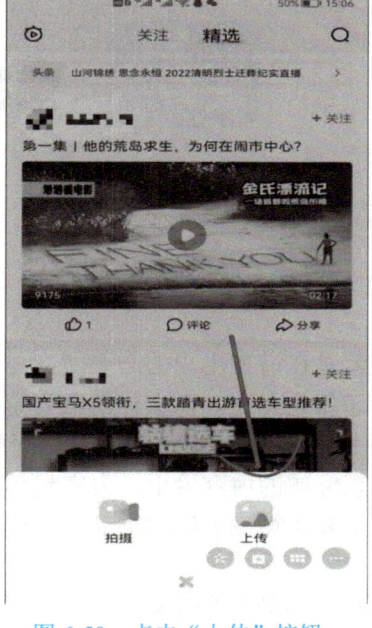

图 6-49　点击"发布"按钮　　　　图 6-50　点击"上传"按钮

（3）进入发布界面，可以编辑封面、设置话题等，完成后点击"发布"按钮即可，如图 6-53 所示。

图 6-51　选择视频　　　　图 6-52　视频编辑界面　　　　图 6-53　发布界面

任务 3　短视频营销策略

6.3.1　账号定位

账号定位就是在潜在用户的心中做到与众不同，形成第一印象标签。例如，你是厨师，给用户留下的印象是美食，那么你的账号定位就是美食领域。账号的定位将直接影响你的粉丝质量。一个好的账号定位，可以让账号快速涨粉、引流、变现。只有对账号进行定位，才能专注于垂直领域的内容输出。内容越垂直，吸引的粉丝越精准，转化率也相对越高。

账号定位需要遵循三大法则：品类定位、内容定位和风格定位。

1. 品类定位

定位短视频账号要先确定账号领域，比如情感类、知识分享类、服装类、美妆类等，可以根据自己擅长的领域来确定。品类可大可小，但是要具体，最好做细分精准定位。比如想卖服装，那么不仅要定位为"服装"，还要具体定位是男装还是女装、服装属于哪个年龄段等。如图 6-54 所示为"素典穿搭"账号页面。

2. 内容定位

内容定位就是要明确准备给观众输出什么内容、传递什么价值。比如有些博主正在做"好物推荐"或生活小技巧的分享，那么有这方面需求的用户就会关注，体现了这个账号的价值。如图 6-55 所示为"木兮文案馆"账号页面，有各类文案撰写需求的用户可以关注。

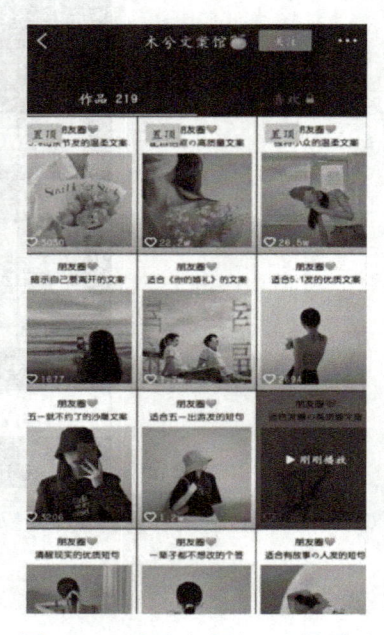

图 6-54　"素典穿搭"账号页面　　　　图 6-55　"木兮文案馆"账号页面

3. 风格定位

风格定位是指选择某种表达方式，并长期坚持而形成的消费者印象。可以是真人出镜，也可以戴个面具，或者以图片的形式表现，最主要的是要形成自己的风格。选择自己喜欢的表达方式，并在画面的呈现上与众不同，坚持下来，就会形成鲜明的风格。如图6-56所示为"三余读书"账号页面。

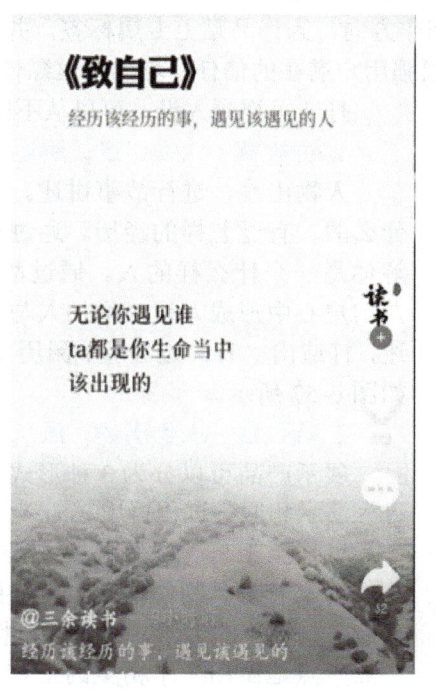

图 6-56 "三余读书"账号页面

6.3.2 内容创意

短视频所涉及的主题范围很广，几乎涵盖了各个细分领域，这些领域根据所处行业包含教育、旅游、母婴等。如何将内容类型以创意形式展现，是开展短视频营销的首要前提。

随着短视频营销的不断发展，其内容形式也开始发生变化。在进行创作之前，需要了解短视频的不同形态，包括短视频的横屏和竖屏。此外，还需要了解短视频常见的内容类型，包括微纪录片型、网红IP型、草根恶搞型、情境短剧型、技能分享型、街头采访型、创意剪辑型。

另外，选题对短视频的传播效果有着至关重要的作用，一个好的选题有利于后续短视频的制作和传播，因此需要明确短视频的选题目的，熟悉短视频的选题类别，学会建立选题库的方法，提高短视频的选题质量。通过突出故事主要构成要素的某个方面，形成短视频的故事亮点，同时在故事中设置引人入胜的悬念和冲突，丰富故事细节，让整个故事更加吸引人。通过分析竖屏剧、短视频综艺、短视频纪录片、微剧、Vlog（Video Blog 或 Video Log，视频博客）、短视频广告等不同形式的创意，为短视频系列内容的创意开发提供灵感。

6.3.3 人设建立

在移动互联网时代，随着短视频的兴起，每个人或组织只需要 15 秒就能爆红。而持续火爆的唯一途径就是打造专属人设，直击用户内心。在短视频平台创作作品日益同质化的今天，个人或企业想要在短视频平台持续走红，必须建立账号垂直度，打造短视频人设可以帮助创作者确定内容创作方向，为作品贴上专属标签，并保证稳定输出内容。通过人设打造，可以形成 KOL，增强用户潜在的信任，增加粉丝黏性，便于引流变现。

打造短视频人设，可以从不同的短视频展现形式入手。

1. 讲故事：人物出镜，讲述故事

人物出镜，进行故事讲述。通过故事让用户知道你是做什么的、有过怎样的经历。通过你的经历，用户大致就能了解你是一个什么样的人。通过故事讲述，使用户产生信任，在用户心中形成人设，增加人与人之间的黏性。通过故事讲述，打造出"有一定经验、阅历丰富、值得被信赖"的人设，如图 6-57 所示。

2. 晒过程：人物出镜，展示产品

展示产品可以分为 3 种形式：产品制作过程展示、工作过程演示和服务过程再现。

以掐丝工艺"产品制作过程"为例，视频内容可以是视频人物拿着工具制作掐丝工艺品的操作过程。先是视频人物拿着工具制作的近景，然后转成特写，详细展示制作的过程，一点一点地做出一个精美的工艺品，配上音乐，还可以适当加上几句解说。通过短视频人物高超的技艺展示，打造出"大师级匠人"的人设，如图 6-58 所示。

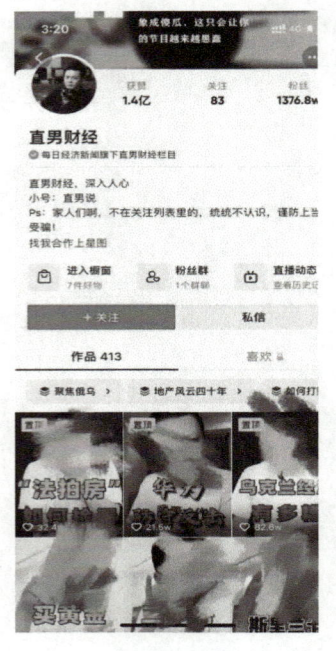

图 6-57　讲故事建立人设

图 6-58　掐丝工艺短视频

3. 曝产品：分析产品优缺点，开箱测评

曝产品的视频可以是美妆评测、服饰评测、App 评测等，具体的短视频内容可以是产品评测、产品开箱、产品优点、产品缺点……通过产品的短视频讲解，打造出创作者对这个行业、产品十分了解的人设。如图 6-59 所示为通过曝产品建立人设。

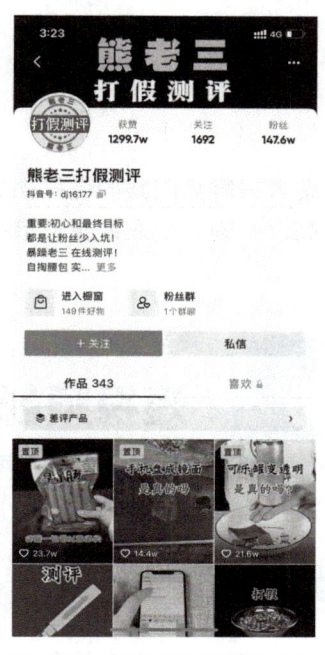

图 6-59　通过曝产品建立人设

4. 正能量：传递亲情、爱情、社会正能量

通过一些正能量的短视频内容，包括积极的价值观、捐款捐物、企业正能量事件、社会正能量事件等在用户心中树立起具有正能量和有责任感的人物形象，如图 6-60 所示。

图 6-60　传递正能量打造人设

6.3.4 场景营销

在移动互联网时代,人们的社交需求在不断发生转变,逐渐从传统的图文界面浏览转向短视频浏览。在当前短视频营销中,创作者开始结合场景和用户视觉习惯进行产品展示与植入,与传统直白的植入性营销相比产生了质的飞跃。

6.3.5 直播打造

在这个去碎片化的时代,消费者很容易因共同爱好聚集在一起,通过直播的方式进行产品推介,可以达成情感氛围的高位时刻。个人或企业借由这一时机进行产品销售,能得到较好的营销效果。

任务 4　短视频创作

6.4.1 短视频创意思维

短视频虽然时长较短,但内容形式多样。最早流行的短视频就是网民通过对影视片段的创意加工而走红网络的。如今在短视频平台上,各种创意层出不穷。例如,抖音上的手势舞成为"2018年抖音年度十大舞蹈"第一名,简单的手势舞让情感在指尖流动。那么,怎样才能制作出有创意的短视频呢?

(1)留心观察生活中的创意。创意源于生活,又高于生活,多观察生活中的小细节,为短视频的创意提供灵感。要有一双善于发现生活中美好的眼睛,同时也要多思考,在普通的生活中找到新意,善于挖掘。将日常生活中的故事用短小的视频来呈现,需要经过创意的编排。想要做出好的短视频,需要多思考,也要多尝试,优秀的创意需要不断打磨。

(2)头脑风暴法捕捉创意。头脑风暴法是激发灵感的好方法。短视频创作者可以用头脑风暴法就某个主题进行思想的碰撞,发表各自的观点和想法,最终形成新的创意。在进行头脑风暴时需要注意不要批评和自谦,与会人员一律平等,主张个人独立思考,畅所欲言,创造民主环境,不以多数人的意见阻碍个人新观点的产生,同时也鼓励从他人的想法中获得启示,创新和改进产生新的观点。另外,在进行头脑风暴的过程中要及时记录观点和创意,为以后形成创意资源库做好素材准备。

(3)团队建设和创意。创意的产生也可以来自团队的合作。一般短视频制作需要团队完成,团队就有人员分工,编剧和策划就是创意的主要负责人,团队其他成员可以对创意从自身的分工角度进行补充和改进,从而让原本不完善的想法变得更加具有价值和意义。另外,在组建团队的时候要注意吸引一些富有创新意识的优秀人才,提升团队整体创新能力。

6.4.2 短视频制作工具

短视频制作工具众多，目前主要流行的工具可以分为手机视频剪辑工具和电脑视频剪辑工具两大类。

1. 手机视频剪辑工具

（1）剪映 App。

剪映是抖音官方推出的一款手机视频编辑工具，具有全面的剪辑功能，支持变速，有多样滤镜和美颜的效果，拥有丰富的曲库资源，号称"抖音官方剪辑神器"，如图 6-61 和图 6-62 所示。

图 6-61　剪映创作页面　　　图 6-62　剪映视频推荐页面

优点：分割视频快速便捷，一键剪切操作；播放速率为 0.2～4 倍；可以自由掌控播放窗口显示比例、背景颜色；支持交叉互溶、闪黑、擦除等多种动画效果；利用抖音曲库，可以添加各种风格配乐和转场音乐，满足大部分用户的剪辑需求。

缺点：只能制作简单的短视频，无法制作高质量、复杂的短视频。

（2）Quik。

优点：提供 24 种视频风格，每种风格拥有自己独特的转场效果和背景音乐，内置爵士、电子、复古等 9 种类型的音乐，以及各种滤镜，用户点击自己喜欢的风格，通过特殊算法找到视频"最佳时刻"，会自动形成一段精美视频，如图 6-63 所示。

缺点：字幕功能少，不能添加自己的音乐。

（3）美册。

优点：美册是一款全能傻瓜式视频制作与剪辑软件，有视频模板，简单易上手，视频编辑中包含变音、封面、字幕等功能。

缺点：导出视频和保存等功能需要收费，输出清晰度不高。

(4) 美拍大师。

优点：可以剪辑视频，也可以合成视频，滤镜多，有变速、加字幕、贴纸等功能，如图 6-64 所示。

缺点：视频不能超过 5 分钟。

图 6-63　Quik 视频剪辑软件　　　　图 6-64　美拍大师视频编辑软件

2. 电脑视频剪辑工具

（1）Pr。

Adobe Premiere Pro，简称 Pr（如图 6-65 所示），是由 Adobe 公司开发的一款视频编辑软件，提供了采集、剪辑、调色、美化音频、字幕添加、输出、DVD 刻录的一整套流程，并和其他 Adobe 软件高效集成，可以制作高质量的作品。

（2）Ae。

Adobe After Effects，简称 Ae（如图 6-66 所示），是 Adobe 公司推出的一款图形视频处理软件，适合从事设计和视频特技的机构使用，包括电视台、动画制作公司、个人后期制作工作室及多媒体工作室。该软件可以将 2D 和 3D 图像进行合成，利用数百种预设的效果动画，为作品添加精美的视觉效果。

（3）爱剪辑。

爱剪辑（如图 6-67 所示）操作简单便捷，支持为视频加字幕、调色、加相框等剪辑功能，可以在线边看边剪，利用爱剪辑可以简单、快速地制作并分享短视频作品。

图 6-65　Pr 图标　　　　图 6-66　Ae 图标　　　　图 6-67　爱剪辑图标

项目 6　短视频营销

同步阅读

2020 年短视频营销经典案例

众所周知，随着流量红利的殆尽，品牌用户增长面临瓶颈。如何在短时间内激发用户关注、提升用户转化率成为营销环节中的重要一环。短视频营销凭借对流量的快速"收割"，让它备受品牌商的青睐。

借助短视频营销，品牌商不仅可以有效建立与用户的沟通渠道，与用户形成有效互动，近而激发用户共鸣，还可以通过短视频的自身内容与平台选择突出品牌调性，最终实现品牌"破圈"。从短视频内容方面来看，2020 年的短视频营销中的"沙雕风格"依然深受品牌商喜爱，与此同时经典 IP 和明星红人高频出现。从短视频营销的渠道来看，除抖音、快手外，B 站、微信视频号也逐渐成为品牌短视频营销的后起之秀。

创维电视"新年大有可玩"创意短视频撬动社媒互动

从 2020 年 12 月底开始，创维电视陆续发布了一系列 30 秒的短视频，分别对此次元旦及春节旺季营销 5 大主推产品共 6 大核心卖点进行场景化演绎。通过游戏合家欢、沉浸式观影、视频云社交、客厅 AI 健身等一系列创维大屏科技赋能下的温馨节庆场景，传递以大屏科技重构家庭情感连接的品牌主张。

除官方创意短视频的主动输出外，创维电视还与各领域 KOL 合作共创短视频内容，在各个主推产品传播阶段掀起了数波互动高潮。其中，风靡抖音、微博的特效玩咖"疯狂特效师"，使用创维电影原彩 8K 电视 Q71 创作了短视频，将电视内容活灵活现"脱屏"而出，以及通过六路视频通话功能"穿屏而过"解决麻将牌友"三缺一"痛点等创意表达，夸张却又具象化地表现了创维 8K 电视极尽真实的超高清晰度。以此创意视频为引爆点，联动抖音和微博粉丝一同与其特效视频互动，触发 UGC。官方和短视频内容双管齐下推动此次项目主话题"新年大有可玩"阅读量达到 7324.9 万次，讨论量达到 8.7 万个。

宝马入驻 B 站攻占年轻人社交新阵地

2020 年年底，宝马正式官宣入驻 B 站，为了符合 B 站用户的审美趋势，宝马给大家带来一条粘贴画形式的自我介绍。从古代马匹、马车开始，讲到蒸汽时代、燃气时代，最终讲到宝马品牌的诞生。视频虽然较长，但无论是画面展示还是旁白解说，都十分符合当代年轻用户的喜好，类似"真香"这样的热门网络词语更是脱口而出。除自我介绍外，宝马还在 B 站更新了《追寻 iNEXT》6 集短片，深入介绍宝马集团的各个部门和未来探索。

因为产品的价格高，车企想要打动年轻消费群体似乎不太容易，所以用年轻人喜爱的方式和内容进行有效沟通尤为重要。作为当代年轻人的聚集地，宝马入驻 B 站自然是不错的选择。在 B 站输出独特的内容，不仅可以成为宝马品牌的独特宣传阵地，也为宝马品牌了解年轻消费者的喜好提供了便利。

阿里巴巴文化衫厂，"沙雕风格"成为短视频营销新趋势

近两年"沙雕"风格成为短视频营销中的热门趋势，其搞笑易懂的内容特点深受人们的喜爱，因此"沙雕"内容成为广告主的新宠。万万没想到，阿里巴巴秘密研发 3 年的新业务——新制造平台讯犀，上线时也运用了"沙雕"风格的内容。

讯犀的上线再次燃起了市场上的一波"新零售"创业热潮，但即使是如此被看重，作为阿里巴巴"五新战略"中的一员，它也依旧难逃被恶搞的命运。在讯犀的宣传广告中，阿里巴巴将其称为文化衫制造厂，并用电视购物的画风介绍了讯犀的功能，声称讯犀将让

天下没有难做的文化衫。它制造出的文化衫员工喜欢穿，员工父母穿上出行也十分有面子。搞笑的视频画风，给人们留下了深刻的印象。

阿里巴巴运用一向擅长的搞笑"沙雕"风，将讯犀介绍给了所有用户。比起专业度极高、复杂性极强的背景功能介绍，搞笑的风格更容易让人们接受和理解，且提升了讯犀在人们心中的好感。

《荒野乱斗》笑到最后，经典 IP 集结突围节日营销

即使是在热门营销节点，短视频营销依旧可以让广告主迅速"出圈"。2020 年，在父亲节和端午节两个营销节点的夹击中，《荒野乱斗》这支看似荒唐的广告竟然可以脱颖而出。这支能够刷屏的广告出自动作手游《荒野乱斗》，其胜出的理由则是复刻了一系列经典名场面的内容并与广告结合，做到了让观众笑到最后。

该广告由 6 个场面组成，分别再现了影视剧《都挺好》《情深深雨濛濛》《读心神探》《爱情公寓 5》及热门综艺《变形计》《青春有你 2》中被网友调侃"玩梗"的片段，还让当事明星当体验官，真实还原布景，以假乱真。除此之外，《荒野乱斗》的预热海报也十分讨喜，将这些名场面中的主角制作成高清海报，如同电影宣传海报一般。

一支广告片有 6 个名场面，辐射到了各个年龄段的用户。《荒野乱斗》广告抓住了短视频营销最为重要的元素，时间短且内容突出，用幽默的风格勾起用户的体验欲望。这支广告就像游戏本身，给观众带来了愉悦的感受。

新氧的广告只有一个字，洞察痛点，直击目标消费者

由于数字"6"看起来形似眼睛，所以新氧 App 打造了"66 双眼皮节"，以此鼓励想要变为双眼皮的人们行动起来。在"66 双眼皮节"到来之际，新氧 App 先行推出了一支广告片。没想到这支广告片全程只有一个字，却瞬间火了起来。

在广告片中，父亲与女儿相对而坐，相望却无言的场景让人感到一丝尴尬。父亲仔细观察着女儿的脸庞和眼睛，最终眼眶湿润地说出了一个"行"字。原来经过一番思想斗争，父亲终于同意了女儿去做双眼皮手术这件事情。据悉，这个创意灵感其实来自新氧真实案例。就像广告中一样，当下社会有很多类似这样的情况，长辈与年轻一代对医美的观念冲突导致了年轻群体不能改变外貌的困扰，也正因为如此，该广告片在上线后就得到了不少自媒体的转发及年轻群体的支持。截至目前，"新氧 66 双眼皮节"的微博话题阅读量已达到 1.7 亿次。

虽然广告片全程只有一个字，但却有"此处无声胜有声"的意义。新氧 App 洞察到了当下年轻群体想通过医美改变外在形象的痛点，并直击两代人的心灵。这支广告片也有别于新氧 App 之前拍摄的"沙雕"广告片，即使没有浮夸，也可以直击目标消费者。

环球度假区戏精上线，用户参与土味短视频引发关注

作为世界第 5 个、亚洲第 3 个、中国第 1 个以环球影视为主题的乐园，北京环球度假区一直备受人们的关注。然而就在距离度假区开门迎客不到半年的时间里，它却因为土味短视频上了热搜。

北京环球度假区官方微博发布了一个粉丝们拍摄的环球影城试镜合集小视频。合集小视频中粉丝们通过不同模拟主题和变装演绎出自己仿佛身临其境。虽然合集小视频中的粉丝都是帅哥美女，但是依旧难掩毫无创意的背景和做作的摆拍即视感。就在这个合集小视频发布后，北京环球度假区的官方微博瞬间火爆起来，网友直呼"太土"并吐槽北京环球度假区品控问题。随后，事件继续发酵，"北京环球度假区广告太土了"登上微博热搜榜，

"北京环球度假区""环球度假区戏精试镜"两大话题关注度明显上升。

这已经不是北京环球度假区第一次因为土味短视频登上热搜了，可能就连北京环球度假区自己都没有想到，备受瞩目的原因竟然源自网友对广告的吐槽。品牌的对外宣传是品牌与消费者最好的沟通方式，而短视频营销不仅可以成为传播的方式，还可以让更多的用户参与到其中为品牌宣传。[1]

同步实训

实训 1　湖州欧诗漫珍珠小镇短视频制作

〖实训目的〗

对比分析短视频平台后，撰写脚本，制作短视频，并在合适的平台上发布，最后进行数据跟踪分析，培养学生短视频制作和运营的能力。

〖实训内容与步骤〗

（1）以小组为单位，查找资料，整合信息，对目前短视频平台进行对比分析，并填写分析表（如表6-1所示）。

表 6-1　部分短视频平台对比分析表

平台	目标用户	平台定位	内容类型	变现方式	平台特色/优势
抖音					
快手					
西瓜视频					
微视					

（2）以"湖州欧诗漫珍珠小镇"为拍摄对象，在表格（如表6-2所示）中撰写分镜头脚本，要求脚本合理，结构完整，情感丰富，突出品牌/产品特点。

表 6-2　分镜头脚本

镜头	摄法	时间	画面	解说	音乐	备注
1						
2						
3						

---

[1] 资料来源：《成功营销》杂志《2020年营销盘点之十大短视频营销》，经作者改编。

(3) 根据脚本进行短视频的拍摄和制作，选择合适的短视频平台发布拍摄好的短视频。

(4) 短视频发布后进行效果跟踪，分析运营数据，不断优化。

〖实训提示〗

在撰写脚本前要充分收集湖州欧诗漫珍珠小镇的资料，拍摄之前自学短视频拍摄技巧。

〖思考与练习〗

(1) 好的脚本是优秀视频的基础，如何撰写出好的脚本呢？

(2) 爆款短视频具有什么特点？

(3) 短视频运营需要重点分析哪些指标？

实训 2　视频号的推广与宣传

〖实训目的〗

通过分析"欧诗漫头条"视频号中的内容，利用剪映 App 进行短视频的编辑，通过自己的抖音账号进行视频号的推广和宣传，并随时了解宣传的效果。

〖实训内容和步骤〗

(1) 打开手机中的"App Store"，在搜索框中搜索"剪映"。

(2) 下载剪映 App，如图 6-68 所示。

(3) 下载完成后，点击"打开"按钮，进入剪映 App 首页进行注册并登录，如图 6-69 所示。

图 6-68　下载剪映 App　　　　图 6-69　注册并登录"剪映"

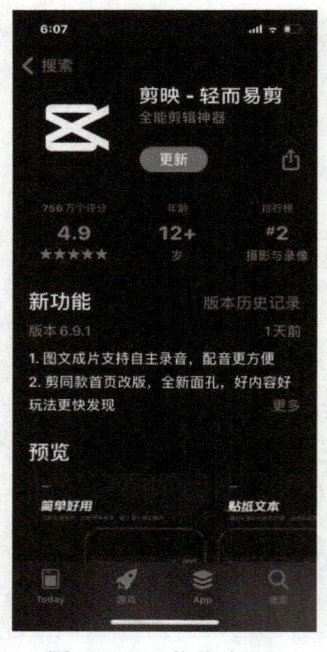

(4) 进入"剪映"首页，如图 6-70 所示。点击"创作课堂"图标，学习入门知识。

(5) 在图 6-70 所示的页面中，点击"开始创作"按钮，进入视频编辑页面，可以选择手机中保存的视频，也可以选择 App 提供的素材库（如图 6-71 所示）中的素材进行视频的创作。

项目 6　短视频营销

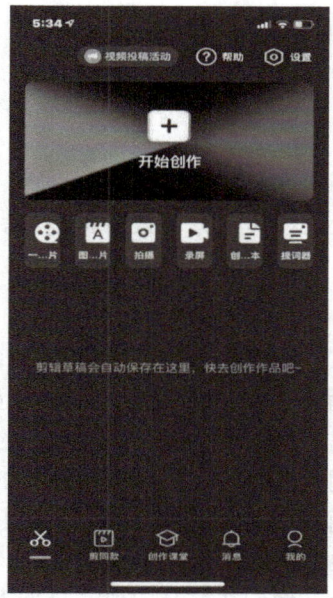

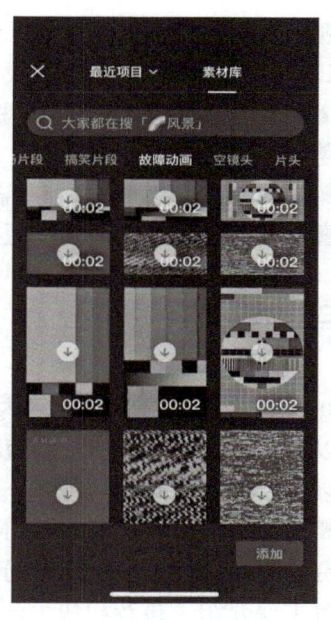

图 6-70　"剪映"首页

图 6-71　视频素材库

（6）视频编辑完成后，点击编辑页面右上角的"导出"按钮，进行视频的保存和导出。在图 6-72 所示的页面中选择"微信""朋友圈""QQ""QQ 空间""抖音"等平台，可以将短视频发布并推广。

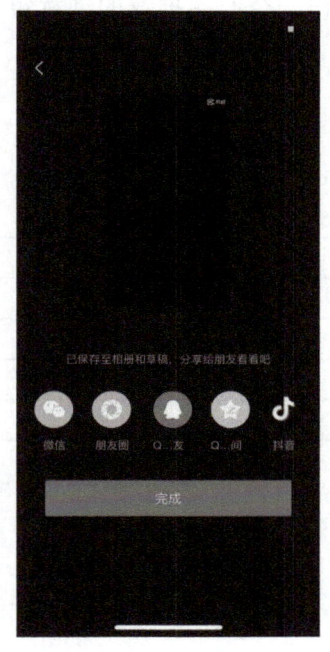

图 6-72　视频的发布和推广

〖实训提示〗

选择合适的视频素材，搭配合适的音乐背景、动画效果来体现短视频的创意，达到吸

171

引消费者观看视频内容的目的。

〖思考和练习〗

利用剪映 App 给相关企业或产品做短视频，以最后完成并发布的短视频为成果上交，并回答以下问题：

（1）利用剪映 App 制作宣传短视频需要注意什么问题？

（2）你还喜欢用什么剪辑软件制作短视频？比较其与剪映 App 的差异。

项目小结

短视频即短片视频，是一种互联网内容传播方式，一般指在互联网新媒体上传播的、时长在 5 分钟以内、适合在移动状态和短时休闲状态下观看的、高频推送的视频。

普通网民以娱乐的心态制作短视频，基数庞大，而专业视频制作团队的加入使得短视频制作水平不断提高。短视频内容整合以 MCN 商业模式为主，实现了多方主体的高效沟通。在内容发布平台方面，各类平台积极布局短视频领域。

短视频平台主要介绍了抖音和快手两大平台，他们在产品定位、目标人群、视频风格和变现形式上存在差别。

任务布置

选择一款欧诗漫产品，制作一个产品推荐的创意短视频，并在抖音或快手上进行分享。

学生活动

内容要素 1：＿＿＿＿＿＿＿＿＿＿＿＿＿＿＿＿＿＿＿＿＿＿＿＿＿＿＿＿＿＿＿＿＿＿

内容要素 2：＿＿＿＿＿＿＿＿＿＿＿＿＿＿＿＿＿＿＿＿＿＿＿＿＿＿＿＿＿＿＿＿＿＿

内容要素 3：＿＿＿＿＿＿＿＿＿＿＿＿＿＿＿＿＿＿＿＿＿＿＿＿＿＿＿＿＿＿＿＿＿＿

内容要素 4：＿＿＿＿＿＿＿＿＿＿＿＿＿＿＿＿＿＿＿＿＿＿＿＿＿＿＿＿＿＿＿＿＿＿

内容要素 5：＿＿＿＿＿＿＿＿＿＿＿＿＿＿＿＿＿＿＿＿＿＿＿＿＿＿＿＿＿＿＿＿＿＿

内容要素 6：＿＿＿＿＿＿＿＿＿＿＿＿＿＿＿＿＿＿＿＿＿＿＿＿＿＿＿＿＿＿＿＿＿＿

请将作品转换成二维码，粘贴在右图方框中

温馨提示：根据移动互联网新技术、新平台的发展，本教材提供最新符合该项目或与工作岗位相适应的任务布置，将实践教学内容同市场需求对接，可扫描二维码获取。

项目 6　短视频营销

能力测评

考评人		被考评人				
考评地点		考评时间				
考核项目	考核内容	分值	教师评分 50%	小组评分 40%	自我评分 10%	实际得分
	1. 能够准确分析产品卖点，并形成卖点的文字描述	5				
	2. 阐述短视频的创意和突出卖点，以及促进销量增长、增加吸引力的思路	5				
	3. 对短视频结构做出阐述	10				
	4. 撰写分镜头脚本（包括序号、时长、景别、拍摄方式、画面内容、声音、字幕）	10				
	5. 视频紧扣主题，拍摄规范，构图合理，场景搭配美观，剪辑合理，转场自然，无黑帧等技术瑕疵，色彩调整合理	20				
	6. 特效包装合理，体现策划思路，字幕合理，画面效果好	10				
	7. 音乐、音效或语音与主题相符，搭配合理，结束自然流畅	10				
	8. 短视频富有创意，整体效果好，有艺术性	10				
	9. 推广效果好	20				

同步测试

1. 单项选择题

（1）以下不是短视频特点的是（　　）。
　　A. 短　　　　　　B. 小　　　　　　C. 新　　　　　　D. 乐

（2）互联网新媒体上传播的短视频一般时长在（　　）以内。
　　A. 3 分钟　　　　B. 5 分钟　　　　C. 10 分钟　　　 D. 15 分钟

（3）抖音是一款（　　）创意短视频社交软件。
　　A. 视频　　　　　B. 音乐　　　　　C. 动画　　　　　D. 文本

173

（4）使用剪映 App 制作视频没有（　　）功能。
　　A. 分割视频快速便捷　　　　　　B. 播放窗口显示比例控制
　　C. 交叉互溶、闪黑、动画效果　　D. 2D 和 3D 图像进行合成

2. 多项选择题

（1）电脑视频剪辑工具有（　　）。
　　A. Pr　　　　　　B. Ae　　　　　　C. 爱剪辑　　　　　　D. Video
（2）PC 端网络营销向移动营销转移，体现在（　　）。
　　A. 微信营销引发了"微风潮"　　　B. 二维码链接了线上和线下
　　C. 公众平台成为重要媒体　　　　D. "朋友圈"营销产生了微商

3. 分析题

（1）比较并分析抖音和快手各自的优势在哪里。
（2）调研本地两家已经实施短视频营销的企业，分析这两家企业各运用了哪些平台进行营销推广，并比较其营销效果。

项目 7

微博营销

项目重难点

微博营销的概念与特点；微博营销的基本步骤；微博营销推广及其技巧；利用微博中的信息设置微博营销活动。

课程思政

思政目标	抗击新冠肺炎疫情凸显中国精神和中国力量，培养学生爱国主义和团结一致的精神
思政主题	凝心聚力、企业责任、甘于奉献
思政元素	爱国、责任、勇于担当

思政推进		
项目前	项目中	项目后
让学生搜索2020年微博热点话题或事件排行榜，引出抗击新冠肺炎疫情话题	将爱国主义精神和企业责任全面渗透进教学内容	利用微博平台借势近期热点事件策划相关话题，要求体现或传播团结、奉献等正能量

思政成效	（1）厚植学生爱国主义情怀，做到共情共鸣、相向相行。 （2）让同学们沉浸在爱国、责任、大爱和甘于奉献的时代担当的正能量中。 （3）能将团结、使命担当、企业责任等思政元素融入话题内容策划中，通过话题转发留下爱国主义精神的印记

项目导图

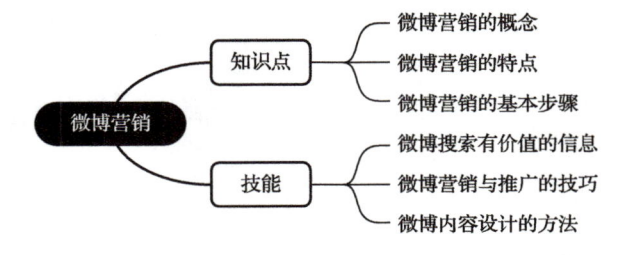

```
                    ┌── 微博营销的概念
           ┌─知识点─┼── 微博营销的特点
           │        └── 微博营销的基本步骤
微博营销 ──┤
           │        ┌── 微博搜索有价值的信息
           └─ 技能 ─┼── 微博营销与推广的技巧
                    └── 微博内容设计的方法
```

引例

2021年1月8日凌晨3点,屋外漆黑一片,一位中等身材的男士在"野兽派"上海新天地店门口徘徊。原来他早早来排队,希望能买到鹿晗愿望季合作款礼物,送给远在广州的她,并请她答应做他的女朋友。

"野兽派"花店被很多文艺青年所熟悉,一开始它没有实体店,也没有淘宝店,仅凭微博上几张花卉礼盒的照片和140字的文字介绍,从2011年12月底开通微博之后仅仅几个月,就吸引了超过18万名粉丝,甚至连许多演艺界的明星都是它的常客。

为什么传统简单的花店生意会有如此鲜活的生命力?

答案是,他们卖的不仅仅是花。

与传统的订花模式不同,顾客在"野兽派"订花说明用意后,"野兽派"花店会倾听顾客的故事,然后将故事转换成花束,每束花因为被赋予了丰满的故事而耐人寻味。这其中,有幸福的人儿祝自己结婚周年快乐的、有求婚的、有祝父母健康的、有对暗恋对象表白的……在日复一日的寻常生活中,阅读140字的离奇情节,成为粉丝们的一种调节剂。

"野兽派"花店所选用的花不是市场上常见的,而是进口的花卉品种。经过精心雕饰之后,针对不同的人群、送花人与收花人的心境,花店会给花束起一个颇有文艺范儿的名字。包装完成的花束只在微博上出售,顾客也都是花店的粉丝,在微博上通过私信下单,客服通过私信回答顾客的问题并最终达成交易。

和传统的花店相比,"野兽派"花店绝对算得上是花店中的奢侈品品牌。花卉组合是"野兽派"最亮眼的产品。"野兽派"出品的花卉礼盒少则三四百元,多则近千元,然而即使是如此高的价格,仍然有众多顾客追捧。

引例分析

"野兽派"的花艺在上海花艺圈不算是最好的,它的成功源自故事营销。从顾客的心事,到成品花束,富有人情味,让"野兽派"风生水起。对于许多花店粉丝来说,成为故事的男女主角,围观寻常生活中有趣的细节,已经成为一种买花之外的附加值。

"野兽派"的成功告诉我们,原来电商还有这样一种经营方式。利用微博病毒式的故事传播免费获得大量的潜在用户,而动辄几百元、上千元的礼盒又保证了毛利。这完全颠覆了传统电商拼价格的局面。甚至只有一个微博,只要愿意分享故事,什么网站、PHP、服务器、架构,通通都是"浮云",私信+支付宝就可以搞定一切。[1]

---

1 资料来源:虎嗅网。经作者改编。

任务 1 微博营销概述

2020年，受新冠肺炎疫情的影响，消费者的注意力和时间更多向线上倾斜，由此刺激了众多企业纷纷布局电商，大幅度增加营销预算和投入成本，购物环境也从"人找货"变成"货找人"。在这种趋势下，突出重围、抢占先机成为企业制胜的核心，而微博依靠天然的强社交属性、庞大的用户基数、强曝光的创意玩法、精准的定向捕获、流量聚合等众多优势，使得电商品牌能够在话题传播广泛度、消费者讨论参与度、内容信息呈现深度方面延展深耕，进而实现营销效果最大化。

7.1.1 微博的概念及分类

2021年，微博的用户规模持续增长，截至2021年6月，微博活跃用户为5.66亿人。随着微博内容视频化、垂直化等运营策略的实施，用户的活跃度呈上升趋势。与以往相比，微博用户呈现明显的年轻化、移动化的特征，区域覆盖也扩大到三四线城市。

1. 微博的概念

微博即微型博客（Micro Blog），是一个基于用户关系的信息分享、传播及获取平台，用户可以通过Web、Wap及各种客户端组建个人社区，以140字左右的文字更新信息，并实现即时分享。最早也是最著名的微博是美国的Twitter，Twitter创立之初，为数不多的用户只是利用这个平台聊天，但用户很快发现，Twitter的传播方式如此与众不同：当一位推客接到其认为值得推荐的信息后，会重新将其发送，传播给更多的人。这意味着即使只有少数关注者，通过关注者的重复转发，信息也会被传播，传播量会快速放大几百倍、几千倍甚至几万倍。Twitter迅速进入大众视野，并很快风靡全球。

2. 微博的发展历程

第一阶段（引入期）：极客型（2007—2008年），以"海内""饭否""叽歪""做啥"为代表，微博主大部分是IT人士，也有新媒体等少量其他行业精英。此时的微博追求和手机即时互通，但只有"叽歪"在市场方面做了较多探索，不过这个阶段的微博因种种原因，最终都没有生存下来。

第二阶段（探索期）：试探型（2009年），以"嘀咕""Follow5"为代表的企业进一步深化和探索微博应用，虽然有了很多新花样，但仍未走出困局，纷纷开始转型。

第三阶段（成长期）：门户型（2010—2011年），以各门户网站、大型网站为主要代表，新浪微博、腾讯微博是其中的佼佼者。此阶段微博突出了媒体特性、社交特性，将人群扩大到更大的范围，让微博走向了普及阶段。

第四阶段（成熟期）：推广型（2012年至今），目前已经有许多企业开始使用微博，主要是使用微博进行微博营销，包括进行网站推广、信息发布、在线调研、顾客关系维护、顾客服务、销售渠道开拓、销量提升等。

3. 微博分类

微型博客即微博，是目前全球最受欢迎的博客形式，微博作者不需要撰写很复杂的文章，只要撰写 140 字（这是大部分微博的字数限制，网易微博的字数限制为 163 字）以内的表达心情的文字即可，如 Twitter、新浪微博、网易微博、搜狐微博、腾讯微博等。微博作者给特定的话题提供相关的资源，发表简短的评论，这些话题几乎可以涉及所有领域。

按照微博作者的知名度、微博文章受欢迎的程度，可以将微博分为名人微博、一般微博、热门微博等。按照微博内容的来源、知识版权，可以将微博分为原创微博、非商业用途的转载性质的微博和二者兼而有之的微博。

7.1.2 微博营销的价值和特点

微博营销是指通过微博平台为商家、个人等创造价值而执行的一种营销方式。该营销方式注重价值的传递、内容的互动、系统的布局、准确的定位。

1. 微博营销的价值

微博是开展品牌营销的有力武器。每个微博 ID 后面，都是一个消费者、一个用户。越是简短的只言片语，越是最真实的用户体验。

微博给网民尤其是手机网民提供了一个信息快速发布、传播的渠道，建立在微博平台上的事件营销，能够快速引发关注。这有利于企业的公共关系维护、话题营销开展，能给营销起到如虎添翼的作用。

2. 微博营销的特点

微博作为一种网络媒介形态，在具备网络传播特征的同时，又具有自己特色鲜明的传播模式与特征。微博传播具有内容多样化、碎片化，传播速度和效果裂变化，传播主体平民化和个性化等特征。

（1）多媒体传播。微博提供了一个平等交流的平台，允许普通人直接去企业微博下评论或转发自己的看法。同时，微博营销可以借助先进的多媒体技术手段，用文字、图片、视频等方式对产品进行描述，使消费者能够更加直接地了解有关产品的信息。

（2）传播速度快。微博最显著的特征之一就是传播迅速。微博的传播路径主要有粉丝路径和转发路径两种。微博的传播方式不再是过去的一对一或一对多，而是演变为一对一、一对多的同时可以发生的裂变模式。例如一条关注度较高的微博在互联网及与之关联的手机 Wap 平台上发出后，短时间内互动性转发就可以抵达微博世界的每一个角落，达到短时间内拥有最多的目击人数。

（3）内容发布便捷。微博营销优于传统的广告营销，发布信息的主体无须经过繁杂的行政审批，节约了大量的时间和成本。

（4）传播范围广。微博作为新的传播媒介，它的出现给传统的营销理念和模式带来了巨大的冲击，社会化传播特征恰好具备传播范围广和病毒式扩散的特点。微博用户对企业有价值的信息产生浓厚兴趣，进而做出转发或评论，还可通过粉丝形式进行病毒式传播，同时名人效应能使事件传播范围呈几何级放大。

任务 2　微博营销的基本步骤

7.2.1　微博账号的设立

营销的本质是与消费者互动，互动的关键是选择一个有影响力、集中目标用户群体的微博平台，有目的地组织和策划相关的信息发布、组织评论和有奖转发等活动。因此，首先要在平台上开设企业微博账号，获得发布信息的基本资格。

2006年7月，美国的Twitter网站上线，是微博类型中最早成名的网站。按照C2B（Copy to China）模式的成功经验，2010年左右国内的知名互联网公司都曾经上线自己的微博网站，如新浪微博、腾讯微博、搜狐微博、网易微博。

经过10年左右的运营，新浪微博在中国市场上的消费者使用率占90%左右。以下以新浪微博为例介绍微博营销的基本步骤，如图7-1所示。其他微博平台的使用率都很低，网易微博已经于2014年下线。

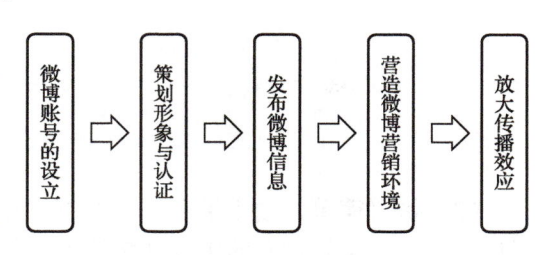

微博账号的设立 ⇒ 策划形象与认证 ⇒ 发布微博信息 ⇒ 营造微博营销环境 ⇒ 放大传播效应

图7-1　微博营销的基本步骤

微博账号类型分为两大类：个人账号与组织账号。二者从注册开始就有较大的不同，因此需要特别注意。新浪微博与新浪网用户可公用账户。如果已有新浪账号，如新浪博客、新浪邮箱（XXXXX@sina.com、XXXXX@sina.cn），就可以直接登录微博（如图7-2所示），无须再开通。新用户注册支持邮箱注册和手机注册。微博账号注册成功后，要经常更新或发布信息。对于长时间未登录的账号，官方将定期清理并收回昵称。

图7-2　新浪微博首页

7.2.2 策划形象与认证

用户通过微博首页可以了解企业的基本信息，如品牌名称、核心产品、独特优势等，并产生信任感。企业还应发布若干条有关企业介绍的微博，寻求用户的关注。

1. 微博账号取名

（1）简单直白，便于记忆。为了能吸引用户的注意力，微博运营者可以考虑为微博取一个简单直白的用户名，这样能直接向用户传达所要宣传的信息。对于用户来说，通过微博用户名就能知道对方是做什么的，如果宣传内容正好是用户所需要的就会主动关注。如图 7-3 所示为直白型微博用户名举例。

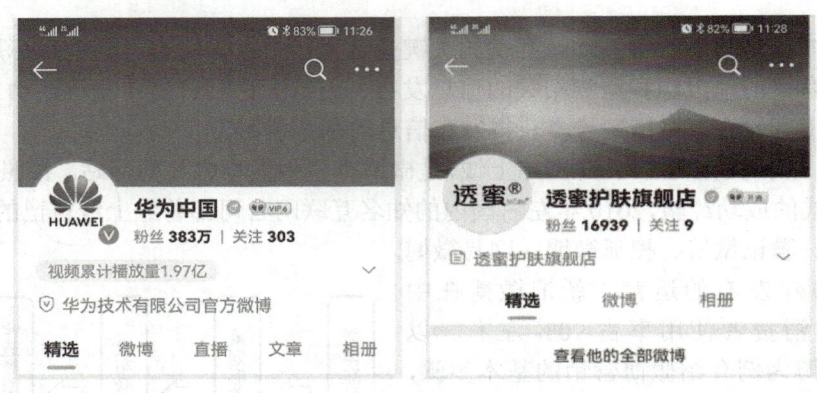

图 7-3　直白型微博用户名举例

（2）拼写简单，便于输入。一个好的用户名除方便用户记忆外，还方便搜索。因此，用户名尽量用容易输入的中英文字符组合，少用怪字、偏僻字。如图 7-4 所示为组合型微博用户名举例。

2. 头像的设计

微博头像也是吸引用户的内容之一，头像越清晰，辨识度越高，越能引起用户的兴趣。对于宣传产品的微博账号来说，可以直接用产品的图片作为头像，或者使用企业的品牌标志作为头像。如果微博运营者想拉近产品与用户之间的距离，那么可以考虑使用卡通头像（如图 7-5 所示），头像设计好后不建议频繁地更换头像。

图 7-4　组合型微博用户名举例

图 7-5　微博卡通头像举例

3. 账号简介

认真填写账号简介是让微博丰富起来的第一步，也是让系统自动匹配信息的重要依据，简介越完善且丰富，对提升微博关注度越能起到积极的作用。如图 7-6 所示是小米手机的账号简介页面，背景图是最新产品的效果图，展示了主推的产品；左下角为认证信息；右下角是账号的简介，这里存放的是小米手机的口号——探索黑科技，为发烧而生。

图 7-6　小米手机微博官方账号简介

4. 微博认证

微博认证分为个人认证和官方认证。

（1）个人认证：绑定手机、有头像、粉丝数不低于 100 人、关注数不低于 30 人、至少有 2 个橙 "V" 互粉好友，有微博内容且能体现活跃的真实个人即可满足个人认证的条件。目前个人认证分为三类：在职认证、职业资格认证、作品和获奖成就认证。

（2）官方认证：微博名称使用被公众熟知且具备机构特征的名称、使用代表机构的 Logo 或形象作为微博账号头像；微博数 3 条及以上；粉丝数 10 人及以上、关注数 10 人及以上；有专人定期维护并下载认证申请公函，按要求填写完整后加盖单位公章，上传清晰的公函彩色扫描件即可提交认证申请。一经认证，微博名称将不能被修改。如图 7-7 所示是新浪微博认证（注册）页面。

图 7-7　新浪微博认证（注册）页面

7.2.3　发布微博信息

随着移动互联网的广泛应用，在手机上或移动端可以随时随地更新微博动态，比如在餐厅候餐、在高铁站等车、在参加一些有意义的社交活动时，都可能发布微博，与粉丝分享一些精彩内容。

1. 选择发布形式

微博的发布形式越来越多样化，除文字和图片外，还可以发布长微博、视频、音频、投票和点评等，2016 年微博还增加了直播发布。同样的，选择不同的发布形式，效果有着明显的差异，如果能将几种形式应用娴熟，并进行适当组合，就可以让微博内容更加丰富多彩，吸引众多粉丝。

2. 精心设计微博内容

企业微博营销的本质是利用一对多的便捷灵活的实时信息传播工具营销企业品牌、产品、资讯和服务。作为一种实时信息传播工具，企业微博营销的策略注重传递有价值的内容，定期与粉丝形成良性互动，并在微博上找到精准用户。

（1）注重实用性。很多受欢迎的政治、经济、军事和医学博主，其微博内容非常严肃，采用大量数据和事实说话，消费者或用户能从中了解和学习一些知识，如政经时事、军事、理财、职业规划、个人成长及养生等内容，同时知识型文案也比较容易被转发和传播。

（2）富有趣味性。风格幽默的、趣味性的、有激情的内容都容易获得粉丝。通过拟人化讲哲理、讲故事、讲知识、讨论相关话题等，也是获得粉丝的主流方法，企业博主要善于运用趣味性的方法吸引公众眼球。

（3）追求独特性。文字写多了自然很容易形成某种独特性，如果企业博主一开始就考虑自己的特长和消费者的定位，确定好文字内容的风格，时间一长个性和独特性就显现出来了。

（4）讲究故事性。微博上已发表数千个真情微故事，大多微故事表达的是亲情、友情和爱情的内容，每一个微故事的背后都可能是一次感动。企业在微博上写故事可以和消费者交流，极大地增加了企业和消费者之间的黏性，如图 7-8 所示。

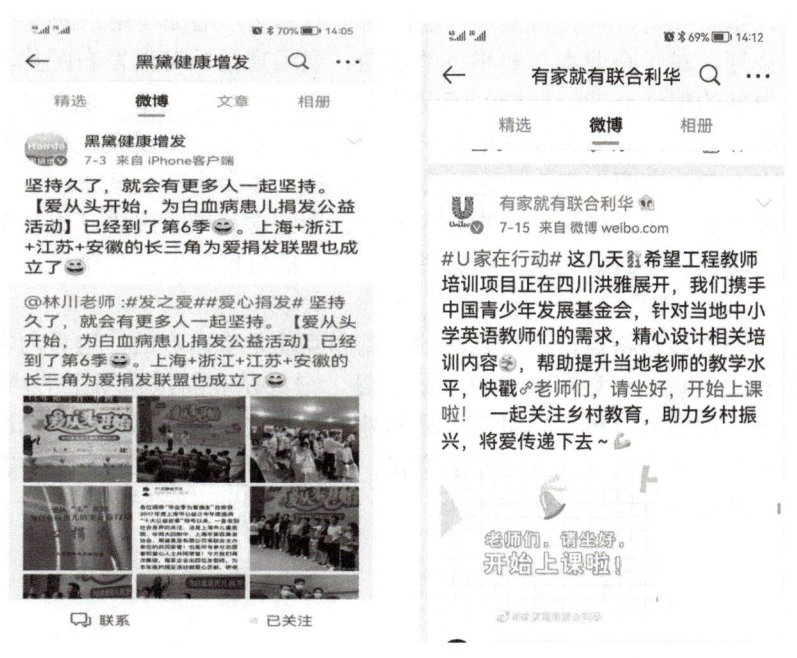

图 7-8　故事性微博内容

3. 稳定频率更新

根据微博数据中心提供的数据，微博网购用户在中午、傍晚和临睡前 3 个时间段最为活跃，如图 7-9 所示。以小米手机官方微博为例，该官方微博每天有 3～9 条微博更新，大多为 6～8 条，发布时间分布分别是 10：00、12—13 点、14—15 点、18—22 点，约每隔 1 小时发布一次。从 2011 年注册并开通微博，小米手机官方微博累计发布微博 22751 条，历时 130 个月，3900 余天。平均每天发布 6 条微博。这样持续坚持高质量产出是小米产品能够被大众广泛认知的重要原因。

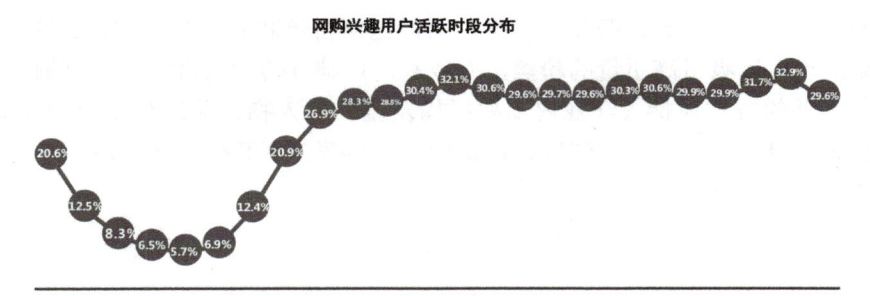

图 7-9　微博网购用户活跃时间段

（数据来源：微博数据中心）

4. 微博发布周期规划

（1）每周规划。微博运营的重点在于与粉丝的互动上。总的来说，每周三和每周四微博用户相对活跃，用户更愿意参与企业活动，可以在这个时间段发布比较热门的微博内容，适当植入企业品牌、产品相关信息与粉丝互动。周末也是粉丝较活跃的时间。可以在周末发布一些投票、作品征集、有奖转发等话题活动类的博文，增加与用户的互动。

（2）每月规划。对于企业本月要举办的活动、现场直播等可以发布图片消息，如前期的活动预告、中期的现场活动、后期的活动结果。在每个月热点事件发生时，第一时间关注并发表自己的观点，巧妙借势而非单纯转发和评论。当企业出现突发事件时，第一时间发布消息，向广大受众表明态度，快速处理，争取把负面影响降至最低。

（3）每季度规划。每季度规划是指在企业的特殊纪念日或季度中的重要节日，发布一些纪念活动、活动预告的微博文章，或者举办现场直播与粉丝进行互动。

5. 善用技巧引发话题

微博平台有一个显著特点，用户之间的交流和互动是有内容的，这种内容最好是共同关心的，大家有话可说。一般都会选择热点话题，最好是和新浪微博上的热点话题相通。巧妙利用社会热门话题或节日话题引入产品的外形、相关特征和属性，借助图形、数字的关联、联想，使用数字演变、文字符号的变化、谐音、拟人等手法，把各种常见的物品和产品联系起来，是微博传播的主流方式。

7.2.4 营造微博营销环境

微博自带趣味性、时尚性，企业在微博上进行的品牌形象推广活动较易显示出企业亲和的一面，因此企业可以灵活运用微博的影响力，以改变消费者对其品牌的固有认知，给企业品牌营销带来新的元素和活力。

1. 树立企业品牌形象

企业微博和个人微博很明显的区别就是企业微博代表一个企业的整体形象，这个形象要尽可能地"高大上"，最起码让消费者认可和接受企业和企业产品。故要对微博粉丝进行定位和打造，通过对目标粉丝的影响和互动，让目标粉丝持续转载，增加粉丝数量，企业微博的影响力就会越来越大。

2. 积极组织营销互动

微博运营是一个互动、吸粉和宣传，从而挖掘粉丝商业价值的过程。通过与博客平台开展互动活动可以吸引高质量的粉丝，有效利用口碑宣传营造微博营销氛围。

参与互动的方式包括关注业内重要机构及重要的人物、关注与企业相关的行业动态、关注那些关注自己的人，通过转发、评论他人微博等方式获得他人关注。

7.2.5 放大传播效应

微博能够轻松实现人际传播、群体传播、组织传播和大众传播的兼容。可以通过SNS好友圈子快速实现信息在更大范围的传播，当拥有一定量的好友资源之后，通过信息的有效设计（如一定的激励手段），可以实现在好友之间，以及与好友的好友之间信息的全方位放大传播。

任务 3　微博营销推广及技巧

7.3.1　微博推广

1. 鸿星尔克——借势营销之王

情感营销之外的一大营销策略是借势营销,鸿星尔克无出其右。2021年7月21日下午,鸿星尔克在微博平台宣布,通过郑州慈善总会、壹基金紧急捐赠5000万元物资驰援河南灾区(如图7-10所示)。声明发出后,引发大量网民关注并在其官方微博账号下发表评论。2021年7月22日晚,微博话题"鸿星尔克的微博评论好心酸"登顶热搜,将鸿星尔克推入舆论热潮。此后,话题热度持续飙升。截至2021年7月26日19时,该话题阅读量已达10.2亿次,评论数超17万条。鸿星尔克官方捐款声明微博转载数达22.9万次,评论数超28.4万条。当网友发现鸿星尔克官方微博居然连会员都不是以后,可爱的网友更是纷纷给其充值会员,暖心的网友你一个月我一个月,硬是给鸿星尔克官方微博充了十年会员。

图 7-10　鸿星尔克捐赠微博

随着鸿星尔克捐款事件热度进一步提升,大众又掀起了一轮鸿星尔克产品抢购狂潮。众多网民自发进入鸿星尔克淘宝旗舰店及抖音直播间购买产品,以此支持良心企业。据阿里巴巴数据显示,2021年7月22日晚,鸿星尔克淘宝直播间超200万人参与扫货,产品一经上架即被抢空。截至2021年7月23日,鸿星尔克淘宝直播间粉丝量已增至752.6万人,获赞数达38.9万次,而且数据还在进一步增长中。据京东发布的报告显示,2021年7月22日、

7月23日两天，鸿星尔克销售额同比增长超280%，2021年7月23日当天销售额同比增长超52倍。面对网民热情的支持，鸿星尔克董事长在直播间发出呼吁，劝导网民理性消费，将热度留给河南灾情，如图7-11所示。

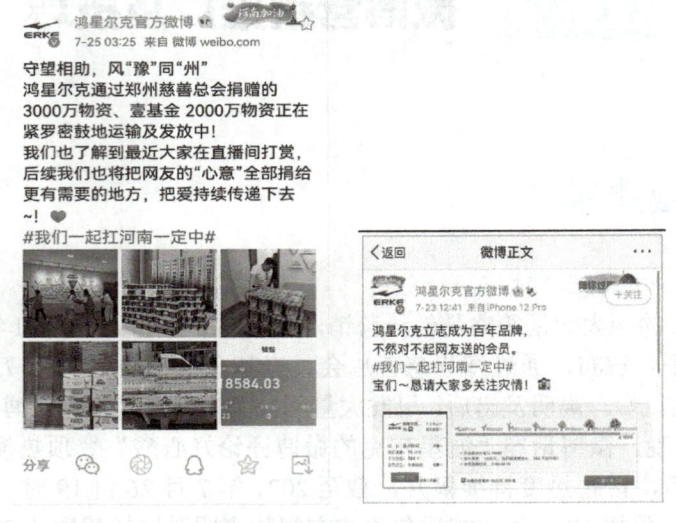

图7-11 鸿星尔克官方微博

2. 加多宝——对不起系列海报

"对不起，是我们太笨，用了17年的时间才把中国的凉茶做成唯一可以比肩可口可乐的品牌"。

"对不起，是我们太自私，连续6年全国销量领先，没有帮助竞争队友修建工厂、完善渠道、快速成长……"

"对不起，是我们无能，卖凉茶可以，打官司不行。"

"对不起，是我们出身草根，彻彻底底是民企的基因。"

加多宝"对不起"系列海报如图7-12和图7-13所示。

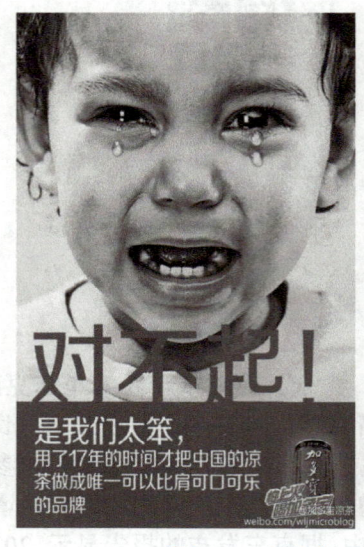

图7-12 加多宝"对不起"系列海报1

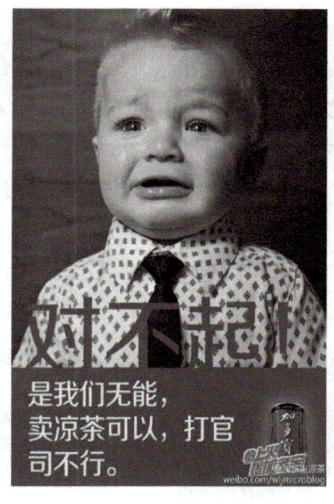

图 7-13　加多宝"对不起"系列海报 2

　　四则以哭泣孩童为主画面的"对不起"文案出现在加多宝官网的微博上,经过上亿名粉丝的发酵,引发从名人到草根的共鸣。加多宝和广药之间法律上的事情我们并不怎么关注,但加多宝在"红罐凉茶改名加多宝"这句广告语被裁定禁止之后,推出的四张"对不起"系列广告,却在网络上成为热点。四张海报以道歉为主题,实际突出了自己过去多年的成绩,并以一个弱势者的姿态引来大量支持的声音,设计的爆炸式力量可见一斑。

3. 新浪公益——事件营销

　　新浪公益是新浪网开设的一个以开展公益活动为核心的微博账号,如图 7-14 所示。一方面,引导社会力量加入公益行动,提高社会各界捐助项目的数量,截至 2020 年,有 438 家企业捐出价值 98.93 亿元款和物并通过微博公示,同时设立物资救助平台帮助地域之间进行物资调配。另一方面,设立 1 亿元新冠肺炎专项基金,对抗疫公益项目进行配捐。在这个过程中,微博充分展现了其在公共事件面前的社会价值和公益力量,同时也对捐赠企业进行了广泛的宣传。

图 7-14　新浪公益微博

4. 中国东方航空——精准营销

中国东方航空通过粉丝精准传播企业品牌，以热点经济发展为主题，组织粉丝和消费者参与话题讨论，引导粉丝自发传播讨论，调动粉丝的积极性，如图 7-15 所示。另外，采用视频方式为官网导流，话题阅读量、讨论量和视频观看量增加显著。用好的产品配合好的内容精准吸引和留住粉丝，同时用好渠道获得更多粉丝是中国东方航空微博运营成功的技巧之一。

图 7-15　中国东方航空微博

5. 可口可乐——瓶身即广告

2020 年的夏天是热闹的，因为可口可乐在全国掀起了一场"换装"热潮。可口可乐利用互联网上的热门词汇推出了一系列"昵称瓶"新装，诸如"文艺青年""小清新""学霸""闺蜜""喵星人"等几十个极具个性又符合特定人群定位的有趣昵称被印在可口可乐的瓶标上。

在新浪微博上，可口可乐最初借助媒体明星、草根大号等意见领袖进行内容的预热，将印有他们名字的"昵称瓶"赠送给粉丝，于是粉丝纷纷在社交网络上晒出自己独一无二的可口可乐定制"昵称瓶"，一时之间，明星粉丝和普通消费者纷纷在微博上求可口可乐定制"昵称瓶"，表示要过一下"明星瘾"或自己留作收藏等，更有部分网民表示想用"昵称瓶"向自己的暗恋对象表白。

第一波是社交平台预热，第二波是官方活动正式启动，第三波是利用 Social Commerce（社交商务）在微博上维持活动的热度。可口可乐与新浪微博微钱包一起合作推广可口可乐"昵称瓶"定制版，让更多普通的消费者也可以定制属于自己的可口可乐"昵称瓶"。

第一天，300 瓶定制可口可乐，1 小时被抢光。

第二天，500 瓶定制可口可乐，30 分钟被抢光。

第三天，500 瓶定制可口可乐，5 分钟被抢光。

接下来几天，定制可口可乐都是在 1 分钟内被抢光。

这是让人震惊的数字，而且呈现出越来越快的抢够趋势。前 3 天 1000 多瓶的销量，已经产生新浪微博 5000 多条的分享与讨论。于是有更多的网友知晓并且参与到活动中来，如同滚雪球一样，知道和参与的人越来越多，抢购一空的时间也越来越短。这也正是社交网络真正吸引人之处，依靠口碑带动品牌与产品影响力的几何级的递增。

消费者在微博上定制一瓶属于自己的可口可乐，从"线上"微博定制瓶子到"线下"收到定制瓶，继而通过拍照和分享又回到"线上"，O2O 模式让社交推广活动形成一种长尾效应。

7.3.2 微博营销的技巧

1. 注重价值的传递

企业经营者首先要改变观念，明确企业微博的"索取"与"给予"之分。企业微博是一个给予平台。微博数量已经以亿计算，只有那些能给浏览者创造价值的微博才有价值，才可能达到期望的商业目的。只有认清了这个因果关系，才可能从企业微博中受益。

2. 注重微博个性化

微博的特点是"关系""互动"，因此，虽然是企业微博，但也不能仅是一个官方发布消息的窗口，要给人有感情、有思考、有回应、有自己的特点与个性的感觉。

如果浏览者觉得你的微博和其他微博差不多，或者别的微博可以替代你，那么你的微博就是不成功的。这和品牌与商品的定位一样，必须塑造个性。好的微博具有很高的黏性，可以持续积累粉丝，有不可替代性与独特的魅力。

3. 连续性

微博就像一本随时更新的电子杂志，要注意定时、定量、定向发布内容，让浏览者养成观看习惯。当浏览者登录微博后，能够想着看看你的微博有什么新动态，这无疑是成功的最高境界。

4. 注重加强互动性

微博的魅力在于互动，拥有一群不说话的粉丝是很危险的，因为他们慢慢会变成不看你内容的粉丝，最后可能离开。因此，互动性是使微博持续发展的关键。应该注意，微博上的企业宣传信息不能超过总信息的 10%，最佳比例是 3%～5%。更多的信息应该融入粉丝感兴趣的内容之中。

"活动内容＋奖品＋关注（转发/评论）"的活动形式一直是微博互动的主要方式，但实质上奖品比企业所想宣传的内容更吸引粉丝的眼球。相较赠送奖品，在微博中认真回复留言，用心感受粉丝的话语，才能换取情感的认同。如果情感与"利益"（奖品）共存，那就更完美了。

5. 注重系统性布局

任何一个营销活动，想要取得持续而巨大的成功，都要有系统性，单纯当作一个点子来运作很难持续取得成功。企业想让微博发挥更大的作用就要将其纳入整体营销规划中，这样微博才有机会发挥更大的作用。

6. 注重准确的定位

微博粉丝众多当然是好事，但是对于企业微博来说，粉丝质量更重要，因为企业微博最终的商业价值或许就需要这些有价值的粉丝来创造。这涉及微博定位的问题，很多企业微博粉丝很多，但是转载、留言的人很少，宣传效果不明显。这其中一个很重要的原因就是定位不准确。假设企业所属玩具行业，那么就围绕产品目标用户关注的相关信息来发微博，吸引目标用户的关注，而非是只考虑吸引眼球，导致吸引来的都不是潜在消费群体。在这个起步阶段，很多企业微博陷入误区，完全以吸引大量粉丝为目的，忽视了粉丝是否是目标消费群体这个重要问题。

7. 企业微博专业化

企业微博定位专一很重要，但是专业更重要。同场竞技，只有专业才可能超越对手，持续吸引关注。因此，专业是一个企业微博重要的竞争力指标。

微博不是企业的装饰品，如果不能做到专业，只是流于平庸，倒不如不去设立企业微博，因为作为一个"零距离"接触的交流平台，负面的信息与不良的用户体验很容易迅速传播开，为企业带来不利的影响。

8. 注重方法与技巧

想把企业微博变得有声有色、持续发展，单纯在内容上传递价值还不够，必须讲求一些技巧与方法。比如，对于微博话题的设定，表达方式就很重要。如果你的博文是提问性的，或者带有悬念的，引导粉丝思考与参与，那么浏览和回复的人自然就多，也容易给人留下印象。反之，发布新闻稿一样的博文，会让粉丝想参与都无从下手。

9. 注重模式创新

虽然微博营销诞生不久，但有一些企业已经走在了前面，尤其美国的一些企业已经取得了较为显著的成效，我们应该多参考和借鉴这些成功案例，结合企业自身特点与客观环境进行创新。

同步阅读

2020年微博用户发展报告：用户群体继续呈现年轻化趋势

2021年3月12日，微博发布《2020年微博用户发展报告》（以下简称"报告"）。报告显示，微博用户群体继续呈现年轻化趋势，其中"90后"和"00后"的占比接近80%，女性用户多于男性用户。在生活消费、兴趣关注上，不同年龄段的微博用户呈现出明显的代际特征。

1. 微博活跃用户数量大幅增加

图7-16所示是2020年9月微博日活用户和月活用户数据。

微博活跃用户规模

微博2020年9月月活用户 5.11亿
微博2020年9月日活用户 2.24亿

图7-16　2020年9月微博日活用户和月活用户数据（单位：人）

2. 微博用户呈现年轻化趋势

用户群体继续呈现年轻化趋势，"90后"和"00后"的占比已接近80%，如图7-17所示。

微博从消费、美食、运动、娱乐等各方面渗透到年轻人的生活中，成为年轻人潮流文化和生活方式的聚集地。

"吸引年轻"未来价值

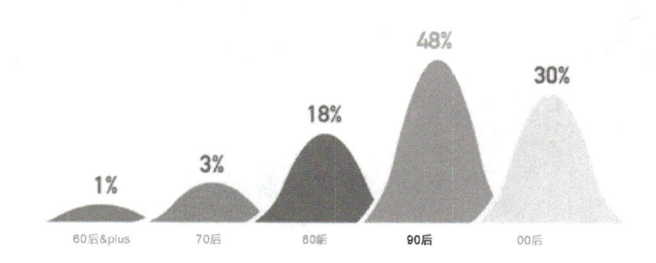

60后&plus	70后	80后	90后	00后
1%	3%	18%	48%	30%

图 7-17　2020 年不同年龄段微博用户比例
（图片来源：新浪网）

3. 微博热点全年大事件

2020 年全年热点不断，从居家隔离生活到武汉解封，从两会到高考，从七夕到跨年，不断涌现的热门话题引发了微博用户的关注、追踪、讨论，凸显出微博强大的公共讨论属性。

特别是在 2020 年新冠肺炎疫情期间，微博用户日均查看疫情信息 161 亿次，3.7 万个政务微博及 3000 多家媒体微博发布疫情权威信息 607.6 万条，发起 3 万场疫情直播，观看数量超 30 亿人次。此外，社会各界发布了 61 万条求助微博，其中 251 座城市的 557 家医院通过微博求助。通过"肺炎求助超话"，微博平台核实求助微博 10637 条，上报有效求助信息 3964 条。

微博一直是热点发布、关注和讨论的重要平台。对于热门话题的关注，微博用户也呈现出明显的年龄差异。其中，"90 后""00 后"的关注领域主要集中在"影剧综"及游戏，体现"泛娱乐"特征；"70 后""80 后"的关注领域则更广泛，体现"泛社会"特征。对比"70 后"和"00 后"，高考和天问一号火星探测成为他们共同关注的话题。除此之外，"70 后"对腾讯状告老干妈、美股暴跌、马拉多纳去世等保持高度关注，"00 后"则更喜欢《创造营 2020》和"2020 王者荣耀职业联赛秋季赛"，并作为主力人群参与到流行热梗的传播中。

4. 打造潮流文化聚集地

随着年轻用户规模的持续扩大，微博为潮流文化的聚集和"出圈"提供了高效平台。2020 年，"凡尔赛文学""秋天第一杯奶茶""端水大师""打工人"等网络流行语在微博"出圈"，引发全网"玩梗"，而二次创作互动，让"热梗破圈"成为一种社交潮流。报告显示，52% 的"90 后"在微博上使用过"流行梗"，是"80 后"使用次数的 4 倍，而"95 后"使用"流行梗"的占比更高，如图 7-18 所示。

2020 年微博继续推动全民公益理念的普及，全年 1786 万名微博网友通过微公益平台为 1544 个公益项目捐出超过 1.41 亿元善款，其中超过一半是明星粉丝捐出的。同时，1438 个公益话题的总阅读量超过 1207 亿次。

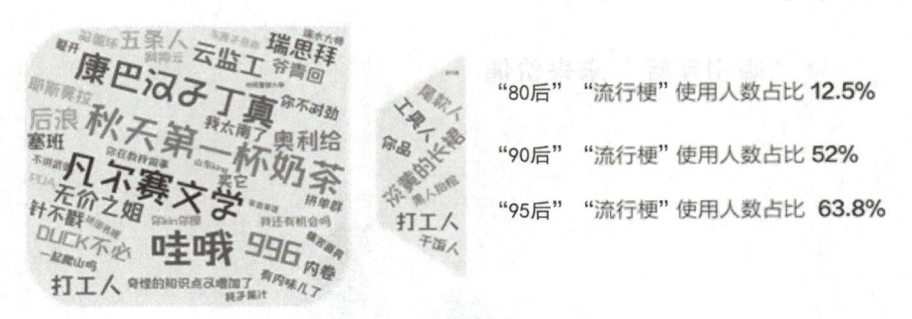

图 7-18　微博社交潮流语言

5. 微博媒体及政务

2020 年微博认证的政务类账号数量超过 14 万个，如图 7-19 所示。政务微博的粉丝总数突破 30 亿人，权威疫情信息、社会热点回应、正能量暖心故事，是用户关注政务微博最希望看到的内容。

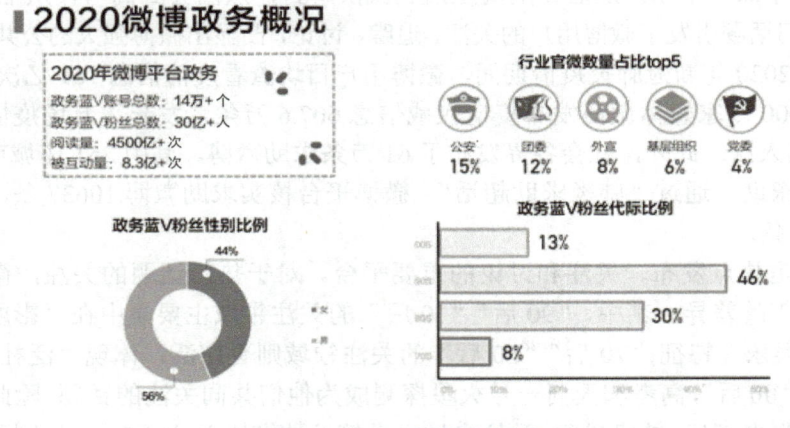

图 7-19　2020 年微博政务概况

6. 微博媒体与生活

作为热点、"剧综"的主要讨论场，微博还在推广每一个热搜剧、"爆剧"的取景地，为用户"种草"更多的网红打卡点。2020 年北京故宫、北京红螺寺、湖北黄鹤楼、四川甘孜理塘等成为讨论最多的打卡点。四季轮替的同时，苍山洱海、杭州西湖、泸沽湖、青海花海、腾冲银杏村、新疆深秋美景、北京颐和园、哈尔滨冰雪大世界等景点靠着独有的特色冲上热搜，引发网友集体向往，如图 7-20 所示。

在生活方面，美食的酸甜苦辣、生活的阴晴圆缺是微博用户热衷于分享的内容。在美食上，火锅、奶茶、螺蛳粉入选"00 后"美食榜单前 3 名，螺蛳粉、烤肉、酸辣粉则是"90后"钟爱的小吃，如图 7-21 所示。在年轻用户的频繁讨论和分享中，螺蛳粉以各种花式热门话题频频冲上热搜，突破了年龄和地域的限制，形成了更为广泛的社会认知。

图 7-20　热搜上的网红景点

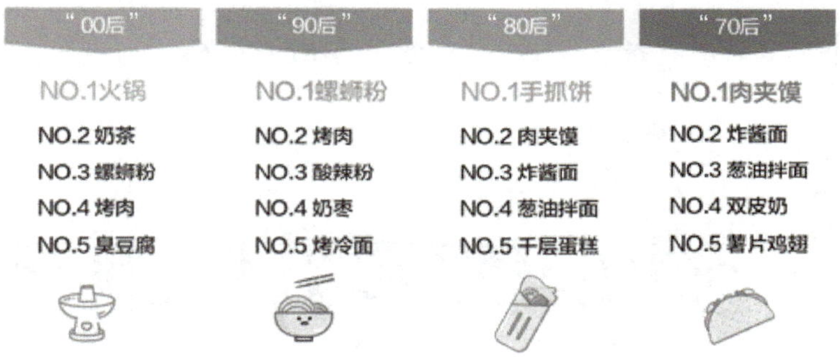

图 7-21　不同年龄段的美食排行榜

在全民健身的热潮下,"宅家健康运动计划"和"再冷也要运动"等话题在微博上的热度持续提升。报告显示,"80 后"和"90 后"的运动热情最高。其中,"80 后"最喜欢的运动方式是跑步和瑜伽,愿意为喜欢的运动付出时间和金钱;"90 后"将健身房、办公室和家都变成运动场所,以打卡的形式追求运动仪式感;相比之下,"70 后"已经将运动的热情倾注进下一代;"00 后"则大量认为"动动手指都是在健身"。[1]

同步实训

实训 1　在微博中搜索感兴趣的内容

〖实训目的〗

通过在微博中搜索,熟练掌握和描述微博的搜索与使用流程,能够分析微博营销的优劣,加深对微博营销的感性认识。

〖实训内容与步骤〗

(1)进入新浪微博,登录微博账号,如图 7-22 所示。

---

[1] 资料来源:新浪网科技频道。经作者改编。

图 7-22　登录新浪微博

（2）在搜索框中输入"长津湖"，然后单击"搜索"按钮，如图 7-23 所示。

图 7-23　在微博中搜索"长津湖"

（3）浏览搜索结果，如图 7-24 所示。进行对比，选择合适的微博内容进行查看。

图 7-24　"长津湖"的搜索结果

项目 7　微博营销

（4）进入电影《长津湖》的话题圈，浏览最新的官方信息，如图 7-25 所示。

图 7-25　电影《长津湖》话题圈首页

（5）搜索其他与《长津湖》电影相关的话题，例如"电影票房"，如图 7-26 所示。

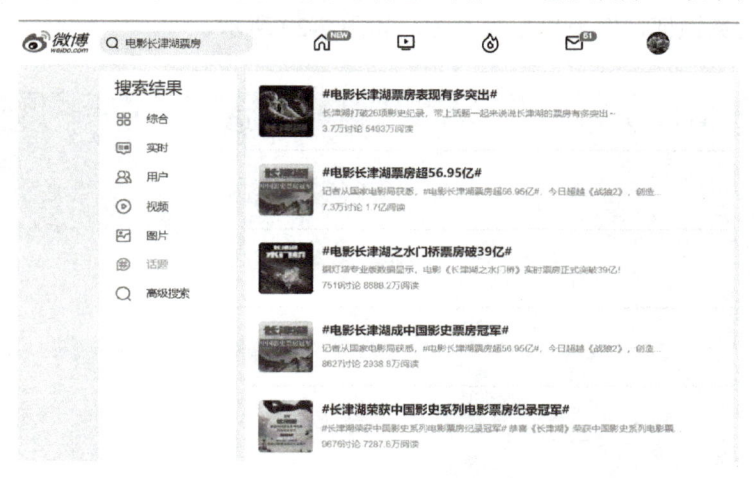

图 7-26　"电影票房"微博

（6）搜索其他与《长津湖》电影相关的微博，发现其中的营销信息，如图 7-27 和图 7-28 所示。

图 7-27　微博中与电影《长津湖》相关的营销微博 1

195

图 7-28　微博中与电影《长津湖》相关的营销微博 2

（7）转发营销微博，发表自己的看法，如图 7-29 所示。

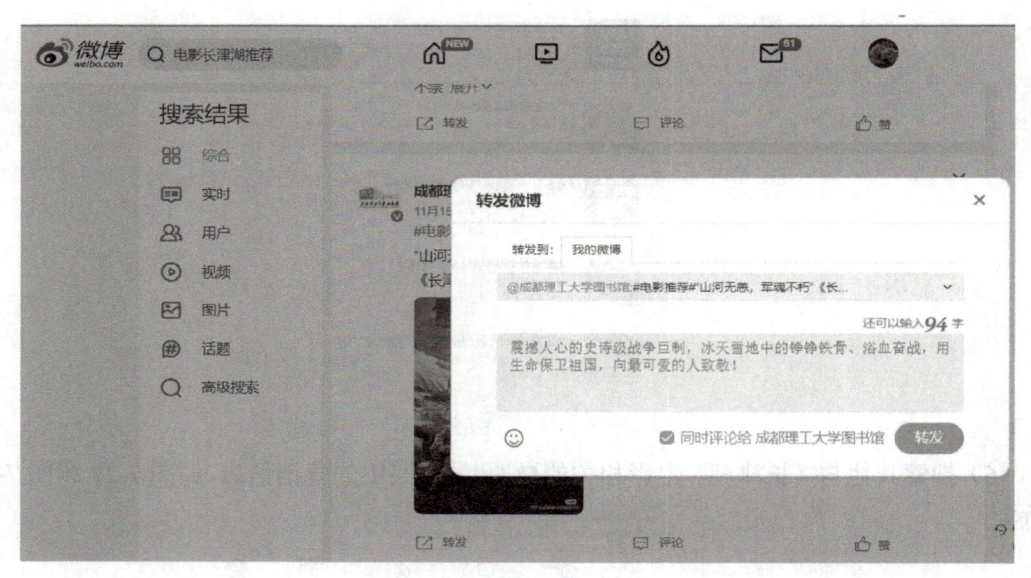

图 7-29　转发营销微博

〖实训提示〗

根据微博账号的性质，微博中不同信息的可信度也不同，在使用微博时要注意鉴别，避免造谣、传谣。

〖思考与练习〗

体验一次微博搜索和转发，以文字配截图的形式记录操作过程，并回答下列问题：

（1）用框图描述微博搜索和转发的过程。

（2）微博中有哪些主体开设了微博账号？在浏览和转发过程中你的角色是什么？对你感兴趣的内容的传播起到了什么作用？

（3）在此次微博使用中，你体会到微博营销与传统的营销方式相比有哪些优势与劣势？

实训 2　发布微博话题，后台设置有奖转发

〖实训目的〗

通过发布话题，设置有奖转发，熟练掌握和描述微博的信息发布与有奖转发的设置，加深对微博营销的感性认识。

〖实训内容与步骤〗

（1）在 PC 端登录自己的微博，搜索"转发抽奖平台"，如图 7-30 所示。

图 7-30　搜索"转发抽奖平台"

（2）打开转发抽奖平台微博，如图 7-31 所示。

图 7-31　转发抽奖平台微博

(3)找到"友情链接转发抽奖平台"并单击,如图7-32所示。系统跳转到转发抽奖平台首页,如图7-33所示。

图7-32　单击"友情链接转发抽奖平台"链接

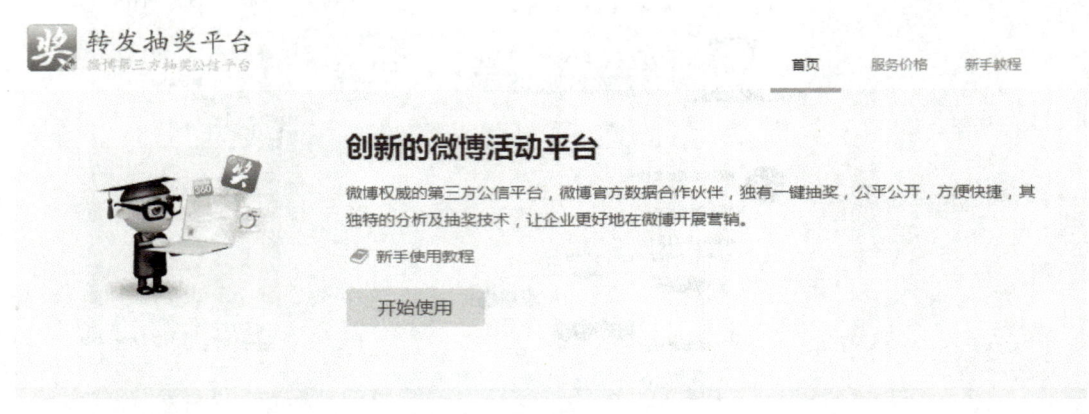

图7-33　转发抽奖平台首页

(4)单击"开始使用"按钮,输入微博账号和密码,并授权该平台进入微博系统,如图7-34～图7-36所示。

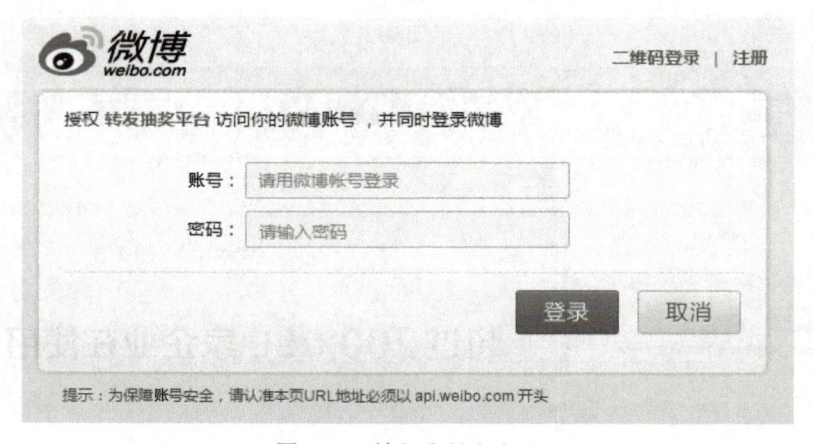

图7-34　输入账号和密码

项目 7　微博营销

图 7-35　授权界面

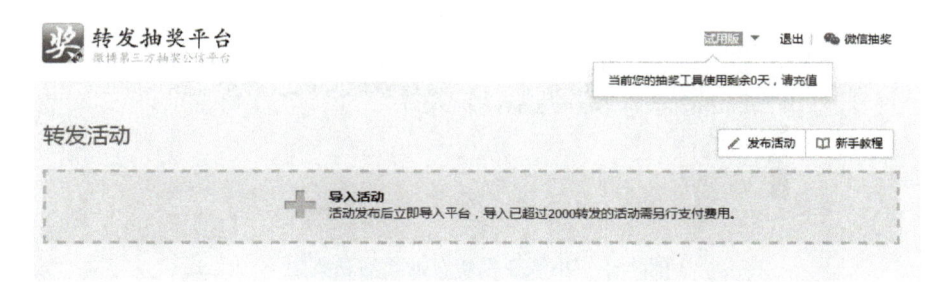

图 7-36　转发抽奖平台个人首页

（5）仔细阅读转发抽奖活动的流程，如图 7-37 所示。

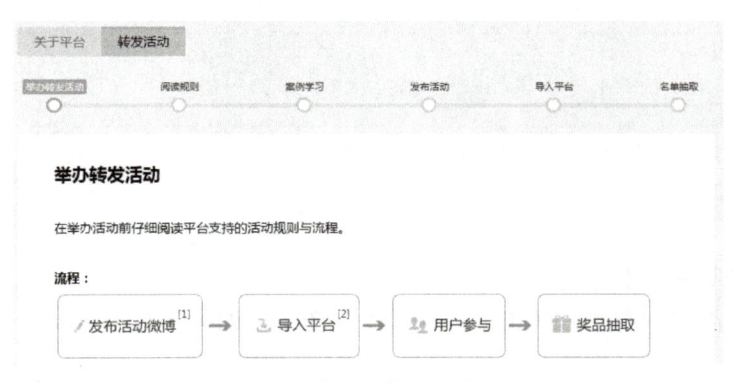

图 7-37　转发抽奖活动的流程

（6）阅读转发抽奖活动的规则，如图 7-38 所示。
（7）编辑转发抽奖活动的微博内容。

阅读并理解规则后，就可以开始策划转发抽奖活动了。活动主题要明确，规则要简单、富有趣味性，让粉丝快速明白并有兴趣参与。

如图 7-39 所示为小米手机转发抽奖活动页面，活动宣传点为小米手机，产品特征和卖点表述清晰，同时奖品也为小米手机，关联性非常强。活动抽奖频率高、价值高，瞬间引爆活动。

199

图 7-38　转发抽奖活动的规则

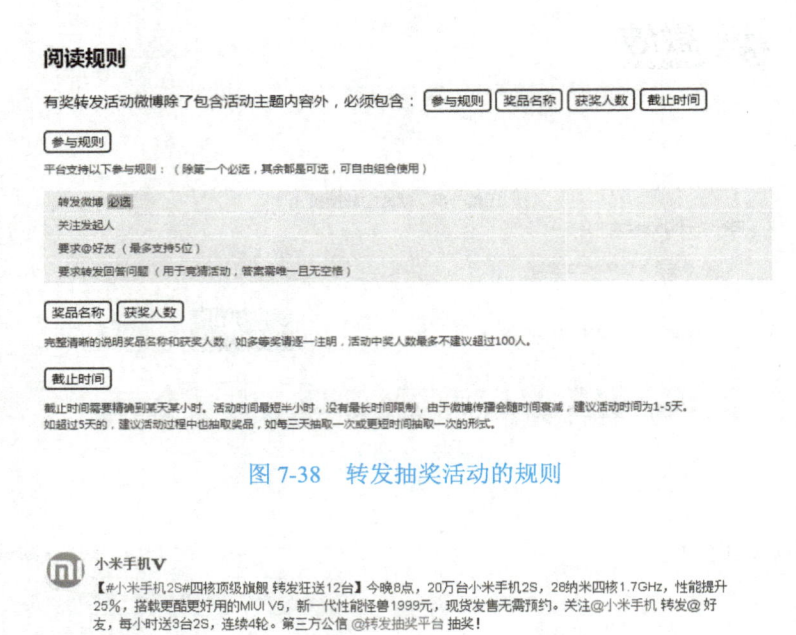

图 7-39　小米手机转发抽奖活动页面

（8）进入自己的微博首页，将微博内容发布出去，如图 7-40 所示。

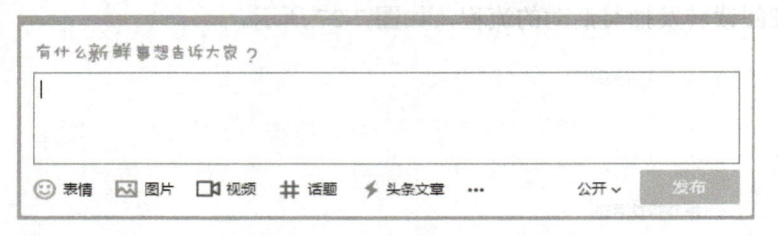

图 7-40　微博发布页面

（9）将活动导入抽奖平台。

回到转发抽奖平台首页，单击"导入活动"按钮，如图 7-41 所示。

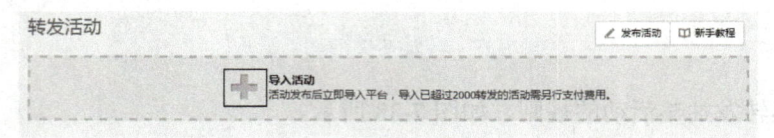

图 7-41　导入活动示意图

在打开的对话框中选择"从微博导入"选项卡，再选择一篇微博，单击"下一步"按钮，如图 7-42 所示。

项目 7　微博营销

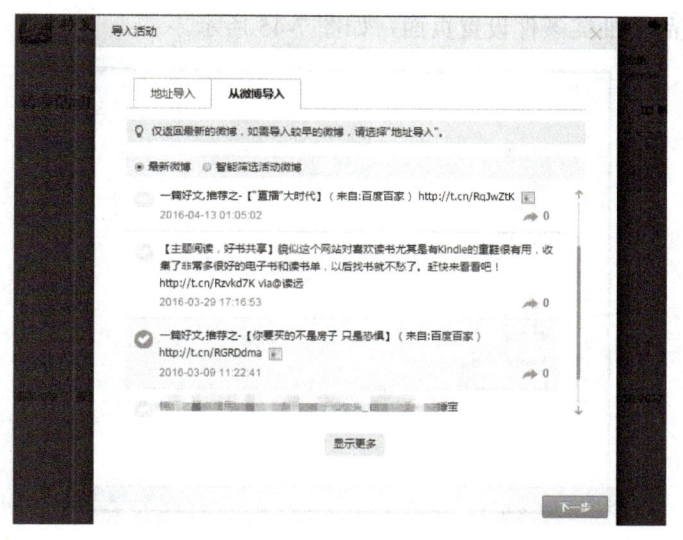

图 7-42　"导入活动"对话框

根据系统提示进行操作，设置抽奖活动截止的日期，完成后单击"导入"按钮，如图 7-43 所示。

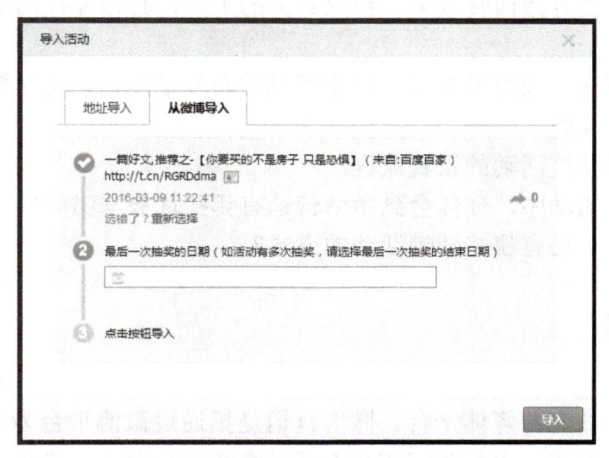

图 7-43　设置抽奖活动截止的日期

（10）这时该活动就会出现在转发抽奖平台的首页，可以单击"抽奖"按钮，如图 7-44 所示，进行活动抽奖设置。

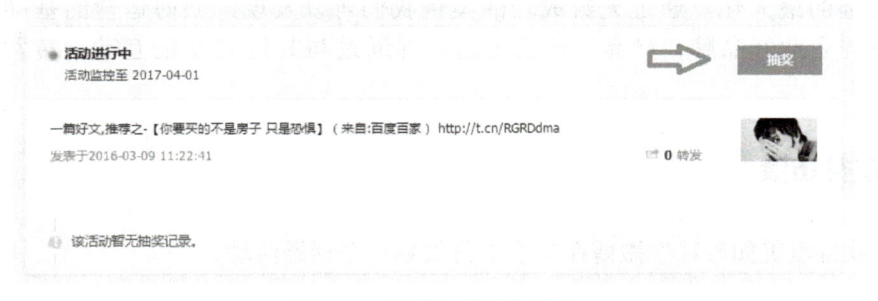

图 7-44　转发抽奖平台首页

201

（11）打开奖品与抽奖条件设置页面，如图 7-45 所示。

图 7-45　奖品与抽奖条件设置页面

（12）设置好条件后，单击"开始抽奖"按钮，系统导入数据，得到抽奖结果。

〖实训提示〗

抽奖活动是有效提升微博转发率和粉丝数量的工具，必须保证活动真实有效。

〖思考与练习〗

选择你喜欢的事件，设置并执行一次微博抽奖转发活动，以文字配截图的形式记录操作过程，并回答下列问题：

（1）用框图描述抽奖活动的设置流程。

（2）在此次微博活动中，你体会到微博营销有哪些优势与劣势？

（3）在微博系统中还有哪些营销活动的方式？

项目小结

微博是人们进行社交的媒体平台。微博营销是指通过微博平台为商家、个人等创造价值而执行的一种营销方式，也是商家或个人通过微博平台发现并满足用户的各类需求的商业行为方式。根据账号设立主体的不同，微博可以分为个人账号与企业账号。微博平台聚集了全国数以亿计的网民，因此该平台具有巨大的营销价值。

微博营销的核心是通过不断地发布内容来吸引粉丝关注，增加粉丝数量，最终实现品牌传播的最大化。通过无数成功的案例我们可以发现，微博运营的基础是做好微博的定位与企业（品牌、产品）价值塑造，并通过与其他大V的互动、转发等极大化品牌声量。

任务布置

为"欧诗漫美如珍珠"微博在某个节日策划一个话题活动。

学生活动

内容要素1：_____
内容要素2：_____
内容要素3：_____
内容要素4：_____
内容要素5：_____
内容要素6：_____

请将作品转换成二维码，粘贴在右图方框中

温馨提示：根据移动互联网新技术、新平台的发展，本教材提供最新符合该项目或与工作岗位相适应的任务布置，将实践教学内容同市场需求对接，可扫描二维码获取。

能力测评

考评人		被考评人			
考评地点		考评时间			
考核项目	考核内容	分值	教师评分 50%	小组评分 40%	自我评分 10%	实际得分
	1. 微博营销主题具有独特性	15				
	2. 微博名和Logo有创意	15				
	3. 账号简介能体现主要业务	10				
	4. 微博内容能体现思政元素	10				
	5. 参与活动规则清晰、简单	10				
	6. 能够成功设置话题有奖转发	15				
	7. 拓展传播渠道（以截图为准）	15				
	8. 编排工整，格式符合要求	5				
	9. 表达流畅，无错别字	5				

同步测试

1. 单项选择题

（1）下列关于微博的分类错误的是（　　）。
　　A. 基本博客　　　　B. 个人微博　　　　C. 企业微博　　　　D. 原创微博

（2）以下关于微博营销的特点表述错误的是（　　）。
　　A. 多媒体传播　　　B. 传播速度快　　　C. 内容发布复杂　　D. 传播范围广泛

（3）发布微博信息的要点不正确的是（　　）。
　　A. 稳定频率更新　　　　　　　　　　　B. 精心设计微博内容
　　C. 善用技巧引发话题　　　　　　　　　D. 与粉丝保持互动

（4）微博是一个专注于（　　）的平台。
　　A. 社交　　　　　　B. 媒体　　　　　　C. 变现　　　　　　C. 社交媒体

（5）下列微博平台，已经停止运营的是（　　）。
　　A. 新浪微博　　　　B. 腾讯微博　　　　C. 网易微博　　　　D. Twitter

2. 多项选择题

（1）发布转发抽奖活动需要设置哪些规则？（　　）
　　A. 参与规则　　　　B. 奖品名称　　　　C. 获奖人数　　　　D. 抽奖时间

（2）转发抽奖活动的步骤包括（　　）。
　　A. 用户参与　　　　B. 奖品抽取　　　　C. 发布活动微博　　D. 导入活动

（3）下列哪些是微博营销所需要的基本步骤？（　　）
　　A. 策划形象　　　　B. 营销微博环境　　C. 放大传播效应　　D. 设置抽奖活动

（4）微博营销推广的技巧有哪些？（　　）
　　A. 微博个性化　　　B. 准确定位　　　　C. 系统性布局　　　D. 模式创新

（5）营造微博环境的方法有哪些？（　　）
　　A. 发布原创内容　　　　　　　　　　　B. 关注重要的机构
　　C. 转发他人微博　　　　　　　　　　　D. 评论他人微博

3. 分析题

（1）比较微博营销与微信营销的差异。

（2）关注一个你所喜欢的著名品牌官方微博账号，分析其发布内容的类型与内容编辑方法。

（3）调研3个实施微博营销的著名企业微博账号，分析其实施微博营销过程中吸引粉丝、发布话题等方法的异同。

项目 8

微店搭建

项目重难点

微店的概念、特点及常见的微店模式；微店开设的方法；微店店铺装修及具体操作；商品管理技巧；微店推广及其运营方法。

课程思政

思政目标	培养学生勇于挑战自我的精神，了解艰苦创业的艰辛，能够正确对待人生中的顺境和逆境
思政主题	挑战自我、克服困难
思政元素	执着、知难而进

思政推进		
项目前	项目中	项目后
讲解微店与创业的关系，引出创业的艰辛和创业者所具备的精神	将挑战自我和创业者的精神全面渗透进教学内容	利用微店平台完成创业起步。做好克服困难的思想准备

思政成效	（1）较好地激发学生创业意识，潜移默化地培养创业者品质。 （2）点燃学生的创业兴趣和激情，增强创业意向；课间交流互动明显增加，课堂学习氛围浓厚。 （3）能将坚定、执着、自信等思政元素融入创业过程中，通过创业实践磨炼自己，做好创业初期面临困难的准备

项目导图

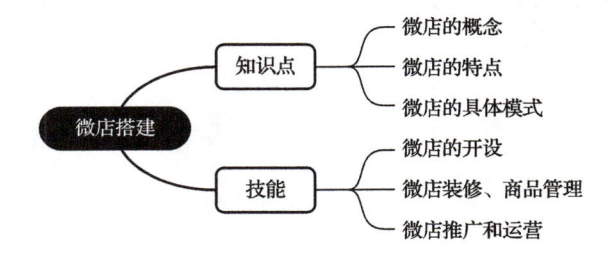

```
                    ┌── 微店的概念
            知识点 ──┼── 微店的特点
            │       └── 微店的具体模式
微店搭建 ───┤
            │       ┌── 微店的开设
            技能 ───┼── 微店装修、商品管理
                    └── 微店推广和运营
```

引例

韩束是一个年轻的化妆品牌,于 2002 年在上海创立。在移动互联网时代,韩束这个年轻的品牌积极追逐潮流、探索改变自己的营销方式。微店让电商迎来了新的春天,韩束率先在微店营销方面开辟了渠道,加入了微店"直购物"模式。韩束在微店中的营销成为业内的神话和奇迹,因为韩束 3 个月就让微商的销售额过亿元。这不但体现了微商的大势,更给许多中小企业带来了深刻的启发。

韩束不但在微信公众号中打通了微店入口,加入微店"直购物"模式(如图 8-1 所示),而且积极开展代理分销,迅速累积利润。很多微店的代理商推广的产品没有品牌,韩束恰好弥补了这个缺陷。韩束会对代理商进行专业培训,包括装修店铺、资源管理等(如图 8-2 所示)。尤其在佣金方面,韩束给代理商的佣金一般在总额的 15% 左右。同时,韩束也会提供一些明星产品,其佣金会相对较高,有可能达到总额的 50%,这一点在很大程度上能够吸引代理商加入。代理商会在朋友圈等途径发送推广、热销、抽奖、低价等福利信息,这样韩束的销售渠道就更加多样了,销量更加惊人。

有了这些推广和代理分销策略,韩束微店的销售额怎能不过亿元?可见,想要做好微店,就应该向韩束学习,借鉴它的成功模式,积极开拓创新。

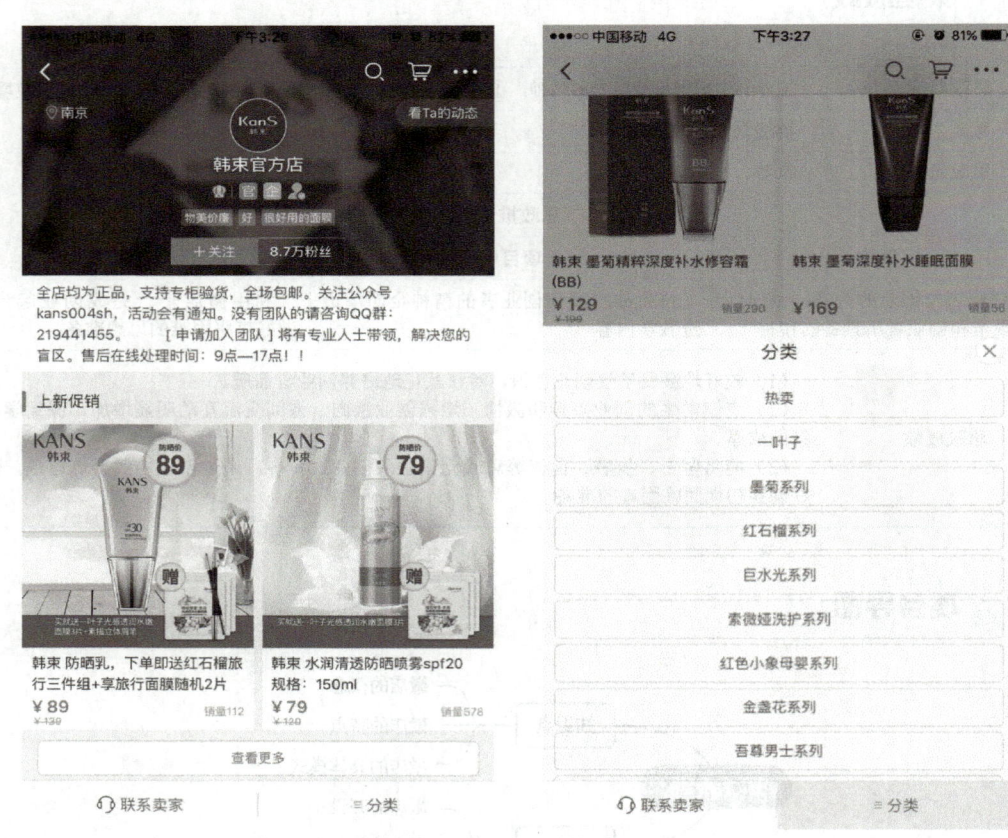

图 8-1 韩束微店图

项目 8　微店搭建

图 8-2　韩束微店分销代理

引例分析

　　微店颠覆了传统网商既要找货源，又要推广的经营方式，一方面，让企业经营者在自己不擅长的网络推广中解放出来，只要把产品发布出来，就有无数的微店为其销售，自己只要处理好货源、客服、售后即可；另一方面，为微店经营者解决了缺少货源的问题，"衣食住行用玩"，只要有人购买，自己就有佣金。对于企业来说，利润的一大半常常用于拓展销路和做广告，微店作为移动电子商务已经是社会发展的趋势之一，势不可当，在这种形势下，企业一方面可以利用微店宣传和推广品牌，另一方面微店作为企业的一个销售渠道，确实为企业带来了巨大的销售额。

任务 1　选择微店网站

8.1.1　微店的概念及特点

　　互联网开始发展的时候，很多人看到了互联网经济的"蛋糕"，在淘宝网或其他传统

207

电商平台开设虚拟小店，当时人们将这种在网上开设的店铺称为"网店"。然而，随着互联网的迅猛发展，微博、微信社交平台移动 App 问世，很多人从中嗅到了巨大的商机，但是缺少实现的途径——传统的互联网网店不适合开在社交平台等手机 App 上。在这种大背景下，微店应运而生。

2013 年 8 月 28 日，深圳一个名叫微店网的电子商务平台上线运营，30 天内，该网站的访问量突破了 17 亿次，注册用户有 3.3 亿人。2015 年 1 月，微店网用户突破 930 万人，微店网迅速成长起来，并受到人们的关注。截至 2020 年年底，微店网已经发展成为拥有 8000 余万家商家、上亿名用户的社交电商 App。

1. 微店的概念

微店并不是特指某一种开店软件，而是指以专门开发的 App 软件为载体进行产品销售的电子商务，是伴随着移动互联网的快速发展而兴起的一种网络营销模式。微店营销是通过智能手机或平板电脑等移动终端来实现的，它是线上和线下的互动营销模式，通过各种自媒体进行营销推广活动，最大限度地提升人气，树立口碑。

微店网将最先进的计算机技术和传统电子商务有机结合，是商业模式的大胆创新和有益探索，是传统电子商务模式的继承和发展。微店网的商业模式可以概括为一句话：供应商把产品发到微店网，由无数的网民开设微店帮供应商销售产品。在这个商业模式里面，供应商获得了订单，微店主获得了交易佣金。如图 8-3 所示是微店网的营销模式。

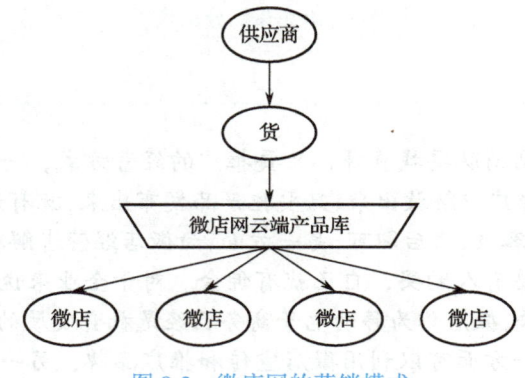

图 8-3 微店网的营销模式

2. 微店的特点

（1）低成本甚至零成本。

微店的"微"是指无须资金、成本、货源、物流和客服，结合全球提倡并且风靡全球的"微创新"概念。很多人在创业之初，面对高昂的房租或进货成本束手无策。因此，微店以其低成本甚至零成本脱颖而出，成为众多创业者的首选，只需大力宣传产品，就能赚取丰厚的佣金。

（2）依托自媒体营销。

微店商家可以通过微信、微博等自媒体平台随时随地宣传和推广自己的微店和产品品牌，诸如在微信朋友圈做推广，让更多的人了解微店和产品品牌，提升微店人气，树立微店口碑。

（3）获利快。

开微店近乎零成本，而且开设简单，营销方法繁多，只要微店商家商品质量良好，有自己的特色，营销方法实用，就能很快获利。更重要的是，和传统的实体店相比，微店由于不需要仓库，也不需要大量进货、备货，所以资金周转更灵活，而灵活、充沛的资金流必然会带来更多的商品项目，为微店上架更多商品奠定了资金基础，而商品种类的增多则进一步提高了微店的盈利能力。

8.1.2 常用的微店平台

微店并不是一个专属名词，其种类繁多，主要可以归纳为3种类型：第一，平台类微店，诸如微店、微信小店、京东微店、淘宝微店、口袋购物微店；第二，以服务类型为主的微店，诸如微盟、各大电商平台自己推出的微店；第三，由个人推出的一种建微商城的工具，应用人数较少。

本节主要向读者介绍几种常见的微店平台，为之后更好地应用微店打下坚实的基础。

1. 微店

微店是由北京口袋时尚科技有限公司开发的手机App，它可以帮助商家轻松地在手机上开店。微店是随着移动互联网的快速发展而诞生的新生事物，只要拥有一个手机号码，就可以注册一个属于自己的微店，并且可以通过分享模式让好友和粉丝帮助宣传微店。

2. 微信小店

2014年5月29日，微信小店在微信官网公共平台正式上线。只要登录微信服务号，就能轻松开设一家属于自己的"小店"。它有商品上架、货架管理、客户关系维护、维权等各种功能板块，方便微商快捷高效地运作。

需要注意的是，想要开一家属于自己的微信小店，必须满足下面两个条件：第一，账号必须是微信服务号；第二，微信要开通微信支付接口，方便收款和付款。不管是服务号还是微信支付，都需要进行企业认证。有了自己的微信小店，即使没有任何技术开发背景，也能够开启电商模式，对产品进行分类陈列，实现开店的梦想。

3. 有赞微商城

有赞微商城是由杭州起码科技有限公司开发的"微店铺＋微粉丝"平台，一言概之，就是帮助商家管理客户、服务客户，并通过丰富的营销手段，产生交易、获得订单的平台。有赞微商城的前身名为"口袋通"，用户基数比较大。

良品铺子集团总裁认为有赞微商城强大的客户管理功能能帮助他们勾勒出百万个门店粉丝的用户画像，精准营销可以为门店顾客提供另一种购买路径，同时使门店顾客信息数据化，指导门店商品陈列，高效满足用户购买需求，给良品铺子O2O战略落地提供坚实的基础。

4. 京东微店

京东微店是京东和腾讯合作的产品，是基于京东商户平台、微信及微信公众号平台构建的移动购物解决方案。最初，京东微店仅对QQ网购商户和部分京东商户开放，随后其自身不断完善，目前对非QQ网购商户的招募标准已经基本制定完成，能够为大众提供微店平台，满足人们创业的愿望。但是，京东微店对于有些人来说入驻门槛太高。京东微店招商对象只针对在中国大陆注册的法人代表，还需要保证金，入驻微店需缴纳诚信保证金20000元，以及认证费250元。

京东微店有 3 种店铺类型。

（1）旗舰店。商家以自有品牌入驻京东微店开设的店铺被称为旗舰店。具体而言，旗舰店的类型可以细分为 3 种：第一，经营一个自有品牌商品的旗舰店；第二，经营多个自有品牌商品，且各个品牌归属于同一个实际控制人的品牌旗舰店；第三，由服务类商标所有者开设的卖场型旗舰店。

（2）专卖店。专卖店是指商家持有品牌授权文件而在京东微店开设的店铺。专卖店一般包括两种：第一，经营一个授权销售品牌商品的专卖店；第二，经营多个授权销售品牌商品，且各个品牌归属于同一个实际控制人的专卖店。

（3）专营店。专营店是指经营同一个招商大类下两个及以上品牌商品的店铺。专营店具体可以分为 3 种：第一，经营两个及以上他人品牌商品的专营店；第二，同时经营他人品牌和自有品牌商品的专营店；第三，经营两个及以上自有品牌商品的专营店。

5. 贝店

贝店创立于 2017 年 8 月，是贝贝集团旗下的社交电商平台，隶属于杭州贝店科技有限公司，是中国最大的母婴平台贝贝网旗下全资创业平台。目前会员数量已突破 5000 万人，单季度订单量突破 1 亿单。贝店的月活用户达到千万人，且保持每月环比 30% 以上的增速。开贝店相当于开一家自己的网上超市。贝店采用"自营 + 品牌直供"的模式，与数万个源头品牌直接合作，店主无须囤货、发货，由贝店统一采购、统一发货、统一服务。

6. 人人店

人人店的模式是让企业销售渠道在社交网络快速裂变。通过人人店，企业可将线下分销渠道一键上线，自动生成分店二维码。消费者可以通过二维码入口在社交网络中购买商品，也可以让更多的朋友来"拼团""砍价"，从而获得更低的价格。在人人店的体系中，消费者还可以转换成分销商"推客"。推客可以自己消费、使用商品，也可以选择将心仪的商品分享给自己人际网络中的人，以此获得佣金回报。消费者既是品牌的用户，也是品牌的合伙人。

用户裂变是社交电商的主要获客手段。人人店提供了丰富的社交营销工具，砍价、拼团、阶梯购、推文、红包分享、创意游戏等多种社交属性极强的活动很容易激发用户的分享欲望，让用户自发地传播产品，实现低成本拉新。

7. 中兴唯品会

中兴唯品会是一个基于手机终端的电子商务交易软件，由中兴通讯股份有限公司注册和运营。对想要开店的商家来说，中兴唯品会使用起来非常简单，而且能够迅速积累用户，为合作商家和消费者创造更多价值。

中兴唯品会在微店中首先开创了 B2C2C 模式，非常巧妙地整合了企业品牌、线上商家和消费者，将 3 种不同的角色有机地统一起来。作为一家移动电商平台，中兴唯品会为商家提供低成本的营销平台。

8. 微猫

微猫是以新浪微博为接口的社会化电子商务平台，其最大的特点是传播性极强，能够在所有的社交网络中宣传产品信息，为商户提供便利、快捷、高效的推广渠道。在微猫上开店，商户可以轻松地建立起自己的专属客户群，随时随地进行商品买卖。另外，商家还可以代理别人的产品，赚取佣金，实现零成本开店。如图 8-4 所示为微猫官网。

项目 8　微店搭建

图 8-4　微猫官网

8.1.3　下载与注册微店

1. 下载微店

打开 App Store，搜索并下载"微店"。下载完成后，用户可以点击"打开"按钮，进入微店注册和登录页面。

2. 注册微店

对于微店商家而言，下载微店 App 只是开店的第一步，想要轻松开店，还需要注册微店。微店目前有 4 种经营模式：微店基础版、微店新零售、微店商城版、微店连锁版，如图 8-5 所示。

使用手机客户端微店，只要方法得当，就能在很短的时间内拥有一家属于自己的小店。注册微店的具体步骤如下。

（1）在手机中点击"微店"图标，打开微店 App，如图 8-6 所示。

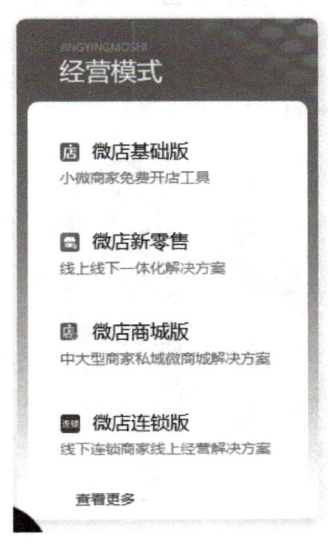

图 8-5　微店经营模式　　　　图 8-6　打开微店 App

211

（2）点击"注册"按钮，打开注册页面，如图8-7所示。

（3）输入手机号，然后点击"下一步"按钮，系统就会弹出"确认手机号"提示框，如图8-8所示。点击"确定"按钮，之后就会接收到微店官网发送的手机验证码。

（4）打开"设置密码"页面，如图8-9所示。

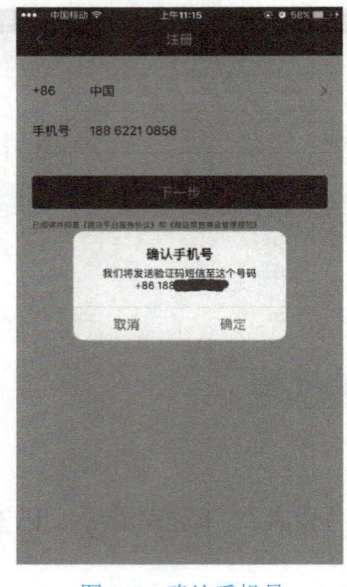

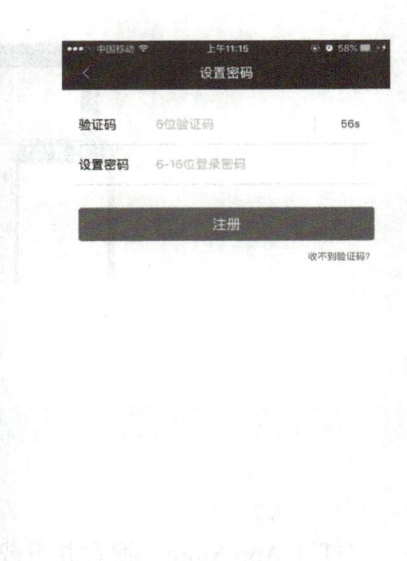

图8-7　微店注册页面　　　　图8-8　确认手机号　　　　图8-9　"设置密码"页面

（5）输入验证码和密码，点击"注册"按钮，打开"创建店铺"页面，用户可以在此页面设置店铺名称和店铺图标，设置完成后点击右上方的"完成"按钮，微店注册操作就全部完成了。

在PC端也可快速注册一家属于自己的小店，具体操作步骤如下。

（1）在百度或相关搜索引擎中搜索"微店官网"，打开微店首页。

（2）在首页找到"微店店长版"，如图8-10所示，然后单击"免费开店"按钮。

图8-10　微店店长版

（3）打开"注册账号"页面，如图 8-11 所示。输入手机号后单击"短信验证码"按钮，将手机收到的验证码输入到"短信验证码"文本框中，然后设置密码且再次输入确认。

图 8-11　微店注册页面

（4）单击"下一步"按钮，在打开的页面中选择店铺类型，如图 8-12 所示，这里选择"单店版"，单击"开单店"按钮。

图 8-12　"选择店铺类型"页面

（5）打开"填写相关信息"页面，如图 8-13 所示。上传店铺 Logo 并输入店铺名称，在"店铺介绍"文本框中输入店铺的介绍文字，然后单击"下一步"按钮。

图 8-13　"填写相关信息"页面

（6）微店提供 3 种主体类型：小微商户、个体工商户、企业/公司。根据个人的实际情况或需要选择一种主体类型，如图 8-14 所示。

图 8-14 "选择主体类型"页面

（7）如果选择小微商户，则需要提供个人身份证照片三张（身份证正反面照片和个人手持身份证照片），并输入证件姓名、证件号码、手机号、验证码、邮箱，以及选择有效期，如图 8-15 所示。

（8）照片按要求上传成功并输入相关信息后出现图 8-16 所示的对话框，选择相应的免登记类型后即可提交。资料审核需 2～5 个工作日完成。

图 8-15 输入身份证信息

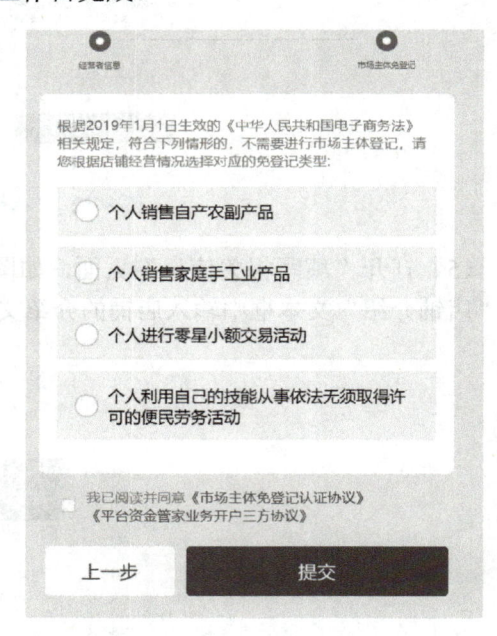

图 8-16 选择免登记类型

项目 8　微店搭建

任务 2　微店运营管理

8.2.1　微店店长版 App 的基本功能

登录安卓应用商城或打开 App Store，下载"微店店长版"App。下面以安卓系统为例进行介绍。下载完成后，打开程序注册界面，建议用微信登录，直接关联微信和手机号，方便以后在朋友圈推广。注册成功后自动打开主页面，如图 8-17 所示。

在主页面中，点击右上角的齿轮图标，打开设置页面。在账号管理中需要进行实名认证，不认证不能售卖商品；在店铺设置中需要完善店铺名称、Logo、公告栏、店长介绍、客服电话等信息，方便消费者能搜索和联系到店长。还有交易设置、聊天设置及微店小助手等，可以暂时先使用系统默认设置，后续根据自己的习惯再进行修改。

1. 店铺管理

登录微店店长版 App 后，点击"店铺管理"图标，即可进入"店铺管理"页面。"店铺管理"功能主要用于美化店面，包括店铺装修、装修市场、店铺动态、店长笔记、微店秀秀、素材中心、主图美化、旺铺卡等，如图 8-18 所示。

图 8-17　微店店长版 App 主页面　　图 8-18　"店铺管理"页面

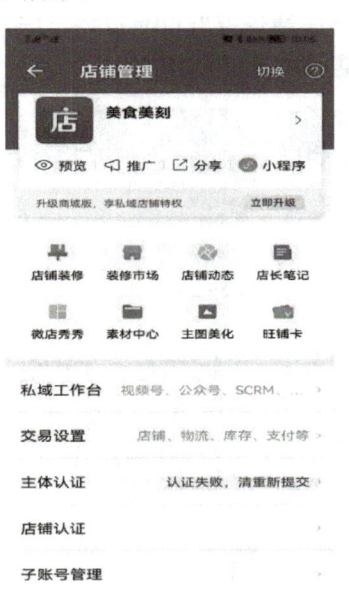

（1）在"店铺管理"页面中点击"店铺装修"图标，在弹出的列表中选择"样式"选项后，可以在打开的页面中添加店铺轮播广告，如图 8-19 所示。选择"切换模板"选项后，可以根据需要选择店铺商品主页面的模板，如图 8-20 所示为"节日促销"模板。

215

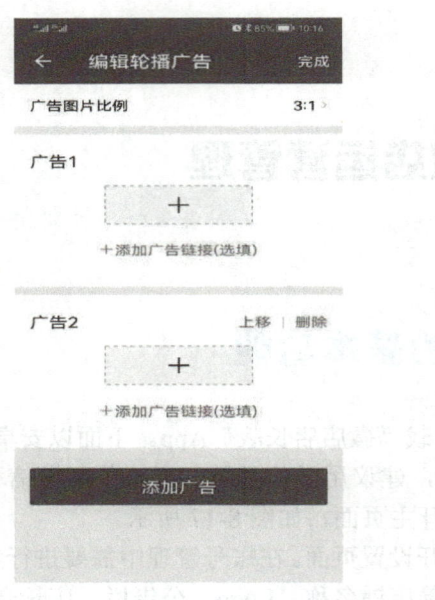

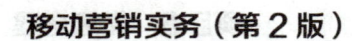

图 8-19　添加店铺轮播广告 　　　　图 8-20　选择商品主页面的模板

（2）在"店铺管理"页面点击"素材中心"图标，会打开图 8-21 所示的页面，提供了形式多样的店铺海报、装修市场、九宫格海报及折扣海报等，可以根据店铺商品宣传需要或做爆款单品需要选择适合的海报。

（3）在"店铺管理"页面点击"微店秀秀"图标，会打开图 8-22 所示的页面，提供了较多的免费店面模板，可以用来装修店铺。

（4）在"店铺管理"页面点击"店铺动态"图标，可以上传直播卖货的短视频，也可以上传宣传店铺或商品的图文。

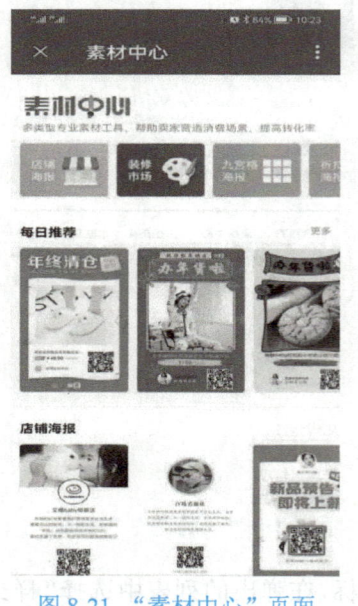

图 8-21　"素材中心"页面 　　　　图 8-22　"微店秀秀"页面

2. 客户管理

登录微店店长版 App 后,点击"客户管理"图标,即可进入"客户管理"页面。"客户管理"功能是店铺的客户维护系统,在此板块中可以看到浏览过店铺商品或已经下单的用户,也可以给用户发送优惠券做进一步沟通,促成交易或复购,还可以建立用户群,增加用户黏性,做后续的推广活动。

3. 商品管理

登录微店店长版 App 后,点击"商品管理"图标,即可进入"商品管理"页面。"商品管理"功能是微店里最重要的功能之一,如图 8-23 所示。在此板块中,利用"添加商品"功能可以上货;利用"分类管理"功能可以给商品进行分类,相当于商场的货架;点击每个商品可以修改价格;点击"分享"按钮可以导出带购买链接或店铺二维码的广告图,并可一键转发至微信。

4. 订单管理

登录微店店长版 App 后,点击"订单"图标,即可进入"订单管理"页面,如图 8-24 所示。在该页面中可以查看"进行中""已完成""已关闭"3 种状态的订单,详细了解订单情况。对于"进行中"的订单,还可以查看"待发货""待付款""已发货""退款/售后""待回访"5 种状态,能够迅速了解订单的状况。

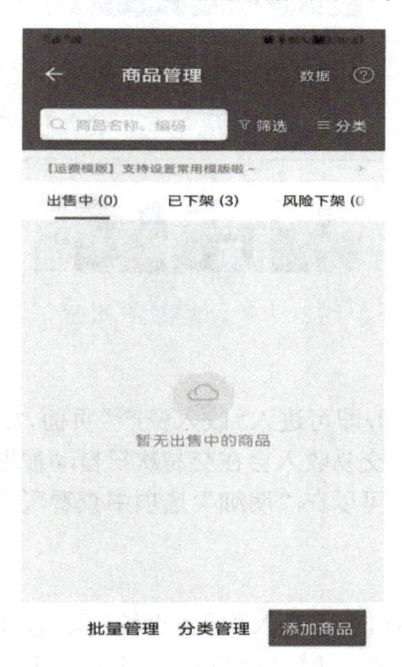

图 8-23 "商品管理"页面　　　　图 8-24 "订单管理"页面

5. 数据分析

登录微店店长版 App 后,点击"数据分析"图标,即可进入"数据分析"页面,系统可自动生成表格,包括客户、商品、交易、口碑等项目。通过表格可以实时、直观地看到本店访客、支付人数、支付订单数及支付金额。

6. 营销推广

登录微店店长版 App 后,点击"营销推广"图标,即可进入"营销推广"页面,系统提供了很多推广手段和工具，有免费的，也有付费的，包括打折工具、新客成交、老客复购、裂变拉新、客户运营、特色工具、我要分销、线下工具 8 个项目，每个项目里又有很多促销活动方式，如满减、折扣券、优惠套餐、第二件半价等，如图 8-25 所示。

7. 大咖带路

登录微店店长版 App 后，点击"大咖带路"图标，即可进入"大咖带路"页面。"大咖带路"是微店的货源系统，如果自己没有货源，可以在这里找到海量的优秀商家，分销其商品，如图 8-26 所示。

图 8-25 "营销推广"页面　　　　图 8-26 "大咖带路"页面

8. 收入资产

登录微店店长版 App 后，点击"收入资产"图标，即可进入"收入资产"页面，如图 8-27 所示。在该页面中，店主可以绑定相应的银行卡，交易收入会在交易次日自动被提取到绑定的银行卡中，一般在 2 个工作日内到账。店主也可以在"明细"选项中查看账户具体的交易流水信息。

9. 服务市场

登录微店店长版 App 后，点击"服务市场"图标，即可进入"服务市场"页面，如图 8-28 所示。该页面中提供了一些相关 App 和小程序链接，如短信营销、多平台一键、抖音引流宝、抽奖引流宝等。

10. 供销管理

登录微店店长版 App 后，点击"供销管理"图标，即可进入"供销管理"页面，如图 8-29 所示。供销管理是微店的分销系统，店主可以把商品设置成分销代理（最多 2 级）。在"供销管理"页面中依次点击"分销商管理"→"一级分销商"→"授权一级分销商"，然后录入分销商店长手机号即可。

图 8-27 "收入资产"页面　　图 8-28 "服务市场"页面

11. 社区

登录微店店长版 App 后，点击"社区"图标，即可进入"社区"页面，如图 8-30 所示。社区功能是店长交流和学习的平台。其中，"商学院"栏目里有很多免费的课程，店主或创业者可以多关注。

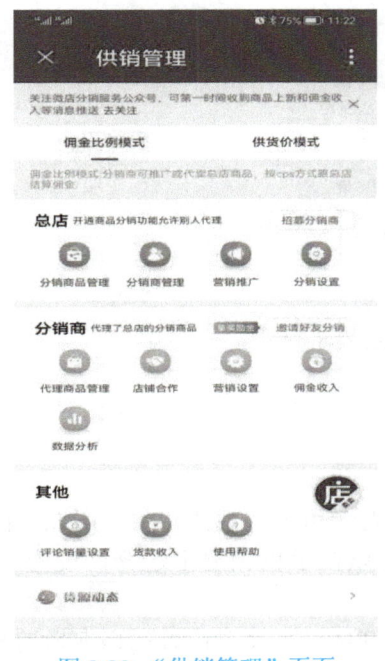

图 8-29 "供销管理"页面　　图 8-30 "社区"页面

8.2.2 微店店长版 App 的常用设置

1. 店铺设置

了解微店常用的一些基本功能之后，店主便可以进行店铺的具体设置。在微店常用设置中，店主可以根据自己店铺的实际经营特点及商品本身的特点，设置店铺名称、Logo、微信号、店铺公告、运费等。

（1）设置店铺名称。

在"互联网+"时代背景下，越来越多的人加入微店创业大潮中。一个别出心裁的名字总能令人过目不忘。店铺取名要凸显店铺优势、标明店铺特色、迎合买家消费心理，可以使用诗词歌赋创建有品位的店名，也可以用知名网店热点字眼提升记忆力或影响力。

① 在注册完微店店长版后，就可以创建店铺了，需要输入店铺名称并设置店铺 Logo。

② 在操作过程中，也可以修改店铺名称。在主页面中，点击店铺名称后会打开"店铺资料"页面，可进行店铺 Logo、名称等设置，如图 8-31 所示。

图 8-31 编辑店铺资料

（2）设计店铺 Logo。

店铺 Logo 是店铺的形象，会在第一时间给消费者留下直观的印象。所以，微店商家必须重视店铺 Logo 的设计，可以现场拍摄，也可以在手机相册中选择，设置店铺 Logo 的操作步骤如下。

① 在"微店信息"页面中点击店铺 Logo，打开选项列表，可以选择现场拍照，也可以从手机相册中选择相应的图片作为店铺 Logo，如图 8-32 所示。

项目 8　微店搭建

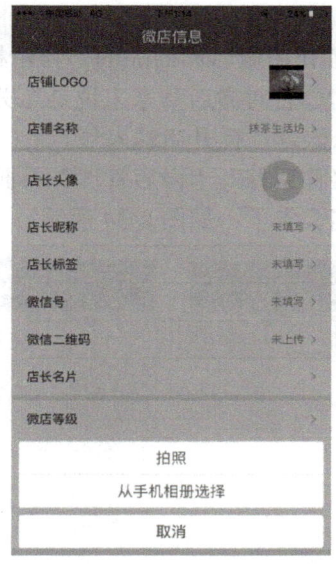

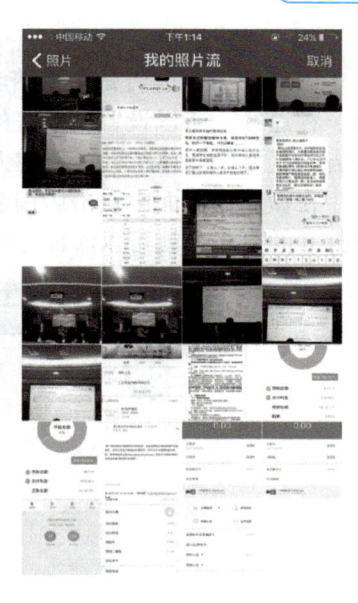

图 8-32　设置店铺 Logo

② 找到合适的图片之后，点击图片，就会打开"修剪照片"页面，可以用手指按住方框中的图片进行位置拖曳。

③ 点击"选取"按钮，即可成功完成店铺 Logo 设置。

（3）设置微信号。

在"微店信息"页面中选择"微信号"，打开"微信号"页面，可以输入自己的微信号，如图 8-33 所示。设置好微信号后，消费者就可以通过微信主动和微店商家联系了。

微店商家也可以点击"在微信中点亮微店"，使微信好友快速找到自己的微店。

图 8-33　设置微信号

221

(4) 设置店铺公告。

微店的店铺公告是向消费者介绍微店和商品的"告示板",同样也是消费者了解微店的一种途径,所以设置一个好的公告对微店商家来说是至关重要的。微店商家在设置微店公告时既要简单精练,又要博人眼球,提升店铺人气。

在微店主页面中点击店铺名称后打开"微店管理"页面,接着点击"店铺公告"图标,在打开的页面中就可以添加店铺公告了,如图8-34所示。

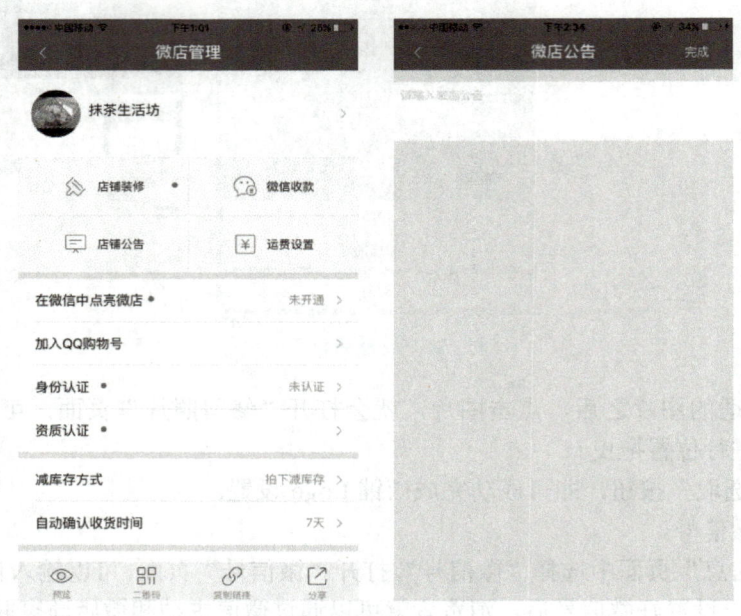

图8-34 设置店铺公告

(5) 设置运费。

在微店主页面中点击"店铺管理"图标,打开"店铺管理"页面,点击"交易设置",在打开的列表中选择"设置运费",就可以设置相应的运费了。系统提供"非偏远地区包邮"和"默认运费"两个模板,商家可以点击"编辑"按钮,修改对应的模板,使其符合自己的运费标准,如图8-35所示。在修改模板时,点击"选择地区",可以根据事先制定的运费标准灵活地选择相应的省市。选择省市后,再输入具体的商品运费,最后点击"完成"按钮,运费设置就完成了。

2. 店铺装修

微店和实体店一样,整个框架弄好之后,需要对店铺进行适当装修,给消费者一个良好的购物环境,让他们在打开店铺首页的时候眼前一亮,从而增加微店在消费者心中的好感。下面介绍微店店铺装修的具体操作步骤。

(1) 打开微店店长版App主页面,点击"店铺管理"图标,打开"店铺管理"页面,接着点击"装修市场"图标,在打开的"装修市场"页面中点击"店铺装修"图标,打开"店铺装修"页面,如图8-36所示。

(2) 点击店铺名称右侧的"编辑"按钮,打开"编辑店招图片"对话框,可以修改店招图片及尺寸,如图8-37所示。可以从微店素材中心和手机相册中获取图片素材,也可以现场拍照,点击"完成"按钮后新店招图片即可显示在微店首页。

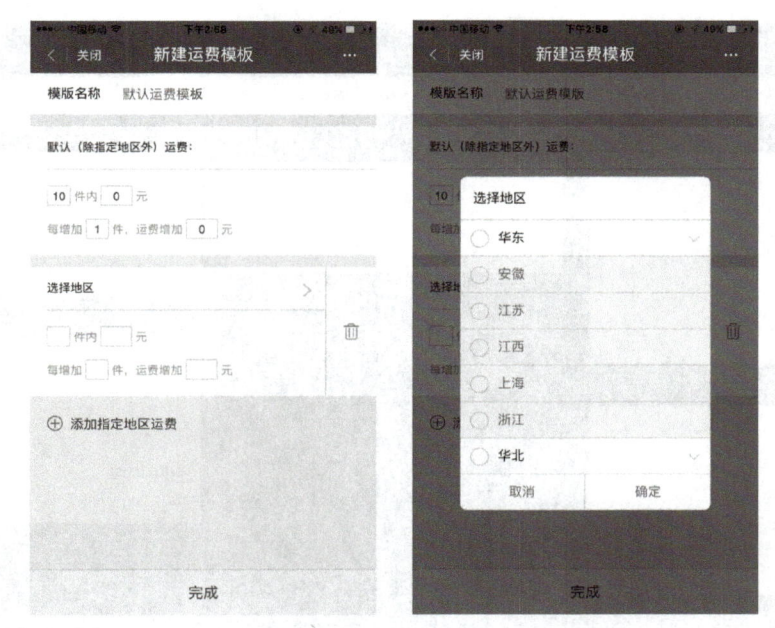

图 8-35 默认运费模板

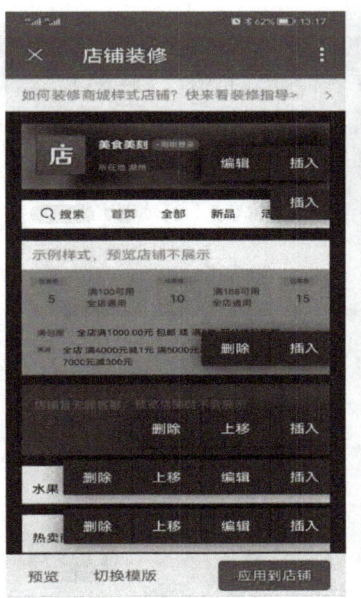

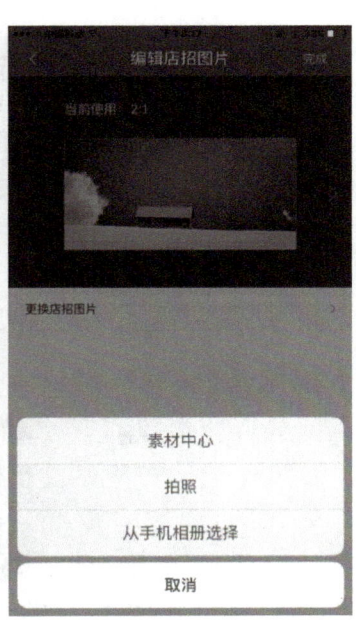

图 8-36 打开"店铺装修"页面 图 8-37 "编辑店招图片"对话框

（3）在"店铺装修"页面中点击任意一个"插入"按钮，可以在微店主页面导入更多的信息，包括店铺信息、导航、广告、推荐商品、搜索、店长笔记等，使微店主页面的内容更加丰富，如图 8-38 所示。商家可以免费使用微店中的"排版君"工具制作商品详情图、二维码海报、店铺 Logo、微店店铺招牌、轮播广告等，如图 8-39 所示。

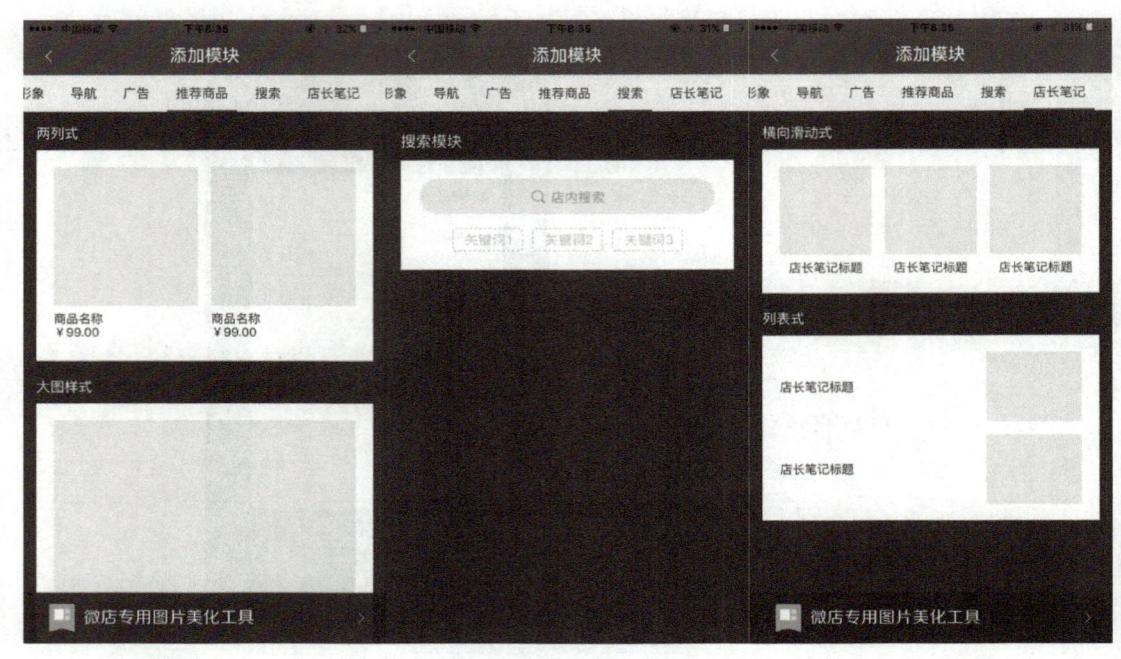

图 8-38 导入更多的信息

图 8-39 "排版君"工具

（4）点击热卖商品右侧的"编辑"按钮，可以选择热卖商品的展示方式，从"两列样式""大图样式""详细列表"3 种方式中选择一种，还可以按照上架时间或商品分类选择排序规则，如图 8-40 所示。

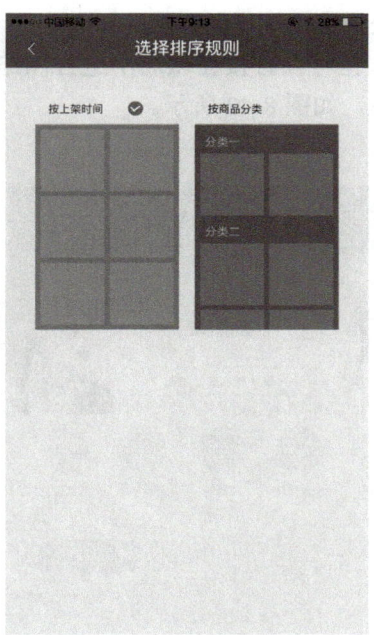

图 8-40　设置商品的展示方式

8.2.3　微店商品来源

微店开设门槛低、方法简单，为有创业梦想的个人铺垫了成功的基石。一家微店从注册成功到慢慢做大，除商品价格要有优势外，商品质量也要有保证。对于微店商家而言，想要做到这一点，就必须找到合适的货源。

1. 批发市场

批发市场是一个普遍的进货渠道，商品的价格相对比较低，但是很多批发市场的商家不和小商家合作。微店新手在还没有决定销售什么商品的时候，不妨去大的批发市场转一转，也许能找到满意的商品。

2. 阿里巴巴

微店商家可以在阿里巴巴上寻找商品供应商，也可以发布求购信息，等待供应商和自己联系，如图 8-41 所示。对于微店新手而言，阿里巴巴上的供应商提供的一件代发服务是相对比较经济和实用的。微店商家可以将阿里巴巴上的供应商销售的商品发布在自己的微店中，当消费者在微店中下单后，微店商家只需要在阿里巴巴上将商品加入进货单，即可直接发货给微店消费者。

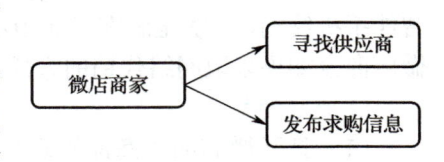

图 8-41　微店商家寻找商品的方法

3. 网络代销

网络代销，即在网上展示其他商家提供的商品、商品宣传资料，消费者购买之后由其他商家给买家发货，代销者赚取中间的差价。网络代销也是人们越来越看中、使用越来越多的一种微店经营方式。网络代销能够为微店商家免除存货和商品管理的麻烦，还可以让微店商家轻松赚取中间差价，其中阿里巴巴一件代发也属于网络代销的一种方式。

微店商家也可以直接在微店中进行网络代销，在微店主页面中点击"货源"，即可选择代销的商品，如图8-42所示。

图8-42 选择"货源"代销

8.2.4 微店商品发布

微店商家找到适合自己的商品之后，就可以在微店上发布商品了。微店商家可以通过智能手机终端、平板电脑在微店中添加具体的商品信息，也可以批量导入商品信息。当然，微店商家如果采取网络代销的方式，可以直接在微店上分享商品。

1. 添加商品

（1）打开微店的"商品管理"页面，点击"添加商品"按钮，如图8-43所示，即可在打开的页面中添加商品信息。

（2）商品的图片或视频可以使用手机拍摄，也可以直接从手机相册中选择，最多上传15张图片。

（3）微店商家可以具体描述商品的卖点，输入商品价格、库存及商品型号信息，如图8-44所示。在设置库存信息时，微店商家需要注意，输入的库存数要比实际库存数多一两件，因为消费者只要提交订单，哪怕没有付款，库存也会相应减少。

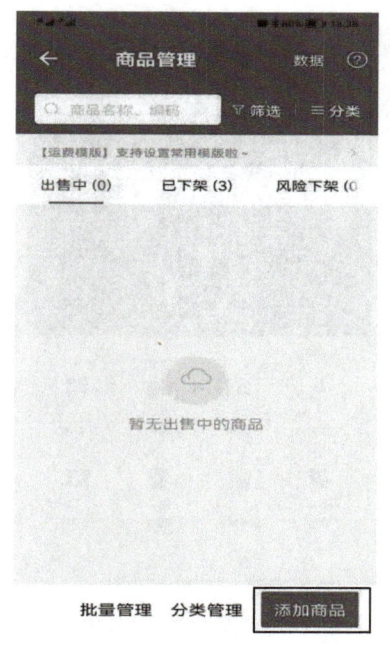

图 8-43　点击"添加商品"按钮

图 8-44　添加商品信息

（4）点击"商品图文详情"，在打开的页面中可以对微店中商品的详情页进行更加具体的描述。可以在图片之间插入宣传商品卖点的文字、视频、优惠券等内容，如图 8-45 所示。

图 8-45　编辑商品图文详情

2. 商品分类管理

在微店里添加的商品太多，就会难以管理。微店商品过多，消费者想要找到自己希望购买的商品需要花费的时间就多，这个过程大大降低了消费者的购买积极性，甚至有的消费者会放弃购买。所以，微店商家要对自己店铺的商品进行合理分类。

（1）打开微店的"商品管理"页面，点击"分类管理"图标，弹出"分类"页面，如图 8-46 所示。

（2）点击"添加分类"按钮，会弹出"添加分类"对话框，如图 8-47 所示。输入分类的名称，点击"确定"按钮，即可成功设置店铺的一个商品大类。

图 8-46　"分类"页面　　图 8-47　"添加分类"对话框

（3）添加完商品大类后，点击"添加子分类"按钮，会弹出"新建子分类名称"对话框，输入分类的名称，点击"完成"按钮，即可成功设置店铺的一个商品大类下面的多个子分类，如图 8-48 所示。

图 8-48　点击"添加子分类"按钮

任务 3　微店营销推广

8.3.1　微店推广工具

1. 微信公众号

每个人和每家企业都可以建立一个微信公众号，实现各种方式的营销，比如语音、视频、群消息等。想让你的微店家喻户晓，就可以借助微信公众号。可以在微信公众号的底部菜单栏做微店链接，也可以在群消息推广中植入微店宣传广告，这些途径都是利用微信公众号可以实现的灵活、有效的推广手段。

2. 微信个人账号

现阶段人们主要使用微信个人账号进行社交。因此，微店商家必须重视微信个人账号的推广，只要方法得当，就能获得意想不到的效果。

（1）好友推广。可以和自己微信中的好友进行私聊，根据好友的兴趣、消费偏好及性格特征，针对性地宣传自己的商品和店铺。

（2）朋友圈推广。微店商家不要总是在朋友圈中发布商品和店铺信息，容易引起好友的反感，应多发生活上和工作上的感想和感慨，展示自己开心或不开心的一面，引起大家的关注。多发和自己商品相关的一些干货信息，吸引好友主动咨询。

（3）使用漂流瓶。微信个人账号有一个"漂流瓶"功能，它有两种玩法。第一种是"扔漂流瓶"，用户可以选择把装有语音或文字的"瓶子"扔进"大海"中，假如有用户捞到你抛出去的瓶子，那么他就能打开瓶子并与你对话。第二种是"捡漂流瓶"，你可以去捞别人抛出的瓶子，捡到之后可以看到消息并回复，以此建立对话关系。微店商家可以利用"漂流瓶"功能宣传和推广自己的店铺及商品。

（4）群聊。微店商家可以将有购物倾向的消费者拉到一个群里，进行长期的客户维护，以达到良好的宣传效果。

3. QQ 推广

目前，虽然使用 QQ 的人数有所下降，但是 QQ 使用人群的基数还是非常庞大的。假如微店商家能够借助 QQ 这个社交软件推广自己的微店，向好友传递商品信息和折扣优惠信息，也会得到满意的推广效果。

（1）QQ 空间。在 QQ 空间中推送商品和店铺信息时，广告发布的频率要适度，控制在人们能容忍的范围内。广告的内容要有创新，不要千篇一律，否则会让好友产生审美疲劳。

（2）QQ 个性签名。通过个性签名，可以向好友展示自己的个性或心情。对于微店商家来说，QQ 签名是一个推广自己微店的"窗口"，利用得好，就能有效推广微店。QQ 个性签名的位置很好找，昵称下面的一行就是，如图 8-49 所示，点击一下，就可以输入想要呈现给好友的内容。

图 8-49　QQ 个性签名

（3）QQ 群。可以邀请朋友或有共同兴趣爱好的人加入 QQ 群，一起聊天，关注某个话题。当然，除聊天外，QQ 群还有群空间服务功能，用户可以使用群视频、群文件等进行交流，也是微店推广的一个有效方法。

微店商家可以申请群，添加 QQ 群成员。在添加群成员时尽可能添加对商家商品感兴趣或与微店商品有关联的成员，同时也可以将亲戚朋友拉进群，这样大家会有共同的话题，推广起来比较容易。

4. 微博推广

微博作为主要的社交和信息发布平台，是微店开展推广的主要"阵地"。在微博中，要用内容来吸引粉丝，当粉丝数量达到预期之后，就可以每天在微博中推广自己的微店了。

5. 论坛推广

微店商家想要在论坛上推广自己的微店，不能乱撒网，否则既耗时耗力，又没有成效。微店商家应该根据自己微店经营的商品类型选择性地在相关论坛上进行推广，比如经营母婴用品的商家可以专门在一些育儿类论坛上进行推广，经营体育用品的商家可以在一些运动类论坛上推广。这样一来，微店和论坛就有了共性，商家发起的话题能够最大限度地获得关注，推广的效果也会相对较好。

发布个性帖或内容帖，积累人气。微店商家注册成为论坛会员之后，先要熟悉论坛的各个版块，了解活跃帖子，进行回复交流，积累一定的人气。同时，微店商家也可以发布个性贴或内容贴，想办法成为论坛中的专家或活跃人物，继而推广自己的微店，这样别人点击微店链接的可能性就变大。

6. 跨界推广

跨界推广就是找一个或多个与自己的店铺有互补性的商家，通过彼此的合作，让消费者得到一种更加愉悦的购物体验。

小文经营着一家母婴用品微店，为了更好地推广微店，提升微店的人气，她决定联合其他行业的微店进行跨界推广。多方考察之后，小文决定和一家音像微店合作，只要在小文微店内购物满 50 元，就可以在合作的音像微店八折购买智力开发音像品一份。同样，在音像微店购物满 50 元，就可以在小文微店八折购买一件商品。这样一来两家微店都实现了销量和利润的增长。

跨界推广就是微店双方实现双赢的推广方式，注意在选择跨界伙伴的时候，要考虑自身和对方在品牌、实力、营销思路、消费群体、市场地位方面是否具有共性和对等性。

8.3.2 微店推广技巧

1. 打造爆款

所有的微店商家都希望自己能够打造出爆款，通过爆款增加微店流量，但是能够做出爆款的商家少之又少。要想打造爆款，除选对商品外，还应该坚持以下 3 大竞争策略。

（1）差异化的竞争策略。微店商家如果在价格上不占优势，就要在商品上进行突破。微店商家可以经营在实体店买不到的商品，做到"人无我有、人有我精"，这样消费者也会乐于购买。

（2）成本领先策略。爆款相对于同类商品，一般会在价格上有很大的优势。比如，小米手机爆款相对于同样配置的其他品牌手机价格更低，其超高的性价比更容易吸引消费者的眼球。所以，微店商家在选择商品的时候，必须着眼于商品的成本，看商品性价比是否能够博人眼球。

（3）创新策略。对于微店商家而言，在商品选择上基本上都是大同小异的，认为熟悉的商品做起来会相对容易一些。微店商家可以从熟悉的商品入手，进行专业化的创新，比如你有绘画方面的天赋，就可以选择艺术类商品打造爆款。

2. 免费策略

免费是吸引消费者关注、提升人气的销售策略。消费者存在求廉的心理，对带有"免费"字眼的信息会比较敏感，所以微店商家可以利用消费者的这种心理展开推广。

（1）加入免费试用环节。微店商家可以选择一个试用推广的平台——试用中心或试客联盟。微店商家可以在这两个平台上发布"免费试用"活动，吸引消费者的关注。通过试用，给店铺带来人气，引入流量，同时也能够使消费者了解店铺中的商品。

（2）开启免运费模式。微店商家可以经常做一些店铺活动。在活动期间，商家可以优惠到底，将所有商品的运费全都免掉。活动商品的价格优惠再加上免运费，双重大礼之下，消费者势必觉得捡了一个大便宜，会积极选购自己喜欢的商品。

（3）免费抽奖。微店商家可以根据自身的情况，选择性地举办抽奖活动。有3种形式：一是每天免费抽奖，设置一些小玩偶、小饰品等提升微店的人气；二是购物满一定数额即可抽奖，利用消费者的"逐利"心理，帮助微店提升销售额；三是将福彩搬到微店。

3. 多元化服务

微店商家向消费者提供的服务越多越全面，消费者感受到的增值服务就越多，购物体验就越好。这样一来，消费者也会被微店的多元化服务所吸引，成为微店的忠实顾客。

（1）服务全面。微店商家要为消费者的咨询提供尽可能快且多的解决方案。如果能给消费者提供简单的娱乐，让微店带有娱乐性功能，那么就能更好地吸引消费者。比如"叫个鸭子"微店一夜之间火爆朋友圈，就是因为其娱乐性带来的轰动。

（2）个性化服务。个性化服务就是以人为本，为消费者提供优良的、针对性的服务，从而提升消费者购物的满意度。现阶段，有个性化服务的微店主要提供一些情感、哲理、美食、旅游方面的信息，供消费者休闲时阅读。

（3）粉丝经济。对于微店商家而言，想要最大限度地将粉丝转换为红利，就必须学会和粉丝打交道，拉近与粉丝之间的距离。要及时回复粉丝的咨询，了解粉丝的期望，根据粉丝的期望不断自我完善，树立口碑。尤其要重视粉丝中的"消费者领袖"，因为他们能产生巨大的经济效能，帮助商家顺利开展口碑营销。

📞 同步阅读

哈爸微店，日进三万三千元

熟悉微店的人对"哈爸"这个名字可能并不陌生，其微店如图8-50所示。2021年2月24日，做微店不到两个月的哈爸，其微店当天的营业额就达到了33152.5元。第二天，由于买家众多，不到下午两点，商品就已卖断货，不得不下架，仅这天上午，哈爸微店的销售额就达到了14637.5元。

哈爸原名余春林，曾是某门户网站图书频道的一位负责人，之后专职做自媒体，最后成功地做起了微店生意，销售经典绘本。其实，从履历来看，哈爸并没有什么特别之处，甚至可以说很普通。可是，为什么他的微店获得了如此巨大的成功呢？或许有人会说，哈爸一定有一颗精明的商业头脑，哈爸却自称自己并不是一个生意人。这样的回答更加重了人们心中的疑惑，一个不是生意人的普通人竟然可以把微店做得如此出色，他的秘诀到底是什么呢？

1. 通过内容发展粉丝

哈爸获得成功最重要的原因之一就是他很注重粉丝的质量。最开始，他只是单纯地用心经营着自己的微信公众号，通过发布关于亲子教育和婚姻家庭的音视频、绘本内容及相关文章，建立、发展着自己的妈妈粉丝群。

在哈爸眼里，内容不一定非要原创，只要能够为粉丝带来价值就是好内容。同时，哈爸还不断调整内容，结果只用了一年的时间，就让自己的粉丝数量达到了3万多人。

2. 展示自己，与粉丝建立良好关系

在哈爸眼里，阅读内容很重要，但与粉丝建立关系更重要。哈爸认为，通过微信公众号与粉丝建立关系的关键就在于真诚和用心。哈爸通过"闲谈"展示自己，与粉丝形成了

良好的互动关系。

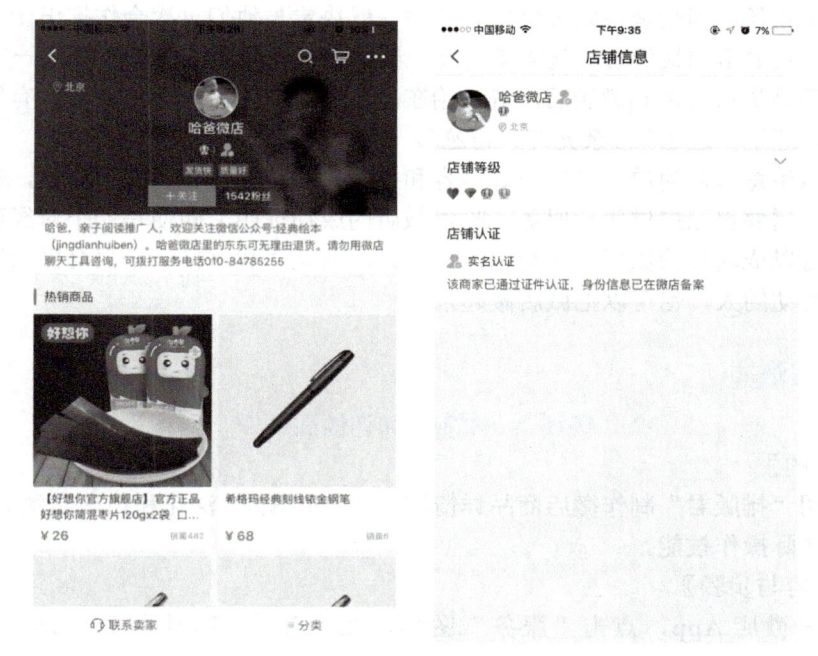

图 8-50　哈爸微店

那么,哈爸到底是怎样与粉丝建立关系的呢?哈爸认为,很多时候微信内容可以很简单,不一定非得是文章,几句简单的闲谈或许就能展示自己的"人格魅力",闲谈的形式也不必拘泥,可以是文字、图片,也可以是语音。另外,哈爸认为还可以展示自己的专业(长处),他曾在教育机构工作过,在儿童阅读方面有一些见解,这也为他日后成功营销儿童绘本埋下了伏笔。

3. 经营粉丝想要的东西

在卖什么商品的问题上,哈爸尝试过很多,但绕来绕去最终还是回到了童书绘本这个领域。原因就在于,哈爸觉得自己应该销售粉丝想要的东西,只有以广大粉丝的需求为出发点,微店才能发展起来。事实证明,哈爸的选择是非常明智的。

在确定了卖什么商品之后,剩下的就是怎么卖的问题了。刚开始,哈爸只是在自己的微信公众号上卖书,从推荐、联系到快递、转账,卖出一本书需要做很多复杂的工作。尽管操作过程很烦琐,但哈爸的销售成绩还是很不错的,而且在这个过程中获得了广大粉丝的信任,为他日后成功做微店打下了坚实的基础。

4. 与商家合作,做自己擅长的事

哈爸在微信公众号上卖书的时候就一直在寻找合适的手机开店平台,他尝试过淘宝网、皮皮商城等众多网店平台,但都被过高的门槛挡在了门外。最终,哈爸在粉丝的建议下,选择了口袋购物推出的"微店"手机应用,这是一款简单、易操作而且没有门槛的手机应用。上线仅仅一周,哈爸微店的交易额就达到了两万元。

在哈爸看来,粉丝在很多方面都发挥着至关重要的作用。经过与粉丝频繁互动,哈爸了解到粉丝非常认同汪培珽和廖彩杏推荐的英文书单,而该书单的阅读率和转发率都很高,很多粉丝都想购买。于是,哈爸开始寻找货源,并想到了天猫店。之前,哈爸在微店里销

售过天猫店的英文书,粉丝在哈爸的微店下单,哈爸将收件人信息和书款交给天猫店,由天猫店发货给粉丝。当哈爸得知天猫店有货源,就决定与他们再次合作推出团购活动,由天猫店定价,只要全网最便宜,就算是便宜一毛钱也行。当然,哈爸要抽取一定的佣金。

哈爸把商品资料上传到微店后,就开始在自己的微信公众号上做推广,有很多粉丝抢购,于是便创造了日进3.3万余元的"奇迹"。

用微店做生意非常简单,只需做好内容和推荐,不需要进货、管理库存,也不需要发快递,甚至不需要自己提供售后服务。哈爸微店的成功证明:即便是一个对经商没有深入研究的人也可以成功经营微店。用哈爸的话来说,就是"我这样一个只会做内容,但愿意与粉丝用心互动的人,也可以把微店做起来"。[1]

同步实训

实训1 微店商品详情图制作

〖实训目的〗

通过使用"排版君"制作微店商品详情图,进一步巩固、深化和拓展学生的理论知识,提升学生的实际操作技能。

〖实训内容与步骤〗

(1)登录微店App,点击"服务"图标,在打开的页面中找到"排版君"功能,如图8-51所示。

图8-51 找到"排版君"功能

(2)点击"排版君"图标,在打开的页面中提供了多种功能,包括商品详情图制作、二维码海报设计、店铺Logo制作、微店店铺招牌制作等,如图8-52所示。

(3)点击"商品详情图",在打开的页面中可以看到许多模板,选择一个适合自己商品的模板,如图8-53所示。

---

[1] 资料来源:中国店网。经作者改编。

项目 8　微店搭建

图 8-52　"排版君"页面　　　　图 8-53　商品详情图模板

（4）选择模板之后，就可以对模板进行编辑了。上传商品的图片，编辑商品的卖点，如图 8-54 所示。

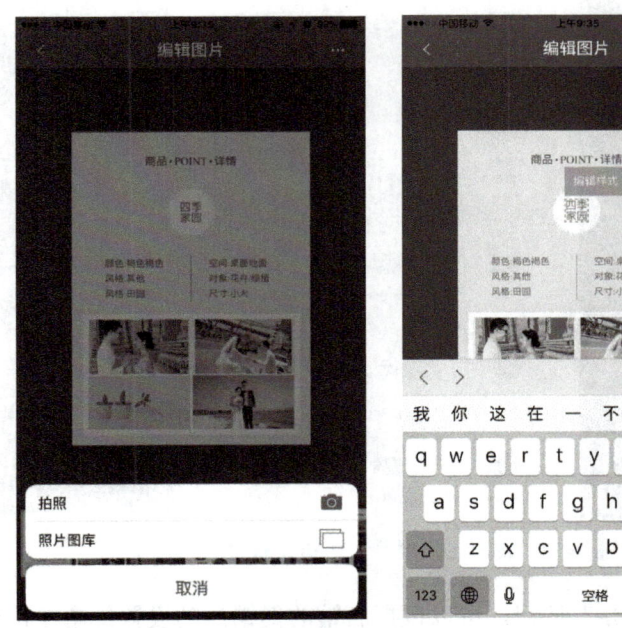

图 8-54　编辑模板

（5）把编辑完成的属于自己商品的详情图保存在相册中，在商品发布的时候上传到自己的店铺。微店商家针对一件商品，可以制作多个详情图，最终形成一个完整的商品详情图。

235

〖实训提示〗

使用"排版君"还可以进行海报二维码、店铺 Logo、店铺招牌、轮播广告等的设计与制作，可以多去尝试。

〖思考与练习〗

请用"排版君"制作一个商品详情图，并回答下列问题：

（1）商品详情图的作用是什么？

（2）一个好的商品详情图应该包含哪些内容？

（3）商品详情图的制作应该注意哪些问题？什么样的商品详情图最能吸引消费者的眼球？

实训 2　微店店铺优惠券制作

〖实训目的〗

通过制作店铺优惠券，使学生进一步了解微店店铺的功能，提升学生推广微店的实际操作技能。

〖实训内容与步骤〗

（1）登录微店 App，点击"推广"图标，在打开的页面中找到"优惠券"功能。点击"优惠券"图标，在打开的页面中可以添加优惠券，如图 8-55 所示。

图 8-55　找到"优惠券"功能并添加优惠券

（2）点击"添加优惠券"按钮，可以根据店铺的促销活动设置优惠券，如优惠券的使用条件、有效期、适用范围等。

（3）设置完成之后，点击"添加完成"按钮，在弹出的提示框中点击"确定"按钮，就生成了自己微店的优惠券，可以进行链接分享、二维码分享等操作，如图 8-56 所示。

项目 8　微店搭建

图 8-56　设置优惠券

〖实训提示〗

微店营销工具是微店推广的手段之一，是可以有效提升微店名气、引入外部流量的方式，但是必须确保消费者真实地感受到优惠。

〖思考与练习〗

设计微店的优惠活动，并回答下列问题：

（1）你在微店推广中可以免费使用哪些营销工具？

（2）你认为在自己的微店中可以设置哪些优惠活动？哪种优惠效果比较好？

项目小结

手机微店并不是单指一个店铺，它囊括了一类手机开店软件，是一种手机端电子商务的模式，包括微店、微信小店、京东微店、有赞、微猫等。目前微店还处于"崭露头角"的阶段，是有待创业者开发的全新"大陆"。每个人都可以使用手机等移动设备开店，并且无须走传统电商各种复杂的操作流程，低门槛使得所有创业者都能轻装上阵。

想要成为一个成功的微店商家，需要掌握一定的开店方法和营销技巧。

任务布置

参考欧诗漫天猫旗舰店的商品分类与布局，在微店模拟上架欧诗漫商品，并进行店铺装修。

学生活动

内容要素 1：_____

内容要素 2：_____
内容要素 3：_____
内容要素 4：_____
内容要素 5：_____
内容要素 6：_____

请将作品转换成二维码，粘贴在右图方框中

温馨提示：根据移动互联网新技术、新平台的发展，本教材提供最新符合该项目或与工作岗位相适应的任务布置，将实践教学内容同市场需求对接，可扫描二维码获取。

能力测评

考评人		被考评人				
考评地点		考评时间				
考核项目	考核内容	分值	教师评分 50%	小组评分 40%	自我评分 10%	实际得分
	1. 具有微店搭建的要点	15				
	2. 店名和 Logo 有创意	15				
	3. 店铺装修具有一定特色	10				
	4. 店铺内容能体现思政元素	10				
	5. 进行商品发布和运营	10				
	6. 能够多渠道推广商品	15				
	7. 能处理订单管理中的多种情况	15				
	8. 编排工整，格式符合要求	5				
	9. 表达流畅，无错别字	5				

同步测试

1. 单项选择题

（1）微店作为科技时代的产物，它的兴起表明（   ）。

　　　　A. 微店比淘宝网更符合社会需求　　　　B. 微店代表了更高生产力水平
　　　　C. 科技进步可以促进大众创业　　　　　D. 企业微型化是未来发展趋势
　（2）微店本质上属于（　　）的范畴。
　　　　A. 移动电子商务　　B. 通信技术　　　C. 无线通信　　　D. 网络技术
　（3）下列哪个工具或网站可以制作微店商品详情图？（　　）
　　　　A. 草料网　　　　　B. 互动大师　　　C. 站长工具　　　D. 排版君
　（4）以下哪个不是微店的特点？（　　）
　　　　A. 低成本甚至是零成本　　　　　　　　B. 依托自媒体营销
　　　　C. 获利快　　　　　　　　　　　　　　D. 传播速度快
　（5）在微店发布商品时，最多只能添加（　　）张商品图片。
　　　　A. 5 张　　　　　　B. 10 张　　　　　C. 不限　　　　　D. 15 张

2. 多项选择

（1）下列属于微店平台的是（　　）。
　　　A. 京东微店　　　　B. 微猫　　　　　　C. 有赞　　　　　D. 微信小店
（2）下列属于微店模式特点的有（　　）。
　　　A. 为买卖双方进行网上交易提供信息交流平台
　　　B. 为买卖双方进行网上交易提供一系列配套服务
　　　C. 用户数量多，身份复杂
　　　D. 交易次数少，但成交额较大
（3）下列属于微店基本设置的有（　　）
　　　A. 订单管理　　　　B. 收入统计　　　　C. 销售管理　　　D. 客户管理
（4）微店可以通过（　　）渠道进行营销活动。
　　　A. 微信　　　　　　B. QQ　　　　　　　C. 微博　　　　　D. 论坛
（5）微店店内活动包括以下哪几种？（　　）
　　　A. 聚划算　　　　　B. 限时折扣　　　　C. 满减活动　　　D. 优惠券

3. 分析题

（1）微店平台有许多，包括微店、有赞、京东微店及微猫等，选取其中 3 个微店平台，对其模式进行对比分析。

（2）关注一个你所喜欢的微店，分析其微店推广技巧。

项目 9

直播营销

项目重难点

直播营销的团队配置；主播的人设打造与话术设置；选择合适的平台进行直播营销。

课程思政

思政目标	引导和培养学生在直播营销过程中树立法律意识
思政主题	遵纪守法、诚信经营
思政元素	诚信品质、依法守信

思政推进		
项目前	项目中	项目后
通过正反面案例的导入，根植开展直播营销应具备的合法合规意识	在课程教学中以研讨和互动的方式将法律法规、案例分析全面渗透进教学内容	掌握直播营销中的法律法规体系，明确了解直播营销中的法律风险

思政成效	（1）较好地培养学生的法律意识。 （2）增强法律意识，课间交流互动明显增加，课堂学习氛围浓厚。 （3）能将法律法规融入任务作品中，通过课程实践提升合规意识，能分析实际直播营销中的风险点

项目导图

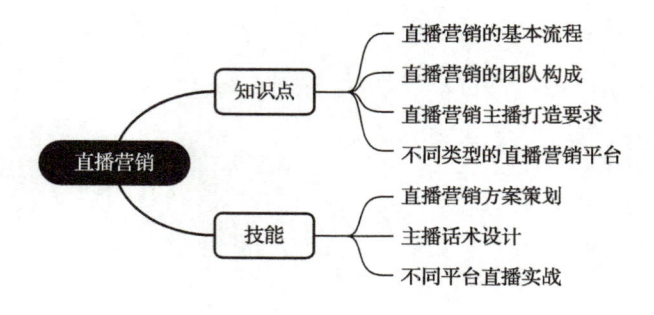

直播营销
- 知识点
  - 直播营销的基本流程
  - 直播营销的团队构成
  - 直播营销主播打造要求
  - 不同类型的直播营销平台
- 技能
  - 直播营销方案策划
  - 主播话术设计
  - 不同平台直播实战

项目 9　直播营销

引例

2021年10月21日,"双11"第一波预售落幕后,淘宝直播晒出了一份捷报:预售当日,两位超级主播一共创造了将近200亿元的销售额。

有数据显示,预售首日的直播结束后,李佳琦的直播间观看量达到2.5亿人次,能在当天"挤进"顶流直播间的近千款商品,无疑站在了流量的绝对高点。

如今,直播似乎已经成为"双11""6·18"等电商节的标配,比重逐年增加,甚至已经取代了传统的准点抢优惠券、折扣券、限量秒杀商品等活动与促销方式。

然而,一些每年都参与电商狂欢的网友却反映,直播购物形式虽然直观,但是在大量营销套路、平台规则的裹挟下,消费者要抢到真正划算的商品却越来越难——"蹲守"电商平台直播,反而成为一件特别累人的事情。

有媒体统计,从预售当天下午4点到晚上8点的4小时里,李佳琦共讲解了252款商品,平均57秒讲解一款商品。所以,用户看中的商品几十秒内就被淹没在了新上架的链接当中。

另外,即便直播间里出现了用户所需的商品,也不意味着用户能够抢到真正的实惠,"遇上没有预告商品价格的主播,在链接上架之后,用户还要抓紧时间对比全网价格,蹲守整整一晚直播之后才发现,要买的东西价格不划算,白让主播赚了流量"。

引例分析

网络直播营销也就是通常所说的直播带货,作为一种新兴商业模式和互联网业态,近年来发展势头迅猛。直播营销打破了传统营销活动的时间和空间限制,降低了单个用户的平均营销成本,通过强互动的场景丰富了用户的产品感知,刺激了用户的消费欲望,在企业营销闭环中释放出巨大的商业价值。

2020年中国直播电商市场规模达1.2万亿元,年增长率为187.0%,预计未来三年年均复合增速为58.3%,2023年直播电商规模将超过4.8万亿元。2020年直播电商在社会消费品零售总额的渗透率为3.2%,在网络购物零售市场的渗透率为10.6%,预计在2023年后者可达到24.3%。直播营销是一种营销形式上的重要创新,也是"以屏"为生的商业模式下带来的广告营销市场的增量。直播带货在每年的电商狂欢节中占比越来越大,而消费者对电商狂欢节、直播超级购等模式也日趋理性。

任务 1　认识直播营销与搭建直播营销团队

9.1.1　认识直播营销

如今,直播已经成为这个时代的代表行业,很多主流软件都增加了直播功能。似乎在一夜之间,直播行业成为风口,变得特别"火爆"。

随着直播行业的蓬勃发展，企业/品牌商也纷纷运用直播来开展营销活动，实现销售渠道的开拓和销售额的提升。直播营销就是指企业/品牌商以直播平台为载体进行营销活动，以达到提升品牌影响力和提高商品销量的目的。

1. 直播营销的优势

（1）即时互动。

直播具有良好的互动性，在直播过程中，企业/品牌商在向用户呈现营销信息时，用户也可以针对营销信息发言和互动，参与到直播活动中。用户在直播间互动后，可以获得即时反馈，主播也可以通过用户在直播间的真实情绪快速做出反应，缩短用户的消费决策时间，实现营销效果最大化。与线下营销活动相比，直播营销可同时接待的用户数量远远超过线下场景，能在短时间内服务更多的潜在用户。

（2）场景多样。

直播营销完全可以将主播试吃、试玩、试用等过程直观地呈现在用户面前，更快捷地将用户带入营销所需场景，让用户直观地了解商品的使用效果，从而刺激用户的购买欲望。5G、VR、AI等技术的赋能让用户有了身临其境、实时互动的绝佳体验。直播场景+技术赋能愈发突破场地的界限，使走出室内成为直播营销的一大趋势，使"云看展""云赏花""云看房"成为一种潮流。

（3）营销效果好。

直播营销的商品价格很有吸引力，主播为了加强个人品牌效应，会最大限度地跟商家"砍价"，有的带货主播会与厂家直接合作，生产定制商品，直接与工厂砍价。低价使得大量用户涌入直播间购买商品，直播间的氛围也容易促进成交。在直播活动中，主播对商品的现场展示和介绍，以及直播间内很多人争相下单购买的氛围，很容易刺激其他用户下单购买商品。

2. 直播营销乱象和亟待解决的问题

（1）直播营销商品退货率高。

有调查显示，直播电商退货率达到30%～50%，而传统电商退货率为10%～20%。大量退货的现象在直播带货中比比皆是，几乎所有的品牌商都难逃退货的困境。退货率高的原因主要有以下两个。

- 商品与自身预期不符。

直播间的灯光、展示背景、拍摄角度及画面滤镜，都会对商品的外观产生很大影响。一些主播存在夸大宣传、虚假宣传的现象。这就导致用户在观看直播时看到的商品，与真实的商品可能存在差异。在直播间氛围的引导下，用户从产生购买欲望到做出购买行为，往往缺乏理性的思考。在收到商品之后，用户认为商品与自身预期不符，从而选择退货。

- 商品质量欠佳、售后服务不好。

很多直播间以"低价"为卖点吸引用户收看并消费。但是一味压价，影响了商品的质量和售后服务。根据相关调查，用户投诉的主要原因集中在商品质量、发货物流等方面。2020年，"快手"平台头部主播辛巴团队就因为燕窝虚假事件受到处罚。

（2）行业虚假繁荣。

直播行业的高速发展，吸引了众多资本进入，使得行业内部分领域出现了虚假繁荣的现象。

- 主播合作成本太高。

项目9　直播营销

头部主播具有极高的商业价值，其直播间的现场观看人数可达数百万人，在曝光量和短期促成交易的实力上遥遥领先。但是，头部主播在商品价格和佣金分成上也拥有较高的决定权。市面上的主播红人佣金大多在20%～40%，同时品牌商还需要付给主播商品上架费用，也可以称为服务费或发布费。对于商家而言，成本负担非常大。

● 虚假流量。

为了提高直播间热度，很多直播间使用程序刷人气，或者大量刷单提高成交量，事后再退款。尤其是对于小主播而言，需要通过虚假的数据，营造出高人气假象，这几乎成为直播带货行业的"潜规则"。

（3）直播过程不可控。

直播营销具有"不可剪辑""不可重录""实时传递"的特点，是直播作为一种营销手段的独特优势，同时也成为难以规避的风险，因为直播镜头可能会在无意中将商品缺点暴露出来，而缺点一经暴露，就不可撤销，也无法掩盖。

3. 直播营销发展趋势预测

（1）监管日益严格，行业越来越规范。

2020年11月，国家市场监督管理总局印发《关于加强网络直播营销活动监管的指导意见》，明确网络直播营销活动中相关主体的法律责任，特别是明确直播营销活动中网络平台和网络直播者的法律责任和义务，对指导基层执法和促进行业规范具有十分重要的意义。2021年5月，国家颁布了《网络直播营销管理办法（试行）》，对直播营销平台、直播间运营者和直播营销人员、监督管理和法律责任等方面进行了管理和规范。2021年《互联网营销师国家职业技能标准》的颁布标志着直播营销行业的职业标准出台，对互联网营销师职业进行了职业道德、知识能力、资格鉴定等方面的规定。

针对主播高收入的情况，多部门联合加强对直播偷逃税款行为的监管。已有多名网络主播因偷逃税款被依法追缴税款、处以罚款。

在这些法律法规的指导下，未来的直播营销活动将会越来越规范。

（2）泡沫逐渐破裂，竞争回归商业本质。

高频率的低价和资本补贴致使各种促销活动不断，低价对用户的吸引力已经大不如从前。假货频现、主播人设倒塌，也导致用户对主播的信任有所减少。用户进入直播间购物会更加理性，更关注自己的需求、商品的质量、主播和推荐商品的契合度等；而直播从业者之间的竞争，也将回归到专业度、团队信誉、个人品牌、商品质量、商品口碑等核心要素的竞争。

（3）商品品牌化趋势明显。

以抖音平台为例，抖音重点扶持品牌自播，明确给出7∶3的流量规则——70%的流量给品牌自播，30%的流量给主播，同时还会给自播成交量大的品牌返利。根据飞瓜数据，2021年10月抖音全平台合计GMV（商品交易总额）848亿元，其中TOP1000品牌金额占比达到32.46%。抖音的内容营销让品牌成功实现品牌价值强化。TeenieWeenie品牌主打青春校园风，2021年2月—2021年11月销售额达到10.67亿元；鸿星尔克为河南捐款5000万元、直播间营销成功"出圈"，2021年7月当月销售额达到2.38亿元，当年10月销售额仍达到3580万元，热度虽然出现一定消散，但是整体销售额较热点事件前仍有大幅提升。

243

9.1.2 直播营销的基本流程

直播营销的基本流程可以分为直播前、直播中、直播后三个阶段。

1. 直播前

（1）直播账号准备与运营。

直播带货的第一步是注册账号。直播团队可以在社交平台先稳定输出优质的内容，积累粉丝。在此期间，主播可以探索自己的风格，找到自己的优势，吸引一批粉丝。

（2）选品。

选择适合直播营销的商品。进行市场调研，选择适合粉丝年龄层次、消费习惯的商品。与供货商洽谈商品的报价，签订合作协议。跟踪管理所销售的商品的样品，对样品进行试用分析。确定商品的特点，编写好商品介绍。

（3）脚本设计。

直播的脚本是一场直播的人员分工明细执行表。它是一个很细致的表，明确什么人在什么时间做什么事、每个时间段介绍的商品是什么，如商品是福利款引流、拉人气，还是主推款，这款商品要讲几分钟，主播要做什么，副播要做什么，后台的运营人员要做什么，以及有哪些注意事项。

（4）制作直播预告。

通过账号发布预告，包括直播在哪一天、什么时间、有哪些福利等。

2. 直播中

（1）直播执行与互动。

推荐商品并引导下单是直播间最核心、最重要的一个环节。此外，还需要在直播间做一系列的互动，引导粉丝点赞、互动评论、加粉丝团、加关注，为今后的直播做准备。

（2）后台操作。

对直播间中的商品进行管理，如设置商品价格、上架或下架商品、设置红包福利等。

（3）直播中引流。

在直播开始后，需要通过同步直播动态等方式，将观众引入直播间。

3. 直播后

一场直播做完之后，要快速地复盘。复盘就是完整地回顾这场直播，查看流量结构是怎么样的、哪些环节没有做好，找出没做好的原因，在下一场直播中再做优化。

直播营销从直播者角度分析，可以分为达人播和自播（店播）两种主要形式。达人播由于其专业性、高流量、高转化率而较早被商家采用，为品牌带来流量，提升短时间内的销量。但短时流量忠诚于主播，属于阶段性的销量提升。自2018年起，越来越多的商家采用企业自播，自播占比逐年上升。企业自播营销流程与达人播营销流程类似，主要区别在于直播前的选品环节。达人播需要与供货商对接洽谈商品，而店播只需要在本企业内选择直播营销的商品。

9.1.3 直播营销团队

新成立的直播团队为了节约运营成本，很多人员都会身兼数职，而有一定财力基础的直播团队则可以配置专人专职。

直播营销团队按照职能可以分为招商选品团队、主播团队、运营团队。

招商选品团队专门负责商品部分，包括联系供应商、筛选商品、管理并协调商家的样品、把控商品的质量。

主播团队主要包括主播和副播两个角色，在直播中出镜。

主播：负责正常直播、介绍并展示商品、与用户互动、介绍活动、复盘直播内容等。主播就是直播间的门面，所有的幕后工作都需要主播呈现出来。主播的基本素养和能力非常重要。

副播：协助主播直播，与主播配合，说明直播间规则，介绍促销活动，补充商品卖点，引导用户关注等。副播就是配合、补充、助力主播。

运营团队包括直播运营、中控运营、内容运营三个角色。

直播运营：主要职责是策划主播人设、策划商品介绍节奏、策划撰写直播脚本、对直播内容进行复盘总结。

中控运营：主要职责是开播前对软件、硬件进行测试，调试灯光设备，摆放商品，待开播时配合直播间的所有现场工作，包括协调商品的上架、下架，发送优惠信息、红包公告，进行抽奖送礼，随时根据直播间要求更改商品价格，以及控制直播间节奏等。

内容运营：主要负责账号内容的维护、发布直播预告、直播间的引流等工作。

直播营销内容和岗位职责如表 9-1 所示。

表 9-1 直播营销内容和主要岗位职责

阶段和职责		岗位					
		招商选品	主播	副播	直播运营	中控运营	内容运营
直播前	直播账号准备与运营		参与				负责
	选品	负责	参与	参与			
	脚本设计		参与	参与	负责		
	制作直播预告						
直播中	直播执行与互动		负责	负责			
	后台操作					负责	
	直播中引流			参与			负责
直播后	直播后复盘	参与	参与	参与	参与	参与	参与

直播营销团队可以根据自身实际情况进行人员编排。如果是在初期，直播团队最少需要两个人：1 名主播和 1 名运营人员。由于人数少，都需要身兼多职。在开播前，主播和运营人员配合完成直播前的准备工作；在直播过程中，主播完成直播执行和互动，运营人员负责后台操作；直播结束后，主播和运营人员一同完成复盘。

随着直播团队的壮大，在岗位安排上，按照实际的业务需求，可以对某些工作进行人员补充。例如，直播团队可以招募图文设计、文案策划、视频剪辑、数据分析等专业人员，从而进一步优化运营环节的工作。

构建直播团队，要遵循因事设岗、按岗招人、调适匹配的原则，这样才能为团队找到合适的人才。

任务 2　主播打造和话术设计

9.2.1　主播打造

1. 主播类型

主播是直播间的核心，用户对主播的认知和印象决定了对直播间的评价。常见的主播类型有如下几种。

偶像明星型：这类主播通常是在娱乐、文体领域拥有较高人气的偶像明星，如电影明星、知名主持人、知名运动员等。偶像明星拥有比较突出的外在形象和才艺特长，自带大量的粉丝流量。偶像明星型主播更适合推广跟潮流相关的品类，如美妆、服饰、影音、运动、旅游商品或服务等。

专家型：这类主播在各自的领域拥有较高的造诣，知识丰富，经验充足，能解决大量疑难问题。专家型主播依靠自己的专业能力赢得用户的信任。企业家、细分领域的网络达人等都属于专家型主播。专家型主播拥有一定的流量，适合推广专业领域的商品，如教育、地产、汽车等专业领域的商品或服务。

朋友型：这类主播能站在用户的角度根据用户的需求提供建议，朋友型主播是用户的好兄弟、好闺蜜。这类主播初期拥有的流量较少，需要通过不断地直播累积流量。朋友型主播输出的许多内容，需要跟用户群一致或保持同一水平。朋友型主播适合推广家居用品、生活用品、数码产品、食品等品类的商品。

商家型：这类主播出现在店播直播中，大多数是网店员工、厂家工作人员、农产品生产者。商家型主播的主要特点是对直播商品熟悉，可以借助商品实际生产销售场景进行场景化营销。商家型主播初期拥有的流量较少，适合推荐农产品、食品、地方特色工艺品等品类的商品。

2. 主播需要注意的事项

（1）坚守职业道德。

根据互联网营销师国家职业技能标准，主播需要遵守的职业守则如下。

- 遵纪守法，诚实守信。
- 恪尽职守，勇于创新。
- 钻研业务，团队协作。
- 严控质量，服务热情。

主播需要有正确的价值观，对观众进行正向引导。主播在某种程度上可以被看作"公众人物"，其一言一行都会被很多人关注。一些主播为了博取流量，故意发表一些不当的言论，最终都受到了相应的处罚。主播应引导消费者理性消费、适度消费。

主播要遵守法律法规，不得出售假冒伪劣商品，不得售卖不允许在互联网平台出售的商品，如电子烟、医疗器械等；不得虚假宣传、夸大宣传，遵守《中华人民共和国广告法》，直播时不得出现"全国最佳""全网第一"等词语。

（2）设定主播人设。

"人设"就是人物设定，这个词最早来源于游戏、动漫、漫画等作品中对虚拟角色的外貌特征、性格特点的设定，随后开始扩展到娱乐圈，常用来形容明星对自身形象的定位，或者扮演的影视剧中的人物形象。

主播通过人设可以让自身的定位更加鲜明、立体，让粉丝通过一个关键词或一句话就能记住自己。

设定主播人设要注意以下几个方面。

● 人设要与自身特质契合。

在设定主播人设时，主播要以自身特点为出发点，可以选取自身的一两个优势，这些优势可以是外貌特征，也可以是知识技能特征，这样更有利于用户记忆和识别。例如，会化妆、肤色好的人可以做美妆主播；"宝妈"群体适合推荐婴幼儿用品，如玩具、绘本、食品等；"极客"适合推荐电脑、相机、手机等。人设还要与主播自身的性格相匹配，否则扮演自己不擅长、不喜爱的人设，容易让用户看出破绽，甚至导致人设崩塌。

● 了解目标用户群体，设定人设标签。

在设定主播人设时，要充分考虑面向的主要用户群体，通过对目标用户群体的调研，明确用户画像，继而从目标用户的视角重新审视主播人设的标签，去掉一些目标用户偏好较少甚至排斥的标签，这样可以在一开始就使主播人设对特定群体产生足够的吸引力。

● 设计有辨识度的言行举止。

策划团队要为主播策划和设计一些有辨识度的行为和语言，以打造其独具个性的人设。但是有辨识度的言行举止也不是仅靠策划便能得来的，很多时候需要主播不断地通过直播、与粉丝互动、直播后复盘总结提炼得出。

● 强化人设在用户心中的印象。

人设一旦被设立，就不能随意改变，更不能胡乱跟风追热点，而要长久坚持，不断强化用户对主播人设的印象，继而不断提升用户的黏性。

3. 不断提升主播的业务能力

主播的业务能力是直播成败的关键因素，主播的业务能力体现在主播形象、熟悉直播商品程度、语言表达能力、随机应变能力等方面。

（1）主播的整体形象设计要契合直播主题，与直播内容、直播环境、用户群体等在多个层面上保持一致。主播的穿着要整洁、自然、大方，妆容要精致。

（2）主播需要熟悉直播商品，能收集和汇总所销售商品的相关信息，介绍所销售商品的基本特性及卖点。

（3）主播的语言表达能力直接决定直播效果的好坏，主播的普通话要标准，发音清晰，语言风趣幽默，直播时情绪饱满，有感染力。

（4）由于是现场直播，直播营销现场会出现很多的突发情况，因此主播需要具备很强的随机应变能力，能够沉着、冷静、机智地应对。面对用户负面、消极的反馈能保持良好的心态。

9.2.2 主播话术设计

主播话术是影响直播间营销效果的关键因素。主播运用优秀的话术可以挖掘出用户的核心需求，快速引起用户的注意和兴趣，打消其顾虑，激发其购买欲望，促成其下单。

1. 主播话术设计需要注意的事项

（1）话术设计口语化。主播在介绍商品时要使用口语化的语言，符合日常交流情景。一段浅显易懂的日常话语，加上直播现场的操作演示，能够让用户更容易了解商品的使用价值。

（2）话术展现富有感染力。主播在介绍商品时要有节奏的变化，一成不变的节奏会使用户很快流失。语调要抑扬顿挫，富于变化，语速要确保用户能够听清讲话内容。在介绍商品特性时，语速要适当慢一些。在促进成交时，语速应适当快一些，以营造热烈的气氛。主播需要通过丰富的肢体语言、面部表情等配合展现话术。介绍商品时的情绪，如兴奋、激动等，远比"台词"本身更有感染力。

2. 直播间话术分类

按照话术的功能来划分，直播间话术可以分为留人话术、互动话术、商品介绍话术、促进成交话术这4类。

（1）留人话术。留人顾名思义就是要留住直播间里的用户，提高直播间的留存率，也有助于增加直播间的推荐流量。

一般可以利用各种福利、抽奖活动、利好政策留住用户。不只是在直播开头，想要留人，各种福利要贯穿全场。因为直播间不停地会有新进来的用户，前面讲过的福利，如果不重复讲述，后进来的用户就不知道，大概5～10分钟重复一次，用福利来留住直播间的用户。

常见的留人话术介绍如下。

● "话不多说，我们先来抽奖。"这个话术使用抽奖方式留住用户。

● "欢迎刚来的宝宝，点击关注主播，等一下关注人数达到100个人以后我就发红包，或者右下角点赞到1万次的时候我就发红包。"这个话术引导用户关注主播，并承诺达到一定条件时发放福利。

● "直播间的粉丝宝宝们，12点整的时候我们就开始抽免单了！还没有点关注的宝宝在上方点一下关注，加入我们的粉丝团，12点整就可以参与抽免单了，还可以去找我们的客服小姐姐领10元优惠券……"这个话术预告福利发送时间，并详细介绍了福利内容。

（2）互动话术。主播和用户的互动能为直播间营造出热烈的氛围，能帮助营销团队了解用户的反馈，提高营销的效率，能第一时间解答用户的疑虑。可以利用一些方法和话题，吸引用户深度参与到直播中。在每次直播前针对用户会提到的问题，写好互动话术，做好准备。

常见的互动话术介绍如下。

● "大家'扣1'，让我看到你们的热情，热情越高我给的秒杀价越低！"在直播过程中，可以通过"扣屏"的方式活跃直播间的气氛，让用户参与进来，营造热闹的感觉。

● "想要a款的'扣1'，想要b款的'扣2'。"采用选择的方式向用户抛出话题。一般而言选择不宜过多，选项不要超过3项。

● 用户问:"有什么优惠吗?有秒杀吗?那个××(商品名)多少钱?有优惠券吗?优惠券怎么领?"主播答:"提问优惠券的那位小姐姐(最好直接说 ID 名),××(商品名)有优惠券 × 元,× 点可以秒杀。"及时回答用户的问题。

● 用户吐槽"怎么不理我?一直不回答我的问题?"主播答:"没有不理哦,弹幕太多,刷新得太快,我看到一定会回复的,请不要生气哦!"对于一些用户的吐槽和抱怨,要及时安抚;如果是商品质量出现问题,可引导用户找售后人员处理。

(3)商品介绍话术。商品介绍是直播营销变现的重要手段。商品介绍需要根据用户的心理需求,使用一定的话术打动用户,促成交易。

商品介绍话术的设计,可以使用 FABE 法则。 FABE 法则是非常典型的利益推销法,而且是非常具体、具有高度、可操作性很强的利益推销法。F 代表特征(Features),A 代表优点(Advantages),B 代表利益(Benefits),E 代表证据(Evidence)。主播按照这样的顺序介绍商品,容易取得用户的信任并达成交易。

介绍商品特征时的注意事项:由于直播时长限制,在介绍商品特征时不可能面面俱到,要针对其属性,讲解其优势。在介绍商品特征时不能干巴巴地念参数,而是要针对用户的特点,使用用户易于接受的方式展现。

介绍商品特征的话术如下:

● "这款手机使用了 Promotion 自适应刷新技术,可以切换屏幕刷新率。"
● "这款沙发是真皮材质的。"

介绍商品优点时的注意事项:介绍商品优点要结合商品的特征,商品特征究竟发挥了什么功能,带来了这样的优点。在介绍商品优点时,可以拿样品配合讲解,以增加说服力。

介绍商品优点的话术如下:

● "用拥有这个新技术的手机刷微博,页面流畅多了,而且更省电。"
● "真皮沙发有一个特点,就是非常柔软。"

介绍商品利益时的注意事项:在介绍商品利益时,要从用户的角度出发,介绍商品的优点要了解用户对商品的期待,满足用户深层次的需求。

介绍商品利益的常见话术如下:

● "这个配色,大家一看就知道是最新款。"
● "坐上去超级舒服,我们办公室好几个同事试坐完就不想走了,说可以当床睡。"

介绍商品证据时的注意事项:证据可以是技术报告、认证,也可以是明星代言等。在直播中可以现场出具商品认证文件,主播也可以晒出自己的购买订单来证明某款商品是"自用款"等。要注意认证报告必须真实有效,"自用款"出现不能太频繁。

介绍商品证据的常见话术如下:

● "我自己一直在用,感觉真的很不错,推荐给大家。"
● "这款商品之前我们在 ×× 已经卖了 10 万套,顾客评分 4.8 分,好评如潮,用过的人都知道。"

(4)促进成交话术。在完成商品介绍后,用户的热情已被点燃,需要采用合适的方法促成交易。要给出一个无懈可击的成交方案,让用户觉得自己今天不买就亏大了。

常见的促进成交的话术如下:

● "原价 79.9 元一瓶,我们今天晚上买 2 瓶直接减 80 元,再送一瓶雪花喷雾,这瓶雪花喷雾价值 79.9 元。"这个话术首先通过锚定一个基础价格，再接二连三抛出购买福利，给用户营造捡便宜的感觉。

●"今天的优惠数量有限，只有 100 个，卖完就没有了。"这个话术营造稀缺的氛围，给用户营造再不买就没了的紧张感。

●"老板你看粉丝这么热情，这么信任我们，希望能够多给一点福利。这个商品我们再多送十件行不行？如果行的话，我们就让客服上链接。"这个话术可以让用户感觉到主播在努力地为他们争取福利。

（5）结束话术。在直播结束时，主播也要设计相应的话术，对观看到最后的用户表示感谢，也可以为下一次的直播活动做预告。

常见的结束话术如下：

●"我马上就要下播了，希望大家睡个好觉，明天新的一天好好工作，我们下次见。"下播时给用户送上真挚的祝福，赢得用户的好感。

●"今天的直播接近尾声了，明天晚上 8 点准时开播，明天见。"这个话术对下次直播进行了预告，有助于提升直播流量。

任务 3　直播营销平台

直播营销的迅猛发展吸引了大量平台进入。各个平台起源不同，有的是做短视频起家的，有的是做电商起家的，还有的是做社交软件起家的。每个平台在不同的领域有着各自的优势。下面介绍 3 个典型的直播营销平台。

9.3.1　抖音直播

抖音于 2016 年 8 月上线运营，是一款音乐创意短视频社交软件，用户可以通过这款软件选择歌曲，拍摄音乐短视频，创作自己的作品。抖音的娱乐属性明显，具有流量大和用户活跃度高的优势。抖音直播在 2017 年 12 月被推出。

抖音拥有 6 亿个日活用户，丰富的创作者生态，配合基于兴趣的内容推荐算法，将商品内容与潜在的兴趣用户进行结合，形成了抖音"兴趣电商"的特点。

抖音直播营销的流量来源于抖音平台的流量，属于公域流量。抖音直播营销的商品品类以服装、美妆类商品和食品饮料为主。

过去抖音直播营销以达人播为主，主要是达人通过短视频积累人气，再通过直播实现变现。目前商家自播模式变得越来越普遍，据统计，2021 年抖音"双 11"好物节期间，直播总时长达 2546 万小时。其中，商家自播总时长达 1227 万小时，占 48%。如图 9-1 所示是 2021 年抖音直播电商商品品类占比数据。

项目 9　直播营销

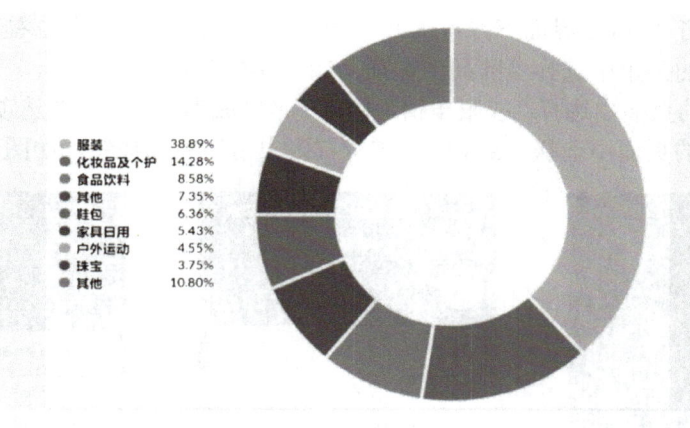

图 9-1　抖音直播电商商品品类占比数据

服装　38.89%
化妆品及个护　14.28%
食品饮料　8.58%
其他　7.35%
鞋包　6.36%
家具日用　5.43%
户外运动　4.55%
珠宝　3.75%
其他　10.80%

1. 开通抖音直播

开通抖音直播只需要进行实名认证，操作步骤如下。

（1）打开抖音 App，在界面下方点击"+"按钮，如图 9-2 所示。

（2）进入拍摄模式，点击右下角的"开直播"按钮，如图 9-3 所示。

（3）在打开的页面中进行实名认证，输入真实姓名、身份证号，选择"已阅读并同意《直播主播入驻协议》"单选按钮，最后点击"同意协议并认证"按钮，如图 9-4 所示。

图 9-2　点击"+"按钮　　　图 9-3　点击"开直播"按钮　　　图 9-4　进行实名认证

2. 开通商品分享权限

个人要利用抖音直播带货，需要开通商品分享权限，开通这个权限要求主页视频数大于或等于 10 条，账号粉丝数大于或等于 1000 名。如果账号达到了这些要求，即可申请开通商品分享权限，具体操作方法如下。

（1）打开抖音 App，在界面下方点击"+"按钮，进入拍摄模式，点击右下角的"开直播"按钮，再从弹出的菜单中选择"商品"选项，如图 9-5 所示。

（2）在打开的页面中选择"权限申请"栏目下的"成为带货达人"选项，如图 9-6 所示。

（3）在打开的页面中选择"STEP 01 带货权限申请"单选按钮，如图 9-7 所示。

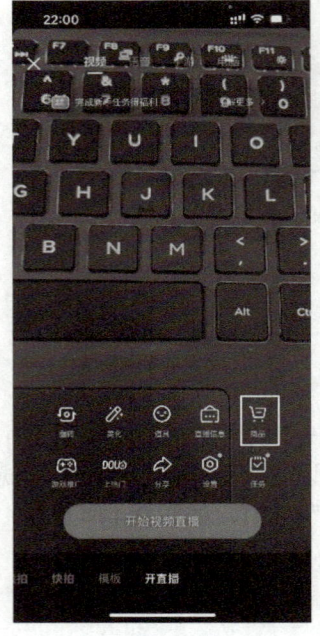

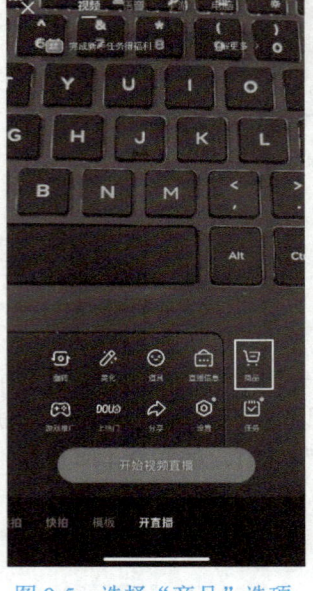

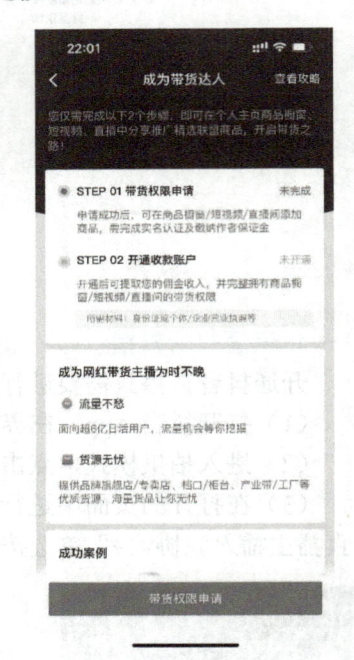

图 9-5　选择"商品"选项　　图 9-6　选择"成为带货达人"选项　　图 9-7　选择"STEP 01 带货权限申请"单选按钮

（4）在打开的页面中缴纳保证金，阅读并同意抖音直播协议，最后点击"立即申请"按钮，如图 9-8 所示。

（5）审核完成即可成功开通商品分享权限。

3. 商品橱窗管理

如果想添加自己的商品，需要开通抖音小店；如果没有自己的商品，可以在商品库中添加商品进行推广，以赚取佣金。

（1）打开"开直播"页面，选择"商品"选项，如图 9-9 所示。

（2）打开"添加商品"页面，添加商品，如图 9-10 所示。

4. 直播间商品管理

在抖音平台上直播带货时，需要将橱窗中的商品添加到购物车，便于在直播过程中对商品进行讲解或管理，具体操作步骤如下。

（1）进入直播界面，点击"开始视频直播"按钮，待直播开始后，点击下方的"购物车"按钮，如图 9-11 所示。

（2）如果开通了小店功能，可以点击"我的小店"，添加绑定的小店商品；如果主播与商家合作，则可以在商家"专属商品"页面添加商家专属商品；如果既没有开通小店功能，也没有商家专属商品，则可以先将商品添加到橱窗，再由橱窗添加到直播间；还可以在直播过程中添加商品或直接通过商品链接添加商品到直播间，如图 9-12 所示。

图 9-8　申请带货权限　　　图 9-9　选择"商品"选项　　　图 9-10　添加商品

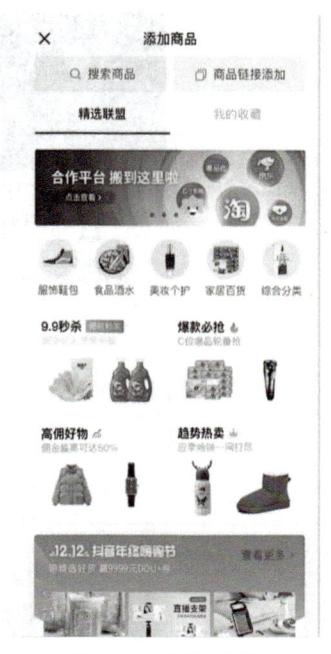

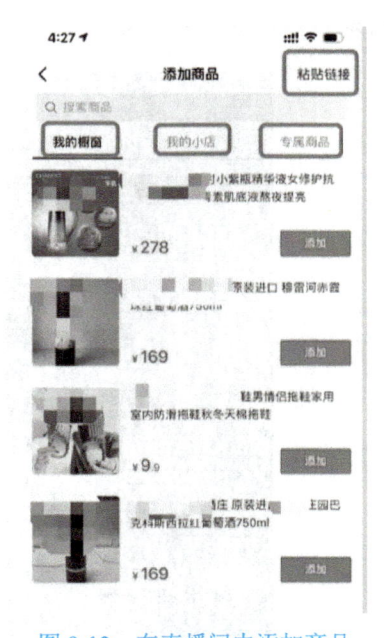

图 9-11　点击"购物车"按钮　　　图 9-12　在直播间内添加商品

（3）在"直播商品"页面点击"管理"按钮，如图 9-13 所示。进入商品管理后台，可对直播间内的商品进行管理。可以按住商品信息并拖动，调整商品顺序；勾选商品信息后单击"置顶"按钮，将选中的商品置顶；添加或删除商品信息；设置 15 字以内的商品卖点文字，如图 9-14 所示。

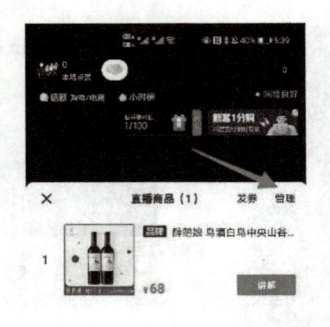

图 9-13 "直播商品"界面 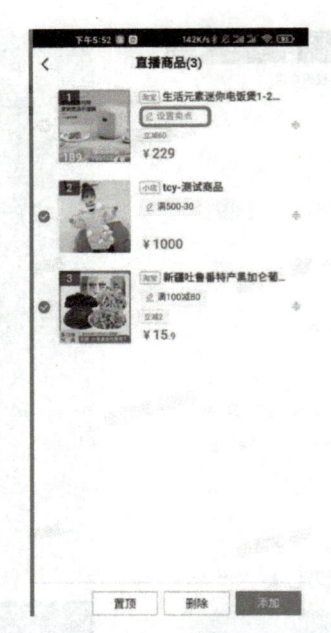　　　　图 9-14 对直播间内的商品进行管理

（4）用户进入直播间时，商品讲解页面如图 9-15 所示。当用户点击商品时，页面如图 9-16 所示。

图 9-15 直播间商品讲解页面 　　　　图 9-16 用户点击商品时的页面

9.3.2 淘宝直播

淘宝网由阿里巴巴集团在 2003 年 5 月创立，是国内最大的电商平台。淘宝直播从

2016 年 3 月开始试运营。

在获客成本日渐高企的背景下，阿里巴巴集团为拉新、促活、增强复购而大力推进内容社区建设，淘宝直播是其内容生态的重要阵地。淘宝直播的内核仍是以销售为直接目的的电商平台，站内主播也以专业的垂直化直播为主，同时享有商家体系、平台规则、全流程服务、支付和物流基础设施等全套电商生态，在平台中可实现"种草—下单—售后"的闭环服务。

2021 年"双 11"期间淘宝直播电商平台销售额达到 737.6 亿元，最高日观看次数达到 11.3 亿次，最高日观看人数达 3 亿人，如图 9-17 所示。

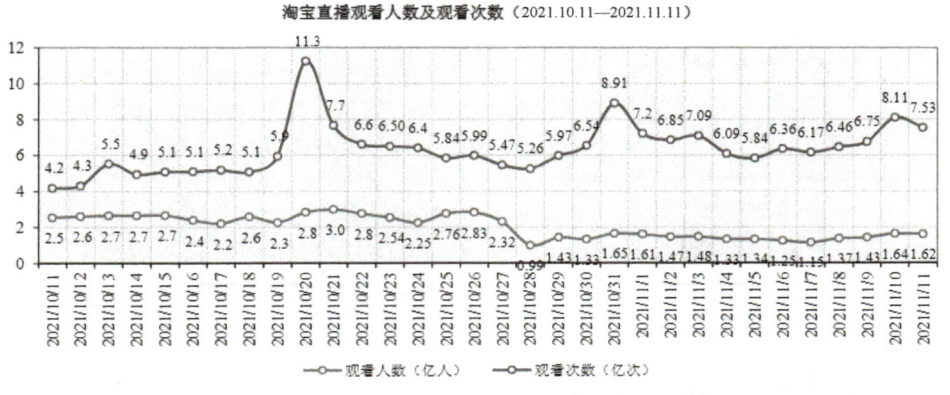

图 9-17　2021 年"双 11"期间淘宝直播观看数据

淘宝直播的流量来源于淘宝网，属于公域流量。直播销售以女装、珠宝饰品、食品、美容护肤品等为主，主要为淘宝网传统优势类目，商家参与直播积极性较高。此外，汽车、房产等大宗消费品行业及宠物、相机等小众行业同样丰富了直播商品品类。

早期淘宝网为吸引用户，积极打造头部主播，加强市场宣传效应。但平台终极目标仍是服务平台商家，故焦点逐渐从扶持头部主播转移到扶持店铺自播，根据阿里研究院联合毕马威发布的《迈向万亿市场的直播电商》报告数据显示，2020 年上半年，淘宝直播中商家自播的占比近 70%，自播成为淘宝网店铺的标配。

1. 开通淘宝直播实操介绍

（1）搜索应用市场，下载"淘宝主播"App，如图 9-18 所示。

（2）登录淘宝主播 App，商家使用店铺主号登录，达人使用后续开播的账号登录，点击"立即入驻，即可开启直播"按钮，如图 9-19 所示。

（3）在打开的页面中勾选协议并根据提示进行实人认证，实人认证通过即代表直播发布权限已开通，如图 9-20 所示。

图 9-18　"淘宝主播"App 下载页

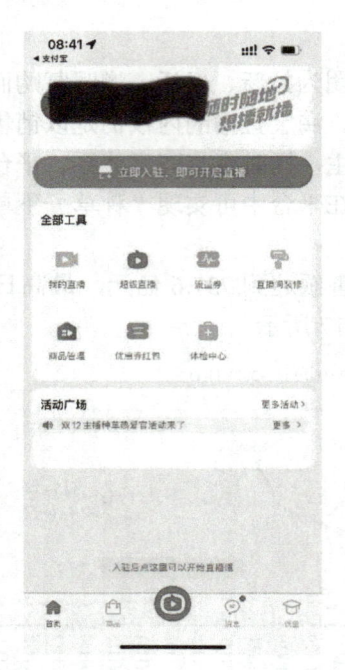

图9-19　点击"立即入驻，即可开启直播"按钮　　图9-20　进行实人认证

2. 发布直播预告

（1）打开淘宝主播App并进入主页，点击"发预告"按钮，如图9-21所示。

（2）在打开的页面中编辑直播预告，添加封面图片（比例为1∶1）和竖版预告视频，为直播设置一个标题，输入直播时间和内容简介，如图9-22所示。

图9-21　点击"发预告"按钮　　图9-22　编辑直播预告

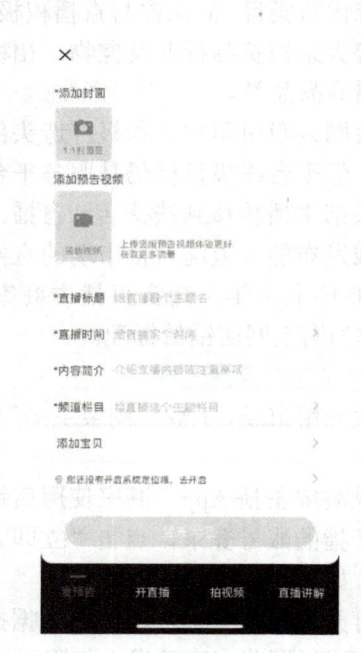

（3）选择"频道栏目"选项，在弹出的列表中选择合适的栏目，如图9-23所示。

项目 9　直播营销

（4）选择"添加宝贝"选项，在弹出的页面中点击"+"按钮，打开"选择商品"页面，如图 9-24 所示。添加的商品可以从最近发布、最近场次、v 任务、购物车、收藏、我的足迹、带货宝这些栏目中进行选择。

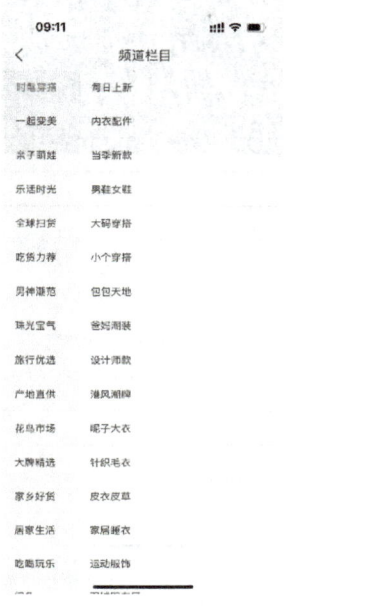

图 9-23　选择"频道栏目"　　　　图 9-24　"选择商品"页面

3. 发布直播

（1）打开淘宝主播 App 并进入主页，点击"立即开播"按钮，如图 9-25 所示。

（2）在打开的页面中设置封面图片和直播间标题，选择开播地址和栏目标签，完成后点击"开始直播"按钮即可开启直播，如图 9-26 所示。

图 9-25　直播入口　　　　图 9-26　编辑开播信息

257

（3）在打开的如图 9-27 所示的页面中点击"宝贝"或"上架"按钮，可在直播间添加商品，如图 9-28 所示。

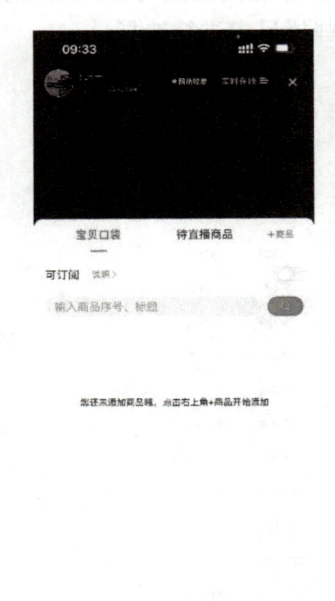

图 9-27　直播间页面　　　　　　图 9-28　商品上架页面

（4）在直播间页面中点击"商品"按钮，可在打开的页面中设置商品促销活动，如图 9-29 所示。促销活动包括拼团、秒杀、红包等。

（5）在直播间页面中点击"互动"按钮，可在打开的页面中设置互动，如图 9-30 所示。互动内容包括连麦、游戏、抽奖等。

图 9-29　商品促销活动设置页面　　　　图 9-30　直播间互动页面

（6）在直播间页面中点击"分享"按钮，可生成分享海报和链接，如图 9-31 所示。

直播海报以图片的形式分享，用户扫描二维码即可进入直播间；链接可以分享至多个平台，用户点击链接即可进入直播间。

（7）在直播间页面中点击"更多"按钮，打开如图 9-32 所示的页面，可以进行镜头设置、屏蔽设置、直播间装修等操作。

图 9-31　直播间分享页面　　　　图 9-32　更多直播间设置

9.3.3　腾讯视频号直播

腾讯于 1999 年 11 月成立，是一家互联网公司。微信是腾讯集团旗下的流量最大的应用，日活跃用户达到 10.8 亿人。视频号于 2020 年 1 月上线，可以在微信"发现"页面找到入口。

截至 2021 年 3 月，视灯数据披露的最新视频号 DAU（日均活跃用户数量）达 2.8 亿人，日均时长为 18 分钟，对比头部短视频产品的 DAU，视频号的 DAU 已经非常接近快手的 DAU 了，但从时长来看，视频号的时长仅为短视频产品时长的 1/5。目前视频号对微信日活的渗透率为 24%，较朋友圈、小程序的普及率都有较大的提升空间。

视频号直播功能自 2020 年 10 月上线以来，视频号开播、用户互动、直播推广、直播带货等基本功能不断更新升级，公众号、基于 LBS 的直播推荐等多个直播预约及观看入口也逐步开放，直播基础设施建设日趋完善。同时，在功能更新与关键节点运营的共同作用下，视频号经历了多元化属性的发展，综合能力得到增强，商业化潜力进一步被打开。视频号一方面通过商家投放直播间引流广告进行广告变现，另一方面为商家提供小商店功能，通过收取技术服务费变现。直播电商闭环的构建给直播电商产业链带来了增量机会，如图 9-33 所示为视频号的不同类型定位。

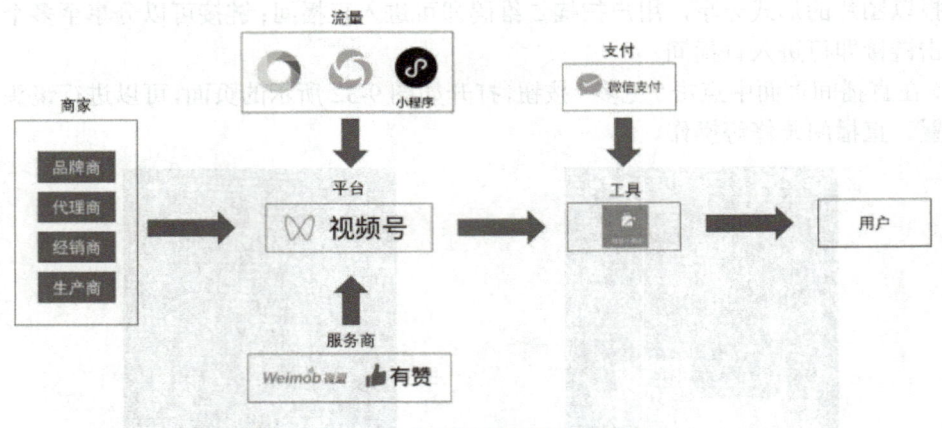

图 9-33 视频号的不同类型定位

视频号直播的流量主要来源于视频号主,以私域流量为主。

1. 开通选品带货功能

(1)在微信中搜索"视频号带货",找到"微信带货中心"小程序,其页面如图 9-34 所示。

(2)进入主页面,同意协议条款后,关联需要带货的视频号,如图 9-35 所示。

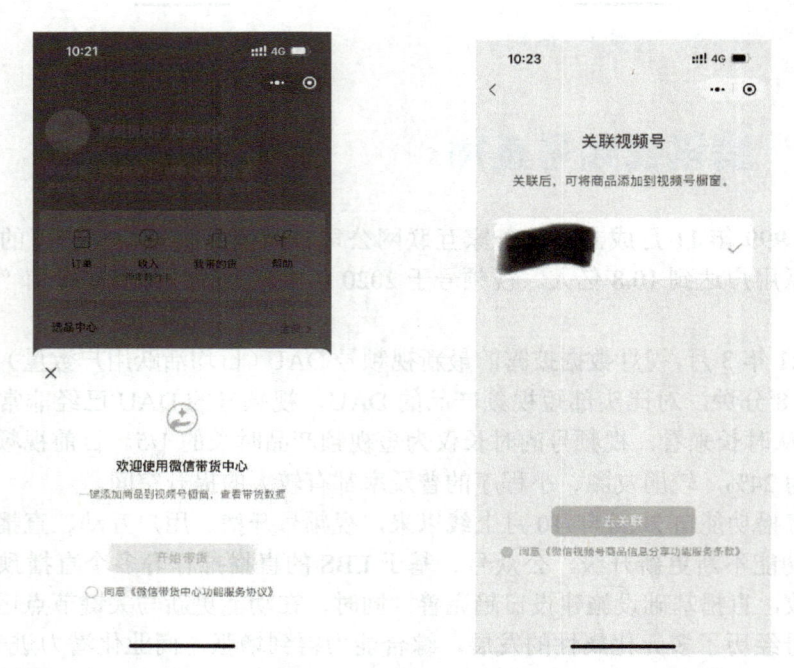

图 9-34 "微信带货中心"小程序页面　　图 9-35 关联视频号

(3)进入"选品中心"挑选带货商品,点击商品右下方的"带货"按钮,即可将商品添加到视频号的商品橱窗,如图 9-36 和图 9-37 所示。还可以在"搜索栏"中搜索商品名称或链接,选择商品进行带货。

项目 9　直播营销

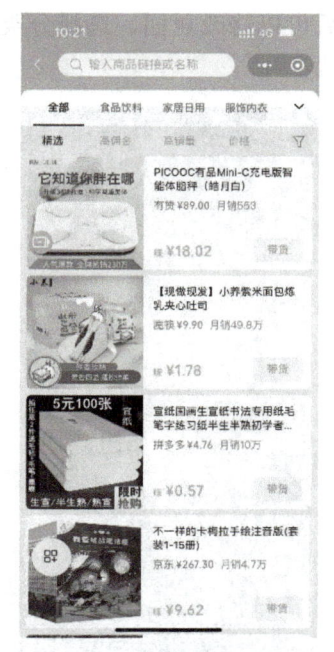

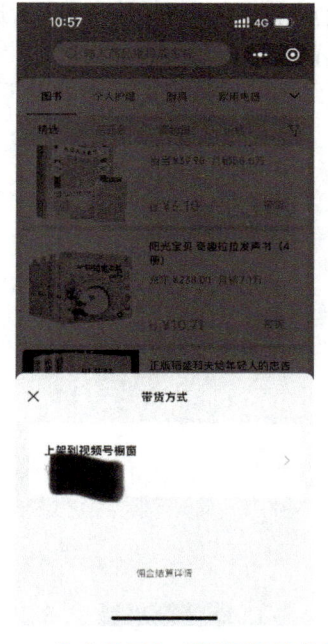

图 9-36　选择带货商品　　　　　图 9-37　将商品添加到视频号的商品橱窗

2. 进行视频号直播

（1）打开微信的"发现"页面，如图 9-38 所示，选择"视频号"选项。

（2）进入视频号，点击右上角的"人像"图标，打开设置页面，如图 9-39 所示。

图 9-38　微信的"发现"页面　　　　　图 9-39　视频号设置页面

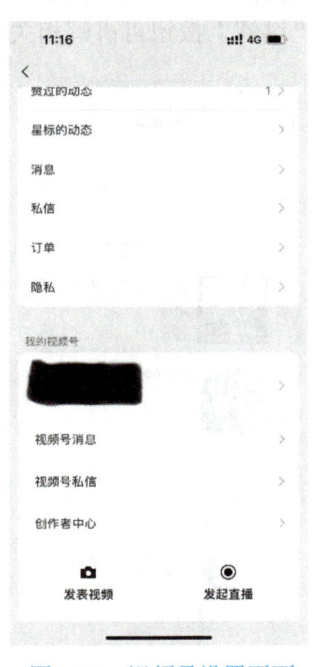

（3）点击"发起直播"按钮，在打开的页面中输入直播预告、设置开播时间、编辑直播主题，完成后点击"创建预告"按钮，如图 9-40 所示。

261

（4）再次点击"发起直播"按钮，选择直播后可以修改封面、选择分类、设置权限、设置红包、设置地址，如图9-41所示。

图9-40　设置直播预告　　　　　　　　图9-41　发起直播

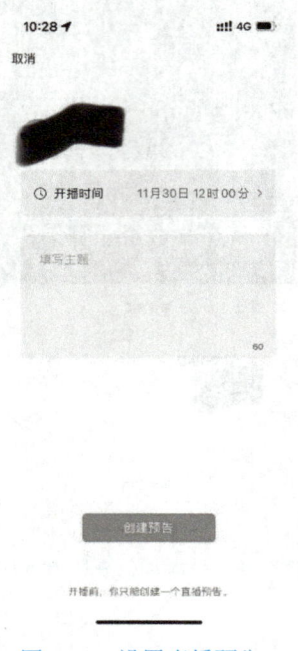

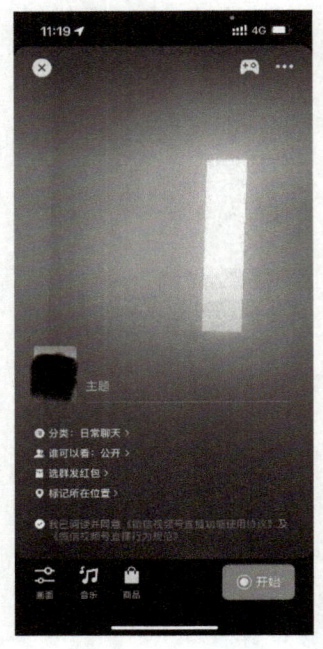

（5）点击直播间的"商品"按钮，选择上架的商品，如图9-42所示。
（6）点击"讲解"按钮可讲解相关商品，如图9-43所示。

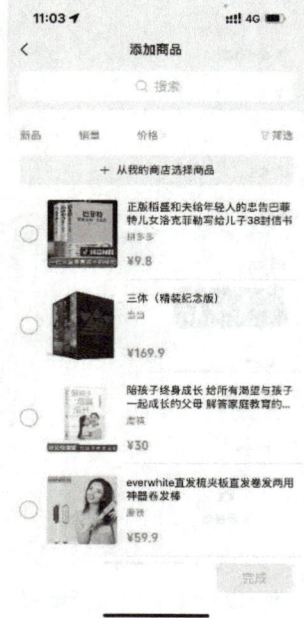

图9-42　直播间商品上架页面　　　　　图9-43　直播间商品讲解页面

（7）点击直播间的"礼物"按钮，在打开的页面中可以进行抽奖设置，如图 9-44 所示，可以设置参与方式、开奖时间、中奖名额等。

（8）点击直播间右上角的"…"图标，可进行直播间的直播分享、连麦设置、互动设置等，如图 9-45 所示。

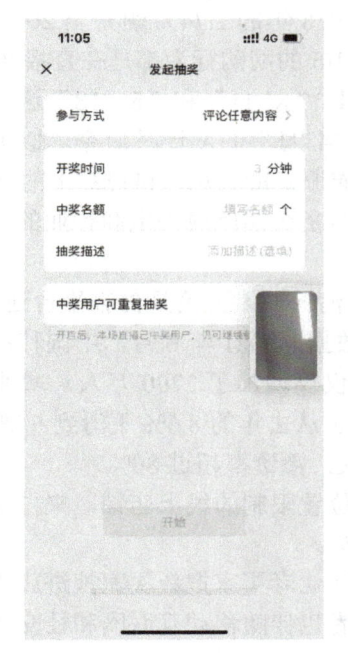

图 9-44　直播间抽奖设置页面　　　　图 9-45　直播间设置页面

同步阅读

直播带货的繁荣吹响了电商流量枯竭的号角

原本以为已经尘埃落定的电商大战，突生变数。2021 年"双 11"，大部分电商企业都静悄悄的。

前两年轰轰烈烈的"双 11"晚会声量降低了不少，"第 × 个小时突破去年销售规模"的例行宣传也有些销声匿迹，虽然线下仍然遍布"双 11"的广告牌，但细看那些精美的画面，品宣的意味却似乎盖过了卖货。

而"昨日之子"拼多多的境遇则更加令人唏嘘。其业绩其实放在任何公司都是一个很不错的成绩——营收突破 200 亿元，同比增速 51%——然而这显然不是资本市场对拼多多的期待，因为业绩发布后，股价直接就暴跌了 15%。

比起收入增速下滑，更令投资者警觉的是，拼多多赖以崛起的社交裂变式营销似乎没有那么管用了——三季度拼多多的平均月活跃用户数是 7.415 亿人，而这个数字只比上个季度增加了 300 万人。这几乎就是在宣告，这个电商行业的后起之秀，流量终于也进入了瓶颈期。

相比之下，抖音、快手等短视频电商却显得朝气蓬勃。从稚嫩到老练，这些短视频平台的电商能力只用了一年时间，就走过了传统电商 5 年甚至 10 年的路。数据推荐、流量反哺，这些招数被用得炉火纯青，而无论是抖音号称的"兴趣电商"，还是卖方分析师冠以的"发现式电商",背后其实就是 4 个字——直播带货。关于这个模式,几年前还曾经听到高管对其嗤之以鼻,宣称这不过是电视购物的移动互联网版。

然而在新冠肺炎疫情的刺激和平台的大力支持下,直播电商扶摇直上,被冠以了电商行业新红利的名号,成为从商家到消费者再到投资圈的焦点。根据国金证券的研究报告显示,直播电商在电商行业的渗透率已经从 2018 年的 1.74% 飙升至 2021 年上半年的 17.9%。换句话说,到 2021 年为止,已经有接近 1/5 的网购行为都是在直播间发生的。

也可以说直播带货是所谓的场景化消费,是比"双 11"和"6·18"这些促销节日更高级的刺激消费的方式。因为每次听到主播说"54321"的倒计时口令,似乎就是在吹响战争的号角;而每次看到直播间小姐姐穿上这件衣服,就会想象自己穿上的样子。

这些说法都没错,但依然无法解释为何直播带货突然就成为电商行业的"救命稻草",成为品牌和平台都必须重视的销售方式。

现如今在国内,互联网红利真的已经进入了消退期,无论是内容平台还是电商平台,流量增速都已经临近枯竭。根据 Questmobile 的数据,2021 年 6 月,中国移动互联网月活跃用户规模达到 11.64 亿人,相比两年前的同期仅仅增加了 2700 万人,增速还不到 3%。短视频行业的月活跃用户规模为 9.05 亿人,增速也从去年的 8.6% 下滑到 6.2%。至于移动购物 App 的月活跃用户规模,则已经突破 10 亿人,渗透率超过 80%。

曾经的电商行业是给每个品牌一个没有地理位置限制的线上店铺,来自全国各地的买家源源不断地涌入其中,先认识品牌,再转化购买。

而后来的社交电商平台利用社交媒体的关系网让老买家把新买家拽进店里,从而实现了新流量的导入。那么如今,随着最长尾的消费者也伴随移动互联网和社交电商的繁荣进入到主流的电商圈后,新流量真的无处可寻。

那么,下一步怎么办?

直播电商就此孕育而生,它相当于要求每个品牌都成为在街边大声吆喝的路边摊,利用不断放大的声量将消费者吸引到自己的店铺;又或者是把货交给街上最会吆喝的那个"靓仔",由它来代为获取流量。在这个过程中,声量大的会压制声量小的,谁不发声就会导致自己的流量被源源不断地抢到了其他直播间中。于是,直播电商就成为一场没有人能打赢,也没有人敢逃避的战争。

通过吆喝来获得流量存在的最大问题,就是声量大的获得的流量事实上是夺去了声量小的店铺的流量。换句话说,这是一次重新切割流量蛋糕的过程,而不再是像过去电商行业的发展历程中那样,大家一起把蛋糕做大。也正因如此,现在的直播电商都在"吆喝"中紧紧抓住消费者行为学中的两个重要心理——一是更便宜,二是更方便。

前者很好理解,就是价格最优惠。要么全网最低价,要么给大量的赠品。之前拼多多的百亿补贴就是这么成功的,现在头部大 V 直播间也是同样的做法。毕竟一旦形成了用户认知,知道来某个直播间可以获得最低价,那么流量就可以顺理成章地积聚过来,从而万众瞩目,瞬间秒杀。

但这样的结果是什么呢?就好像"双 11"的促销期会将前后好几个月的消费能力全都吸干一样,头部大 V 的直播间将这些期待促销的流量集中到了极少数人的手中。

而后者,也就是满足"更方便"的需求,其背后是洞察"更懒"的人之本能。

事实上,在进行购买决策的过程中,我们并非无所不知,所以往往会想求助于那些善于将事物提炼总结,再形象化的有才华的人。

前有什么值得买这样的分享社区和小红书这样的种草平台，后有李佳琦和诸多品类主播强大的选品能力和表达能力，其实要达到的都是同一个目的——减少选择，相信背书，从而让消费者买得轻松、买得放心。但问题是，电商主播的选品能力到了一个阶段后，必然会与强势品牌发生冲突——好的商品都是有溢价能力的，真正优质的品牌为什么还需要你的背书？

比如前两年很火的国货护肤品牌"完美日记"和"丸美"，"双11"的销量一个下滑30%，另一个下滑50%，甚至连李佳琦立捧"出圈"的"花西子"，此次销量也出现了原地踏步的情况。所以，直播电商在造就了更加喧哗繁荣的景象的同时，实际上却是让流量加速在新老品牌间流转。看起来是你方唱罢我登台的热闹，可背后却是品牌方越来越卷，越来越留不住消费者的窘迫现状。

事实上，直播电商在起步的时候曾经是一种多赢的局面。对于做内容的主播或明星来说，通过直播电商的流量变现唾手可得，相比广告而言不但消耗粉丝的程度更小，而且还可能带来更加立体的人设；对于商家来说，低价可以换来直播中的销量，不但可以用作去库存，还能获得平台的流量倾斜；对于平台而言，这是广告之外更有力的一条商业路径，对于短视频平台来说更是天赐良机，是商业化弯道超车的好机会。

但凡事都讲求一个度。当头部大V不再是引流的工具，而变成整个平台的流量抽取机；当强势直播间不再是品牌的推广之友，而是将"逼迫"品牌给出全网最低价视为自己最大的责任；当平台为了追求停留时长和商业转化率将流量过分地倾斜给直播电商模块，这种新业态就不再是所谓电商行业的救星了，而成为整个行业敢怒不敢言、"天下苦秦久矣"的大山。

在中国的直播行业发展中，曾经有过诸多闪亮的明星业态，从最初的秀场直播到后来的游戏问答，无一不是曾经资本极度追捧的对象，却在动作变形后迅速消退成为昙花一现的流星。

对于直播电商来说，核心要解决的问题是自己存在的价值究竟是什么。仅仅是给一部分粉丝带来商品的"全网最低价"么？无论是建立自己的销售渠道，还是投靠其他直播间，看重性价比的流量都会直接离开。

是给粉丝提供专业的选品建议和商品组合吗？那么目前90%以上的直播间都无法承担这样的"重任"，尤其是商家自己的直播间，主播的专业度甚至比不上线下的导购，又如何能在众多的"吆喝"中脱颖而出？而对于整个电商行业来说，可能更头疼的问题是，如果通过直播这个终极手段依然无法获取足够的新流量，那么是否意味着狂飙数十年的中国电商业真正进入了流量的瓶颈期？而如果真的进入到流量的存量竞争阶段，传统的电商平台还有优势吗？

今天抖音和快手可以依靠短视频的流量用一年的时间就做到直播电商的三分天下，那么明天还会有哪些平台可以依靠自己的流量优势切入这块市场呢？[1]

1　资料来源：36氪网站，经作者改编。

同步实训

实训1　体验优秀直播营销

〖实训目的〗

观看一场优秀的直播营销，让学生亲身体验直播营销的全过程。

〖实训内容与步骤〗

（1）选择一个大牌主播的直播间。

（2）观看直播。

（3）记录直播营销过程中出现的商品，记录商品上架和下架的节奏。

（4）记录直播营销过程中的互动环节。

（5）总结主播的人设特点，记录主播的典型话术。

（6）观察直播间布置和商品陈列布局。

（7）观察并记录直播间用户人数变化。

（8）撰写体验报告。

〖实训提示〗

注意观察直播过程中的各个细节，善用"回看"功能。

〖思考与练习〗

（1）助理在直播间起到怎样的作用？

（2）优秀的主播具备哪些魅力？

（3）优秀的主播如何应对直播中的突发状况？

实训2　"五步法"设计直播营销

〖实训目的〗

通过"整体思路—策划筹备—直播执行—后期传播—效果总结"5个步骤设计一场直播营销，使学生亲身体验直播营销的全过程。

〖实训内容与步骤〗

（1）将全班同学以4～6人为单位，分成小组。

（2）每组同学讨论、选取自己感兴趣的商品，从目的、方式、策略等方面确定直播整体思路。

（3）撰写并完善直播方案，检查设备，前期预热宣传。

（4）主播及小组成员尽可能按照直播方案将直播开场、直播互动、直播收尾环节顺利推进，完成直播。

（5）通过新媒体平台传播，让直播效果最大化。

（6）分析直播数据，小组总结经验教训，做好复盘，为下次直播做参考。

〖实训提示〗

直播方案要尽可能详细，还要考虑一些突发状况。

〖思考与练习〗

（1）你喜欢的明星在直播中推荐某款商品，你会去购买吗？

（2）你认为直播营销的优势有哪些？

（3）比较抖音直播和淘宝直播的异同点。

项目小结

直播营销具有即时互动、场景多样、营销效果好的优势,是当今的"风口"产业。同时,直播营销存在着商品退货率高、行业虚假繁荣、直播过程不可控的问题。未来直播行业的趋势:监管日益严格,行业越来越规范;泡沫逐渐破裂,竞争回归商业本质;持续打击假货,维护消费者权益,商品品牌化趋势明显。直播营销的基本流程可以分为直播前、直播中、直播后3个阶段。直播前需要准备好运营方案、选好品、做好脚本设计、制作好直播预告。直播中要做好直播执行与互动,后台管理商品、引流。直播后要做好复盘。直播营销团队按照职能可以分为招商选品团队、主播团队、运营团队。招商选品团队专门负责商品部分。主播团队主要包括主播和副播两个角色,在直播中出镜。运营团队包括直播运营人员、中控运营人员、内容运营人员3个角色。

主播是直播间的核心,成为优秀的主播需要坚守职业道德,设定契合的主播人设,不断提升自身的能力。直播话术是影响直播间营销效果的关键因素。话术设计应当口语化,话术展现要富有感染力,主播在介绍商品时需要有节奏的变化。按照话术的功能来分,直播间话术可以分为留人话术、互动话术、产品介绍话术、促进成交话术这几类。

各大领域的企业都在布局直播营销平台。抖音直播平台主打"兴趣电商",流量来自抖音平台公域流量,商家自播和达人播比例相当。淘宝直播依托淘宝网完善的平台电商生态,流量来自淘宝平台的公域流量,以商家自播为主。腾讯视频号直播入局较晚,依托视频号主带来的私域流量和微信巨大的用户生态,有较大的发展潜力。

任务布置

选择一个直播营销平台,策划并执行一场欧诗漫产品直播营销。

学生活动

内容要素1:_____
内容要素2:_____
内容要素3:_____
内容要素4:_____
内容要素5:_____
内容要素6:_____

请将作品转换成二维码,粘贴在右图方框中

温馨提示：根据移动互联网新技术、新平台的发展，本教材提供最新符合该项目或与工作岗位相适应的任务布置，将实践教学内容同市场需求对接，可扫描二维码获取。

能力测评

考评人		被考评人				
考评地点		考评时间				
考核项目	考核内容	分值	教师评分 50%	小组评分 40%	自我评分 10%	实际得分
	1. 直播平台选择合理	10				
	2. 主播形象气质与直播主题匹配	20				
	3. 主播直播节奏把控到位	20				
	4. 主播富有感染力	10				
	5. 直播间互动气氛活跃	10				
	6. 内容合法合规，传递积极态度并体现核心价值观	20				
	7. 应对突发状况及时、妥当	10				

同步测试

1. 单项选择题

（1）以下哪项在直播过程中出现不会有违法或违规风险？（ ）
　　A. 使用竞争对手的商品　　　　　B. 使用在百度搜索到的图片
　　C. 本企业官方网店　　　　　　　D. 未授权的卡通玩偶

（2）直播方案包括 5 大要素，不包括（ ）。
　　A. 直播目的　　B. 计算控制　　C. 人员分工　　D. 法律法规

（3）下列不属于直播特征的是（ ）。
　　A. 真实性　　　B. 实时性　　　C. 互动性　　　D. 严肃性

（4）下列反映主播的直播控场能力的是（ ）。
　　A. 建立个人 IP　　　　　　　　B. 突出商品亮点
　　C. 营造直播间氛围　　　　　　D. 灵活运用专业词汇讲解

（5）下列不属于室内直播设备的是（ ）。
　　A. 视频摄像头　　B. 电容话筒　　C. 灯光设备　　D. 手持稳定器

（6）直播行业的主播职业属于（ ）。

A. 第一产业　　　　B. 第二产业　　　　C. 第三产业　　　　D. 销售产业
(7) 在一场直播活动中，以下哪项是直播活动最主要的特征？（　　）
　　A. 实时性　　　　　B. 即兴性　　　　　C. 真实性　　　　　D. 连贯性
(8) 直播间灯光的设置应（　　　　）。
　　A. 以暖色调为主　　　　　　　　　　B. 以冷色调为主
　　C. 冷色调和暖色调一样　　　　　　　D. 以上都可以

2. 多项选择题

(1) 直播数据分析需要分析哪些内容？（　　）
　　A. 品牌口碑数据　　　　　　　　　　B. 目标用户比例
　　C. 设备磨损情况　　　　　　　　　　D. 直播效果数据
(2) 以下哪些是直播互动的具体玩法？（　　）
　　A. 发起任务　　　　B. 直播红包　　　　C. 礼物打赏　　　　D. 道具开场
(3) 在下列促销活动中，属于奖励促销的有（　　　）。
　　A. 签到有礼　　　　B. 定时打折清货　　C. 赠送优惠券　　　D. 第二份半价
(4) 下列属于主播助理的工作内容的有（　　　）。
　　A. 确认直播场地　　　　　　　　　　B. 提示用户关注主播
　　C. 主播离席时及时补位　　　　　　　D. 全方位配合主播

3. 分析题

(1) 请你谈谈主播对直播营销有什么重要作用。
(2) 直播营销需要防范什么风险？
(3) 直播营销有哪些宣传和引流的方法？

项目 10

移动广告

项目重难点

移动广告概念及优劣势;每种类型移动广告的特点及适用情况;移动广告产业链的角色构成;移动广告每种收费方式的优缺点及适用范围。

课程思政

思政目标	具备广告人应有的伦理观和法律道德标准,弘扬良好的社会风尚
思政主题	爱国,有事业心,实事求是,遵纪守法
思政元素	爱党爱国、执业谨慎、信誉至上、诚实守信
思政推进	
项目前	项目中	项目后
通过案例的形式植入移动营销时代广告人应具备的伦理观和价值标准	在课程教学中帮助学生深入学习移动广告,了解和掌握广告及电子商务的相关法律内容	通过任务布置,分析案例,想一想如何引发消费者对国货的关注和认可,从而激发爱国主义情怀
思政成效	(1)使学生对新时代广告人应具备的伦理、道德、法律标准有全面的认识。 (2)使学生在广告创作过程中加强诚实守信、执业谨慎的意识。 (3)全面提升学生的爱国主义精神		

项目导图

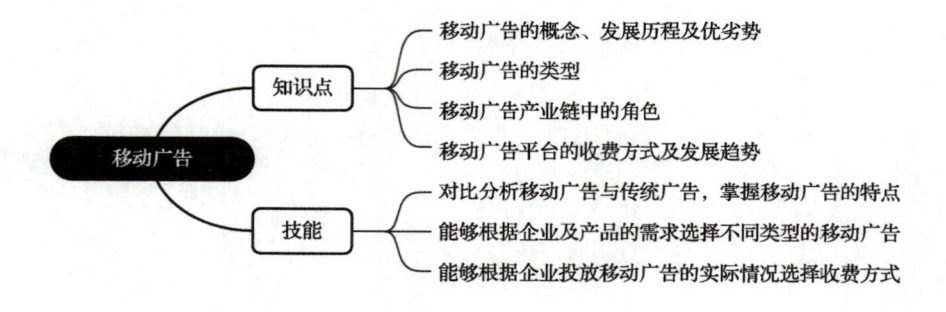

移动广告
- 知识点
  - 移动广告的概念、发展历程及优劣势
  - 移动广告的类型
  - 移动广告产业链中的角色
  - 移动广告平台的收费方式及发展趋势
- 技能
  - 对比分析移动广告与传统广告,掌握移动广告的特点
  - 能够根据企业及产品的需求选择不同类型的移动广告
  - 能够根据企业投放移动广告的实际情况选择收费方式

项目 10　移动广告

引例

汽车作为人们生活中花费较大的商品，一直是移动广告行业的主力军，移动广告深受汽车品牌商的欢迎，甚至连宝马、奥迪、奔驰这样的国际大牌都将移动广告作为重要的推广渠道之一。汽车行业中的移动广告受众的特点突出，大多以年轻且有一定经济基础的男士为主，主要是因为男士大多对汽车比较感兴趣，使得广告的投放比较有针对性。一般来说，品牌商喜欢在新车上市时大力投放移动广告，以提高产品的曝光率。

比如，福特就曾在其锐界新动力汽车上市时大力运用移动广告来为新车做推广。福特与威朋移动广告平台合作，让目标用户可以直接在智能手机上观看新车视频广告，并利用 HTML 5 技术让用户只需用手指轻轻滑动手机屏幕就可以 360 度欣赏整个车型和功能，还可以去微博、微信上分享和发表对新车的评论，让用户不仅获知了广告信息，而且与用户之间建立良性互动。广告投放 2 个月就使这款新车的知名度大幅提升，很多看到广告的年轻人都对这款车产生了极大的兴趣，纷纷到线下的 4S 店去看车，为福特带来巨大的收益。此外，现代、大众等汽车公司也采用同样的广告形式来为新车做广告，甚至有些汽车品牌商还开发了自己的 App。

到底什么样的广告我们将其称为移动广告呢？它为什么可以让福特的新车快速地进入人们的视野，使年轻的男士产生购买欲望呢？和传统的广告相比，移动广告有什么优势呢？为什么可以在竞争激烈的广告界快速发展并且逐渐获得广告主的青睐？请带着这些问题进入本项目的学习吧！

引例分析

如今手机已经成为 24 小时陪伴我们的亲密伙伴，通过手机我们可以随时随地获取世界各地的最新信息，手机为移动广告的发展提供了肥沃的土壤。每天我们都会在手机上看到各种移动广告，文字的、图片的、视频的，种类繁多。但是，移动广告在我国的发展还处于初级阶段，很多人甚至都不知道什么是移动广告，更别提了解了。移动广告行业的发展也不是很完善，行业准则不够清晰。相对于传统广告来说，移动广告是特别的，它能精准定位目标群体，能和用户双向互动，能给用户留下深刻的印象，成本还比较低等。通过本项目的学习，读者将了解移动广告，并获知汽车品牌商为什么对移动广告如此青睐。

任务 1　认识移动广告

10.1.1　移动广告的概念

近年来，随着移动互联网科技的飞速发展，移动广告在生活中随处可见，移动广告平台更是不断更新和演变,一个真正的移动互联网时代已经悄然而生。根据数据监测,2021年上半年移动广告投放数量呈明显上升趋势。2021年上半年 App Growing 共监测到全网8900余万条移动广告投放,其中2月遇上春节假期,部分广告主暂停投放,造成2月广告投放数量呈现低谷状态。不过在3月移动广告的投放恢复春节前的水平。2021年上半年的移动广告投放数量在4月达到顶峰,当月共监测到1600余万条移动广告投放。此外,2021年上半年游戏、软件应用、综合电商移动广告数量占比较2020年有所提升。图10-1所示是2021年上半年移动广告投放力度较大的重点行业TOP8,相比2020年上半年游戏、软件应用、生活服务、综合电商行业的广告投放数量占比有一定的上升。

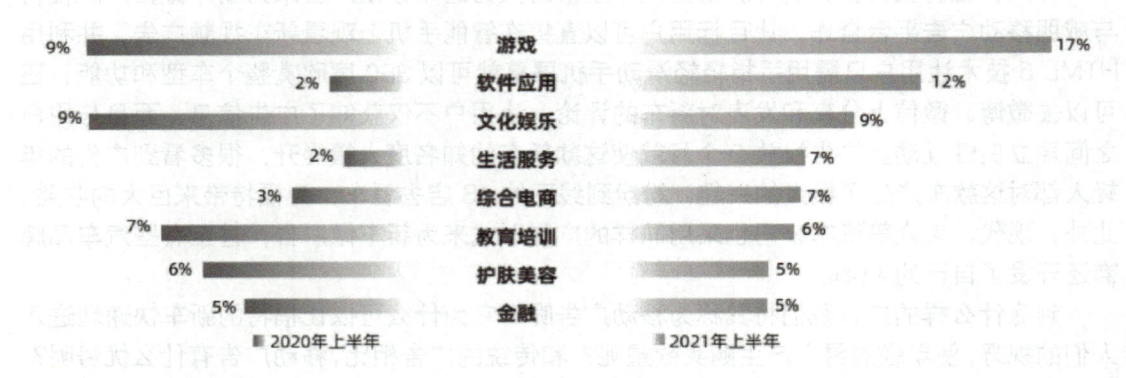

行业	2020年上半年	2021年上半年
游戏	9%	17%
软件应用	2%	12%
文化娱乐	9%	9%
生活服务	2%	7%
综合电商	3%	7%
教育培训	7%	6%
护肤美容	6%	5%
金融	5%	5%

图10-1　2021年上半年与2020年上半年移动广告投放数量行业分布
(数据来源:中文互联网资讯网)

那么,到底什么是移动广告呢?

移动广告是一种新兴的广告形式,目前还没有一个被普遍接受的定义和称谓,在相关研究和媒体报道中出现的诸如手机广告、无线广告、无线互联网广告、手机媒体广告和无线网络广告等称谓大体都是指向同一个概念。一些研究机构和专业协会也给出了各自的定义。

创新互动手机广告平台(Innovative Interactive Mobile Advertising Platform,IMAP)将移动广告定义为"使用移动媒体来传送广告信息,鼓动人们购买产品和服务的商业活动"。该定义强调了促销目的,却没能充分表达广告的含义。

无线广告协会(WAA)将移动广告定义为"通过无线网络,将广告信息传送至手机等无线通信设备上以达到广告推广的效果"。该定义虽然强调了广告的含义,但是对移动广告的特点和优点没有提及。

美国宾夕法尼亚州增补的《电信广告法案》中就"移动广告"也给出了定义:"电信运营商、内容提供商或非运营商机构及个人提供经过接收者许可的文字、表格、图片或语音电话和信息用来推销商品和服务,但事先经过接收人邀请双方已经建立商业关系的除外。"该定义强调了"经过接收者许可"这个前提,但未充分表达其营销作用,更趋近于一个管理规范。

综上所述,我们可将移动广告定义为运用无线通信网络,将广告信息发送至手机、平板电脑等移动终端设备上,进而通过信息影响接收者的态度、意图和行为以实现传播效果的一种新兴广告形式。

与移动广告最为密切相关的概念是移动营销,美国移动营销协会(MMA)将移动营销定义为介于品牌和终端用户之间作为通信和娱乐渠道的移动媒体的使用。移动营销是随时随地都能够带来即时、直接、相互沟通的一种亲身体验渠道，也就是通过移动渠道来规划和实施想法，对产品或服务进行定价、促销、流通的过程。可见，移动广告与移动营销不是完全相同的。图10-2所示是2020年和2021年中国全网移动广告投放行业分布对比。

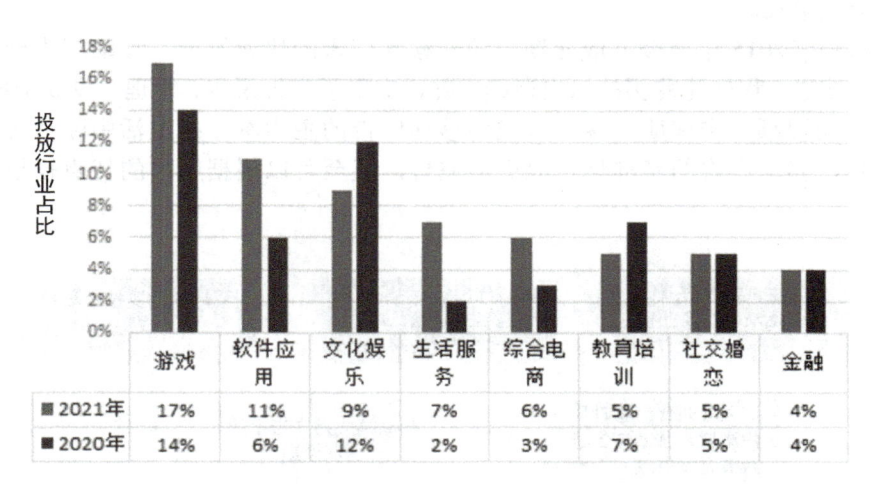

投放行业	2021年	2020年
游戏	17%	14%
软件应用	11%	6%
文化娱乐	9%	12%
生活服务	7%	2%
综合电商	6%	3%
教育培训	5%	7%
社交婚恋	5%	5%
金融	4%	4%

图10-2　2020年和2021年中国全网移动广告投放行业分布对比

（图片来源：智研咨询）

想一想

移动广告与移动营销是不完全相同的，你知道有哪些不同吗？

10.1.2　移动广告的发展历程

移动广告的发展随着移动互联网的发展而发展，现在国内被业界认为最早的移动广告是2004年在移动互联网上出现的短信网址、搜索广告、WAP广告等。从2004年开始可以将移动广告分为以下几个阶段，如图10-3所示。

第一阶段（2004—2008年）导入期：这个阶段广告主对移动广告的认识还不够，开始试探性地进入这个行业，主要以中小广告主为主。这个时期，移动广告形态较为单一，技术水平也很有限，很难实现对用户需求、用户偏好、用户购买行为的分类和跟踪，做不到广告的精准投放。

第二阶段（2009—2012年）发展期：这个时期进入了3G时代，上网条件大幅改善，移动用户激增。与此同时，iPhone也开始在我国流行，移动智能成为新的发展趋势，移动广告进入黄金发展期。从2010年开始，各种移动平台不断出现在人们的视野中，并且快速发展成为行业的核心，移动平台很好地优化了数据的分析和整合，能够对用户的基本信息和相关兴趣、偏好等进行进一步的了解，极大地提高了广告投放的精准性。这个时期还出现了像推荐墙、积分墙等新的广告形式。但是这个时期的市场潜力还没被完全开发，大部分广告主都还处于观望状态。

第三阶段（2013—2014 年）爆发期：2013—2014 年移动广告进入了一个爆发式增长阶段，市场规模翻倍。尤其是 2014 年进入了 4G 时代，移动上网的速度达到了里程碑式的进步，我国成为智能手机第一消费大国。各种移动应用软件层出不穷，涉及人们生活的各个方面，这时广告主开始重视移动广告的传播效果，大力在移动端投放广告，移动广告数量成井喷式增长。

第四阶段（2015 年至今）成熟期：随着移动广告的快速发展，移动广告产业链和商业模式不断演进，程序化购买技术也渐趋成熟，实现了广告采买、管理、投放全程自动化。这个时期移动视频广告和朋友圈广告成为移动广告的主力军，在生活中随处可见。由于技术的进步，移动广告的精准化投放更加完善，甚至可以根据用户的特点投放不同类型的广告。

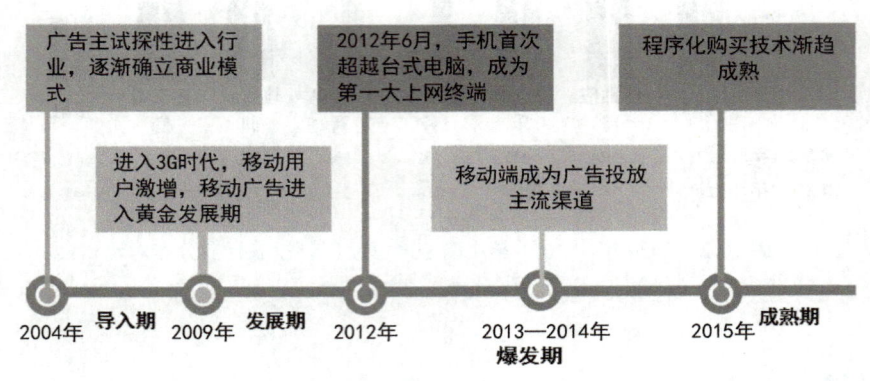

图 10-3　移动广告的发展历程

10.1.3　移动广告的优劣势

1. 移动广告的优势

随着移动互联网的快速发展，移动广告数量呈井喷式增长，而传统广告数量除央视及几大核心卫视外，大多呈下降趋势。主要原因是移动广告是一种全新的广告形式，与电视、广播、报纸、杂志等传统广告相比，具有以下优势。

（1）用户群体庞大。

我国移动互联网用户群体庞大，而且还处于持续增长的趋势。近年来，移动互联网用户规模一再刷新历史新高，从 2012 年的 5.56 亿人到 2021 年第二季度的 11.57 亿人。2021 年上半年中国移动互联网用户日均使用时长呈上升趋势，达到了日均使用手机 5.8 小时，人均 App 安装量 57 个。不同城市等级用户月总上网时长如图 10-4 所示。此外，如今智能手机 24 小时陪伴在人们身边，只要是有信号覆盖的地方就可以向移动手机用户发送移动广告，这对于移动广告来说是一个巨大的市场。

（2）即时性和随身性。

在移动互联网时代，广告和信息的传播不再受时间、地点、环境等因素的制约，不再像传统的 POP 广告那样需要陈列地点，不再像报纸、杂志广告等户外广告那样需要定点，也不再像电视那样受到时间的限制。由于手机等移动广告设备具有易携带性，因此大部分移动网络用户基本上都是全天随身携带的。移动广告可以通过手机等移动设备随时随地出现在用户眼前，具有超高的及时性。此外，还能让用户立即做出反应。例如，某个特定电影的广告信息发送给移动网络用户后，用户可立即购买或预约电影票。

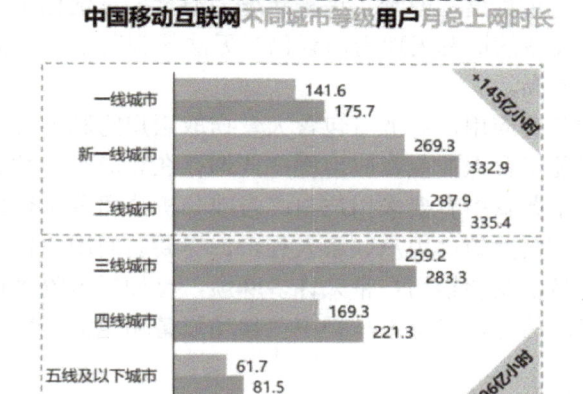

图 10-4　移动互联网不同城市等级用户月总上网时长

（图片来源：艾瑞网）

（3）交互性与主动性。

相对于传统广告而言，移动广告的最大优势在于它能够实现广告主与用户之间的双向沟通。传统广告一般只能做到单向交流，很难做到信息互动。移动广告就不一样了，用户可以通过智能手机直接给广告主发短信、打电话，还可将自己感兴趣的广告信息通过微信、QQ 等社交工具在自己的朋友圈中分享，让更多的人来关注。在交流的过程中用户也可以将自己的需求直接告诉广告主，还可以通过上传照片等方式来反馈意见，主动性大大增强，从而使广告的效应进一步加强。

（4）定向性和精准性。

传统的广告，如报纸、电视等媒体广告，要想提高传播效果，只能靠扩大覆盖范围来实现。而移动广告可以通过移动广告平台获取用户的信息，根据不同的用户进行市场定位和细分，然后针对不同的目标群体投放最适当的广告信息，实现移动广告的定向、精准投放。而且移动广告可以利用后台技术和监测平台对广告的受众规模进行准确统计，使得广告主可以根据平台统计和分析出来的精确数据来判断广告的投放效果，从而及时地改变或改进广告的投放策略。

2. 移动广告的劣势

（1）用户敏感度高。

目前，移动用户对移动广告的态度是较为敏感的，主要是因为移动设备的私人性质很强。有时由于投放不当和一些垃圾广告的存在，会引起用户的不满甚至反感。一些发达国家已经明文规定"没有得到用户的许可，不准强行推送广告"。此外，接收移动广告有时会受到地方网络信号的影响，而且移动广告一般图片、音频和视频较多，比较耗费用户的手机流量，这些也会导致用户反感。

（2）广告冲击力弱。

受制于终端屏幕的大小，移动广告即使有好的广告创意，在很多情况下也很难全面实现。相对于电视、电脑屏幕，手机等移动设备的屏幕要小很多，考虑到用户的浏览体验，移动广告只能以小张图片、小段文字或小段声音等形式存在，广告对受众的冲击力较弱。虽然平板电脑的出现在一定程度上改善了这种状况，但至多是优化了广告主在平板电脑这类设备上的投放，手机设备的屏幕表现力问题仍然无法得到真正的解决。

（3）隐私泄露风险性高。

移动终端设备上的免费应用，可能有包含大量窃取用户隐私的恶意代码，会泄露用户的隐私信息。据称，当前平台上的免费应用程序普遍存在获取用户数据的情形，比如免费应用排行榜中的一些应用条款中有要求用户与广告或分析公司分享数据，比如，需要用户开启地理位置定位功能、需要访问用户联系人列表、需要访问用户日历。安卓平台的安全性也一直饱受质疑。隐私泄露会给用户带来许多麻烦，比如频繁收到垃圾短信、各类广告通知、钓鱼欺诈攻击等。另外，病毒木马程序在移动设备端也大有兴起之势，这些都加剧了用户隐私泄露的风险。

（4）行业监管有难度。

与传统广告相比，移动广告因其接收终端是手机、平板等移动设备，有着很强的独占性和隐私性，出于对用户隐私的保护，行业监管者对移动广告内容的监控难度较大。如果仅利用传统监管手段，基本上实现不了对移动广告的有效监管。因此，行业监管者需要针对移动广告自身的特点来制定监管办法，在监管手段上不断创新，同时还要制定相应的行业标准。

移动广告与传统广告的优劣势比较如表 10-1 所示。

表 10-1 移动广告与传统广告的优劣势比较

项目	移动广告	电视广告	平面广告	户外广告	网络广告
使用场所	★★★	★	★★	★	★
信息传播效率	★★★	★★	★	×	★★
互动性	★★★	×	×	×	★★
信息量	★	★★	★★	★★	★★★
表现能力	★	★★★	★★	★★	★★

任务 2　区分移动广告的类型

随着移动互联网的迅猛发展，当初的短信网址、搜索广告、WAP 广告等原始移动广告已经越来越不能满足市场的需求，市场上不断出现各种新型移动广告，内容和形式都在不断地增加和演变。但是就目前而言，移动广告的组成形式仍然和传统广告的组成形式相似，一般由文字、图片、视频等要素组成。当前市面上流行的移动广告基本上可以分成以下几种类型。

10.2.1 图片类移动广告

图片类移动广告主要是以图片的形式在各种移动终端呈现的，一般可分为 3 种。

1. Banner 广告

Banner 广告也被称为旗帜广告或横幅广告，是当前比较常见的一种移动广告形式，应用范围较广，它可以说是传统广告在移动设备中的呈现。Banner 广告一般是以静态的图片或动态的动画等形式出现在移动端的某个特定区域中的，广告界面的大小可以根据移动端来定制。用户通过点击移动应用屏幕中的图片或动画的广告界面，就可以自动通过链接跳转到相关商品的详情页，查看商品详情和购买意向商品。Banner 广告示例如图 10-5 所示。

图 10-5　Banner 广告示例

2. 插屏广告

插屏广告以缓存优化技术为依托，利用自动广告适配手段，通过弹跳窗的方式呈现在用户眼前。插屏广告一般被设计在特定的场景和特定的时间中,屏中有时还有"关注"和"关闭"按钮，用户感兴趣可以点击"关注"按钮，不感兴趣可以随时关闭广告，精准化程度较高，是目前移动广告精准化投放运用较多的一种方式。比如在游戏开始、暂停、通关等时候出现，这时可以调节用户玩游戏的紧张情绪，不仅不会引起用户的反感，有时候反而能激起用户观看广告的兴趣。但是，这类广告对广告设计的要求较高，需要广告在短时间内能刺激到用户的感官，使用户对广告产生兴趣。插屏广告示例如图 10-6 所示。

3. 全屏广告

全屏广告是指在点开浏览器或移动应用时出现的 5 秒以内的全屏静态画面广告或动态

Flash 广告。这类广告能够将广告的空间利用到最大化，尽可能地吸引用户的关注和兴趣，达到最好的广告传播效果，在当前流行的 App 中应用得非常广泛，如爱奇艺、新浪新闻、咸鱼等应用上都有投放，深受广告主青睐。全屏广告示例如图 10-7 所示。

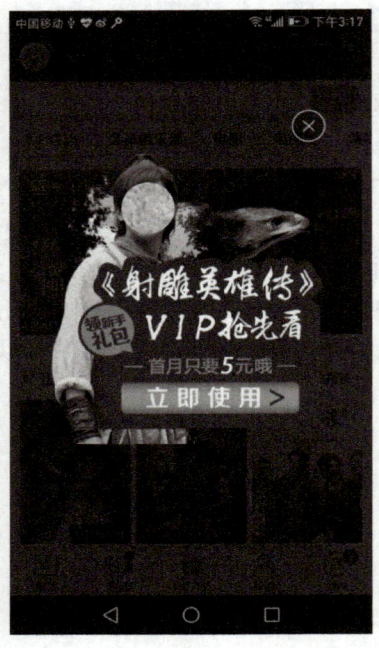

图 10-6　插屏广告示例

图 10-7　全屏广告示例

10.2.2 富媒体类移动广告

在移动互联网发展的初期，由于网速问题，移动广告大多以文本和一些低质量的图片展示为主。随着移动网络技术的进步，逐渐出现了富媒体这类新型的移动广告形式。它将声音、Flash、Java、HTML 等技术进行了有效的组合，使得此类广告相对于其他广告而言极大地提高了广告的互动性，丰富了广告的形式，拓展了广告的创意空间。据 Double Click 的研究数据表明：富媒体广告的点击率是其他广告形式点击率的 5 倍。目前较为常见的几种富媒体广告形式有 360 度观赏、摇一摇、滑动、放大、擦除、拖曳等。

富媒体广告具有良好的互动性，可以让用户通过摇一摇、擦除、滑动等与做小游戏一样的方式来亲自体验广告，极大地提高了广告的趣味性和传播效果。广告品牌商也可以通过用户参与互动的时间、感兴趣程度等信息来了解用户的偏好和购买意向，而且还能将商品的特性与广告有机结合起来，根据商品的特性选择运用哪种富媒体技术来呈现。

想一想

在几种常见的富媒体广告中，商品房适用于哪种富媒体广告形式？请说出选择的理由。

10.2.3 视频类移动广告

视频类移动广告是利用 HTML 5 技术，在手机、平板电脑等移动设备上插播视频的一种广告形式。它能够在视觉、听觉上同时刺激用户，提高用户的广告观看体验。当前主要有贴片视频广告和 In-App 视频广告两种形式。

贴片视频广告是在用户打开手机应用或结束使用时插播的视频广告，时长一般 60 秒左右，可以应用于手机游戏软件、电子书等移动软件中，和传统网站上的贴片广告相似。但由于播放时间较长，容易引起用户的反感，对广告设计与制作有较高的要求。贴片视频类移动广告示例如图 10-8 所示。

图 10-8　贴片视频广告示例

In-App 视频广告是指在 App 应用程序当中播放的视频广告，需要用户自主选择观看或停止，且时长较短，在视频播放结束后会显示网址链接，方便用户操作，这种广告类型深受广告主的青睐。

10.2.4 积分墙类移动广告

积分墙类移动广告在国内最早是 2013 年由有米广告提出的，通过积分墙让用户在移动应用中做任务，比如让用户签到、注册、下载特定软件等，当用户完成规定任务时，就可在应用中获得一定的积分作为回报，积分可以用来兑换商品或购买道具等。当然，积分墙也有无积分的形式，这种积分墙主要是通过列表展示或单个应用展示，推荐用户点击安装热门应用或优质产品。一般按照 CPA（Cost Per Action）方式计费，用户完成任务也能得到相应的提成。由于积分墙具有操作简单方便、应用范围广等突出特点，后来又发展演变出网页积分墙、微信积分墙等新形式。积分墙类移动广告示例如图 10-9 所示，微信积分墙移动广告示例如图 10-10 所示。

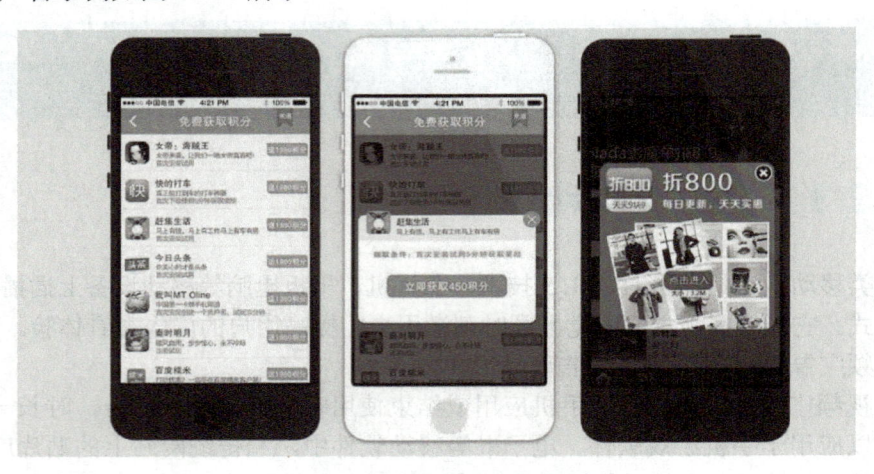

图 10-9　积分墙类移动广告示例

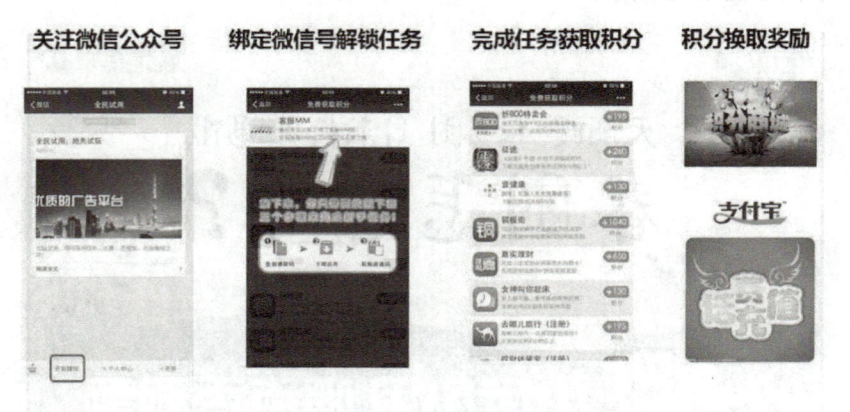

图 10-10　微信积分墙广告示例

10.2.5 原生类移动广告

原生类移动广告是将广告与广告投放应用有机结合起来，用巧妙的方式将广告伪装成移动应用的一部分，弱化广告的生硬性，减少用户的反感。比如在新闻 App 中投放广告，就将广告设计成新闻的形式，利用用户对新闻的兴趣来播放广告。这类广告的表现形式多种多样，但要想达到良好的广告效果，一定要根据广告主的需求来定制，不能模板化操作。原生类移动广告示例如图 10-11 所示。

图 10-11　原生类移动广告示例

任务 3　移动广告产业链及平台介绍

10.3.1 产业链中的角色组成

在"互联网+"时代背景的推动下，移动广告产业迅猛发展，被业界誉为最有发展的潜力产业，吸引了许多有识之士加入。当前的移动广告产业链在传统广告产业链的基础上进一步升华，参与者更多，环节也更加复杂。随着程序化购买技术的进步及移动 DSP 生态系统的逐渐形成，移动广告产业链日渐完善，每个环节的联系也更加紧密。

在整个移动广告产业链中，几大核心的参与角色分别是广告主、广告代理商、移动应用广告平台、应用开发者、数据监测方及广告受众,这些角色由"广告诉求—广告制作—广告投放—广告接收"这条产业链连接起来,分工明确,各尽其职,相互依赖,协同发展,少了其中的任意环节都会影响整个产业链的运转。下面详细介绍这几个核心成员。

1. 广告主

广告主在移动广告产业链中占据着非常重要的位置,处于产业链的前端,可以说整个产业链始于广告主的需求,最终也由广告主来买单。广告主主要由品牌类广告主和效果类广告主构成。在品牌类广告主中,以食品饮料、服装、汽车等传统行业居多,他们投放移动广告的目的是进行品牌宣传,提高品牌知名度和美誉度,进而促进商品销售,越来越注重受众的精准度和品牌的安全性等问题。效果类广告主主要以电商和游戏等新兴行业为主,他们的目的是通过广告来吸引用户注册、下载和购买商品,扩大客户规模。他们对广告投放的效果关注度较高,往往不太在意投放广告的平台是否与自己的品牌相匹配。在发展初期,品牌广告受制于移动横幅广告这种单一的广告形式和较小的移动屏幕,对于广告的传播效果,品牌广告主并不是十分地看好。据有关数据显示:在参与程序化购买的广告主中,20%为品牌类广告主,80%为效果类广告主。但近年来,随着移动广告形式的多元化和移动用户的激增,品牌类广告主越来越看好移动广告的潜力,品牌类广告主的数量和占比在不断提升。

2. 广告代理商

广告代理商(包括 ATD)是联系移动广告主与广告平台的桥梁。它的主要任务是了解和代理广告主的诉求,并结合行业的有关政策和规定,将广告主的需求通过广告的设计和制作表现出来,同时还要通过信息收集和数据分析定位广告的目标受众,以便让广告达到最好的传播效果,最大化地满足广告主的需求。广告代理商可分为总代理和业务代理,总代理的职责是帮助广告主制作广告、挑选投放平台和进行后期广告管理服务等,而业务代理的职责就比较单一,主要负责市场开拓,帮助广告主深入开发新用户。在产业链中,代理商与广告主的关系是最密切的,平时的接触也最多,是最了解广告主的,对广告主的影响较大,甚至能直接影响移动广告业务的达成。

3. 移动应用广告平台

移动应用广告平台是广告主和应用开发者联系的纽带,不仅要接收广告主的有关诉求,还要为应用开发者提供软件开发工具包 SDK(Software Development Kit),利用 SDK 程序将广告代码安装到有关的应用程序中,当移动用户打开 App 并点击广告后,后台程序就会记录,应用开发者可以根据数据向广告主收取费用。

4. 应用开发者

应用开发者是开发应用程序的人或公司,通过出售广告位置获取相应的报酬,广告位置的出售方式可以是投标竞价的方式,也可以是传统的协商谈判的方式。当然,应用开发者的收益也直接跟广告位的出售方式挂钩。

5. 数据监测方

数据监测方的主要职责是对广告受众数据进行统计和分析,包括受众的基本信息和行为特征等。同时,还要监测并统计移动广告的传播效果,并将受众的数据和广告传播等有效信息反馈给广告主,为广告主衡量广告投放效果和战略决策提供依据。

6. 广告受众

广告受众处于整个产业链的末端,是移动广告的接收者和购买者。移动广告受众很广泛，所有的移动用户都有成为广告受众的可能。移动广告受众的态度很大程度上会影响移动广告的成败，关乎移动广告主的收益，在产业链中起着至关重要的作用。当然，移动广告主为了获得受众的好感，有时也会提供增值服务，比如发放一些优惠券、礼品卡等，广告受众可以通过观看广告获得。

移动广告产业链如图 10-12 所示，其中的参与者及代表企业如图 10-13 所示。

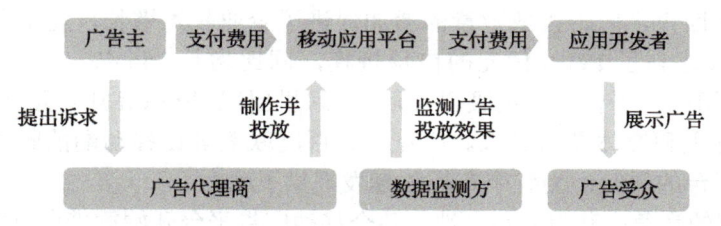

图 10-12 移动广告产业链

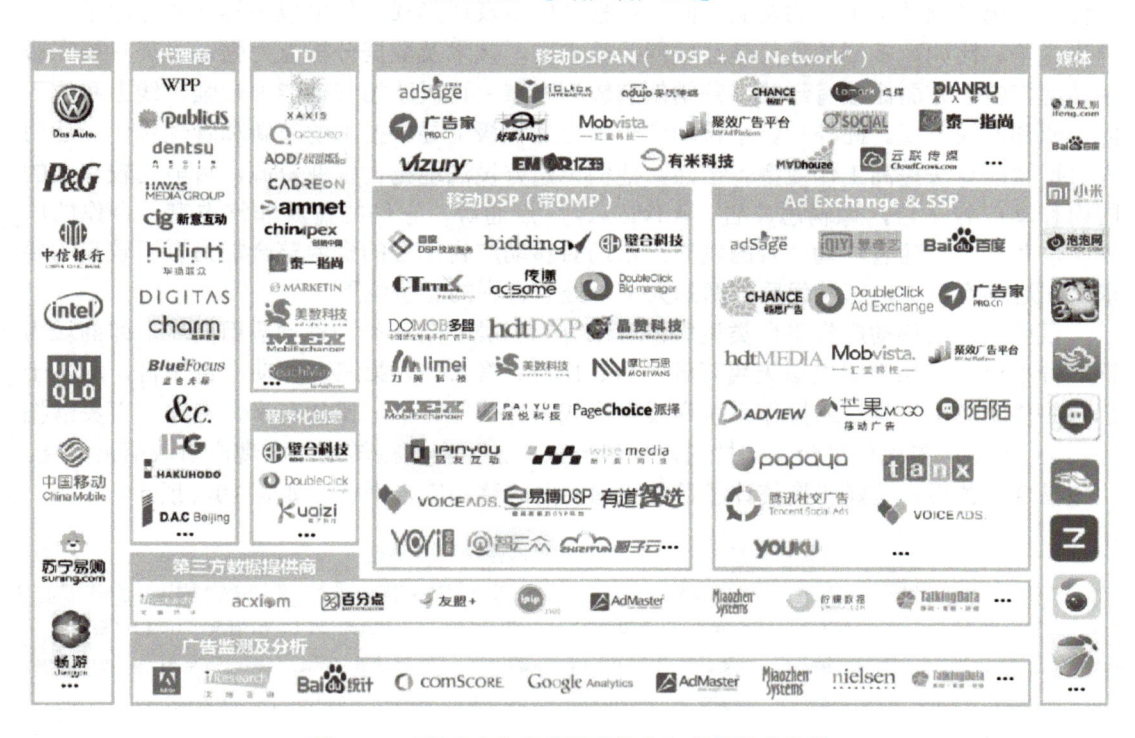

图 10-13 移动广告产业链中的参与者及代表企业
（图片来源：艾媒咨询）

> **想一想**
>
> 你认为在移动广告产业链中哪种角色最重要呢？请说出理由。

✓ 10.3.2 移动广告平台市场现状

移动广告平台是指以中介的身份连接广告主和应用开发者，通过为应用开发者提供软件开发工具包 SDK，并对各类数据进行整合与分析，为广告主提供跨媒介、跨平台、跨终端的广告投放平台。

近些年，在移动互联网市场中，移动平台拥有庞大的用户群体和广阔的发展空间，发展速度也最快。2012 年移动广告平台的市场规模达到了 10.6 亿元，2013 年增长到 22.5 亿元，增长率为 112.3%。2013 年可以说是移动广告平台的一个转型期，前期投入逐渐得到相应的回报，广告投放数量的增加促进了企业收入增长，竞争更加激烈。2015 年移动广告平台达到了 191.6 亿元的市场规模，同比增长 255.4%，占总体营销规模的 21.3%。移动应用广告平台的发展吸引了百度、阿里巴巴、腾讯等几家互联网巨头的加入，使得更多的广告主和媒体参与进来。广点通、百度联盟等在移动端的收入大幅增加，还有第三方广告平台的崛起，为整个市场的爆发提供了动力。

为了在激烈的竞争中获得立足之地，各个移动广告平台开始凭借自己的资源优势和平台特点，选择领域中不同的发展方向，在移动广告表现形式、传播效果等业务方面进行差异化竞争。比如，多盟的优势是互联网经验丰富、技术及数据分析能力强；力美科技在服务品牌广告主方面比较有经验，营销创意较为丰富；百灵欧拓营销能力较强，线上和线下的资源都比较丰富。此外，各个移动广告平台还积极地寻求技术的革新和管理优化，运用大数据智能算法提高工作效率。当然，他们也想方设法地抢占行业资源，目前比较有名的国内移动广告平台，像畅思广告、AdView、广点通等，它们的资源非常丰富，合作的广告主也非常多。随着移动广告的发展，市场对移动广告平台的资源整合能力有了较高的要求，在这场竞争中，有着优质资源的大平台处于有利的竞争位置。

目前国内的移动广告平台类型大体可以分为三类：第一类为移动应用商城，即商城内置广告平台，比如中国电信天翼开放平台、IAD；第二类为第三方移动广告平台，服务于普遍的移动应用，具有跨操作系统和展现形式多样化等特点，比如有米、多盟、百灵欧拓等；第三类是广告优化平台，支持国内外数十家广告平台自由转换，实现广告收益最大化，比如果合、芒果。艾媒咨询统计了目前我国主要的移动广告平台，如表 10-2 所示。

表 10-2 目前我国主要的移动广告平台

平台名称	运营商	开放性	主要媒体来源	主要广告类型
AMAX	芒果移动	开放	以国内App资源为主	图片类广告（横幅、插屏）、原生类广告
AdView	AdView	开放	以国内App资源为主	图片类广告（横幅、插屏）、原生类广告、视频类广告
DoubleClick	谷歌	开放	AdMob、AdSense等	图片类广告，贴片视频广告
百度	百度	开放	百度移动联盟、百度网盟等	图片类广告（横幅、插屏）、贴片视频广告
InMobi	InMobi	开放	以海外App资源为主	图片类广告、原生类广告、贴片视频广告
Appflood	木瓜移动	开放	以海外App资源为主	图片类广告（横幅、插屏）
秒针ADX	秒针系统	开放	国内视频媒体移动端资源	贴片视频广告
VoiceAds	科大讯飞	开放	以国内App资源为主	语音互动广告、原生类广告及其他
PPadX	PPTV	私有	PPTV自有贴片视频资源	贴片视频广告
爱奇艺PPS ADX	爱奇艺PPS	私有	爱奇艺PPS自有贴片视频资源	贴片视频广告
优酷土豆ADX	优酷土豆	私有	优酷土豆自有贴片视频资源	贴片视频广告
MOMO Ad Exchange	陌陌	私有	以陌陌App自有资源为主	原生类广告

图片来源：艾媒咨询

10.3.3　收费方式

收费方式是指移动广告平台向广告主收取广告费用的方式，当前市面上常见的移动广告平台的收费方式有 CPM、CPT、CPC、CPA 等几种，广告主可以根据自己的业务需要和想达到的效果来选取适合自己的收费方式，达到投资效益的最大化。比如，某品牌商家有一款新商品即将推向市场，想通过移动广告提高商品的曝光率，那么只要用户听见或看见了此款新商品就达到了推广的效果，这时对于商家来说 CPM 就是最好的收费方式。下面对 4 种收费方式做详细介绍，4 种收费方式对比如表 10-3 所示。

表 10-3　4 种收费方式对比

	CPT（包段付费）	CPM（展示付费）	CPC（点击付费）	CPA（效果付费）
定义	Cost Per Time 按照时间周期来计费	Cost Per Mile 按照千次广告展示为单位付费	Cost Per Click 每次点击成本，按点击次数收费	Cost Per Action 按照每次行为来计费 如购买、下载、表格填写等
适用场景	高曝光需求的品牌广告	有受众定向的品牌广告 RTB 广告	竞价广告网络	效果类广告
优势	长时间、大范围地触达 产生强烈的橱窗效应	可依据简单的目标人群属性分类投放	支持人群划分、精准营销	广告主风险很小
劣势	缺少受众定向，不够精准	受众划分不够精细	已观看未点击类型的广告效果不能给媒体带来利润	营销服务商运营难度较大

1. CPT（Cost Per Time，包段付费）

CPT 是一种以时间周期来计费的方式，比如"一个月多少钱"。这种收费方式比较粗糙，不能保障广告主的权益，对于广告主来说风险较大。

2. CPM（Cost Per Mile，展示付费）

CPM 是指在广告投放过程中，听到或看到某广告的每千人平均分担的广告成本，即按千次广告展示来收取费用，传统媒体大多选用这种方式，适用于新品，可以提高曝光率。比如，每条移动广告每千次访问收费 10 美元，那么有一万次访问量就要向移动广告平台支付 100 美元，以此类推。CPM 的具体收费标准还是因应用程序的热门度而异的，国际惯例每千次访问一般收费 5～200 美元，我国采用这种方式的移动广告平台有酷果、帷千动媒、威朋等。

3. CPC（Cost Per Click，点击付费）

CPC 以每次点击次数进行收费，适用范围广。这种收费方式比较容易被监测，而且作弊难度较高。我国目前采取这种收费方式的平台有多盟、有米、力美、酷果等。CPC 与 CPM 两种方式可相互换算，换算公式为 CPM = CTR（点击率）×CPC×1000。也有人认为 CPC 收费方式不是很合理，因为有很多用户虽然看到了广告，但并不会去点击，这样已经起到了宣传的效果却不在收费的范围内。

4. CPA（Cost Per Action，效果付费）

CPA 是按照每次行为来计费的，如注册、关注、购买、下载、填问卷等行为，与广告投放没关系，一般适用于效果类移动广告，对于广告主来说风险相对较小，但对于广告平台来说风险比较大，不过一旦广告投放成功，收益往往比其他方式的收益可观。

10.3.4 移动广告平台发展趋势

1. 广告主位置定向需求凸显

手机等移动设备具有方便和小巧的特点，便于携带，且具有定位功能，使得移动广告自带鲜明的位置特征。广告主为了可以更加精准地向目标受众投放广告，让广告的传播效果最大化，对广告投放的位置定向及区域性的用户数据有较高的要求。不仅是一些本地广告主，有些品牌广告主也有着很强的位置定向投放广告的需求，一般要求广告的投放区域与其商品的地域性的营销推广策略相适应。

2. 市场格局向领先者靠拢

一些规模较小的和技术落后的平台在行业中越来越难生存，很多广告商在广告行业中销声匿迹了。而一些较大的平台将资源和优势重新整合，获得了更多的市场机会。比如，百灵欧拓就利用线下的媒体资源和客户资源优势，整合新型移动媒体资源，形成"移动广告沃尔玛"的雏形，广告主可以从中自由选购。

3. 向海外市场进军

移动互联网产品具有很明显的国际化特征，国家之间的壁垒也很低，对于移动广告平台企业来说，进入海外市场具有很好的优势。海外市场潜力巨大，目前已经有一些广告平台企业在海外发展，比如木瓜、亿动智道等，未来将会有更多的广告平台企业向海外进军，开拓更大的市场空间。

4. 大数据运营，精准化进一步提高

移动广告平台通过对用户数据的合理收集，统计分析后整合成大数据，建立用户行为模型，通过用户以往的历史数据来推断用户当前的行为，从而向用户推送最适合的广告。也可以通过大数据分析用户偏好，定向投放广告，极大地提高移动广告投放的精准性。

5. 行业规范日渐完善

移动广告行业兴起时间不长，加上接收终端独占性和私有性的特点，使得移动广告行业的监管难度大，行业规范不到位，曾出现侵犯隐私、垃圾广告满天飞的现象。但是随着移动广告的发展，行业规范日渐完善。为了打通企业、平台和产品间的联结和合作，促进移动互联网广告业的健康和快速发展，2015 年 3 月，中国广告协会正式颁布了我国第一部规范移动互联网广告的行业标准——《移动互联网广告标准》。该标准由《互联网数字广告基础标准》《移动互联网广告监测标准》《移动系统对接标准》3 部分构成，为移动互联网广告监管提供统一的技术接口和监管标准，使从事移动互联网广告相关产业的公司有了可遵循的行业标准和参照，保证移动互联网广告运作模式的规范性，提高移动互联网广告的用户体验，为中国移动互联网广告的美好未来奠定了基础。

同步阅读

路虎：移动 DSP 广告投放

1. 移动 DSP 广告投放目标

（1）通过对目标人群的精准曝光，提升品牌知名度，加强品牌印象。

（2）提高路虎揽胜页面的点击率，增加路虎揽胜活动的用户咨询数量和跳转注册行为数量。

（3）移动 DSP ＋ LBS 技术，在 19 个城市中的 25 个高尔夫球场 3 千米范围内定向投放。

（4）KPI：点击数 187500 次，注册回访有效数 300 人。

2. 创意 / 策略

（1）精准人群策略：通过 DMP 平台匹配路虎揽胜目标受众，形成人群标签，最终匹配 3321 万人。

（2）多维度数据分析、挖掘：第一方数据、移动 DSP 投放数据、第三方数据、公网数据、ADN 独有数据。

（3）整合 AdExchange 平台数据：对 19 家广告交易平台进行数据收集分析。

（4）形成目标人群画像：精准定位年龄在 20 ～ 40 岁、拥有高收入的奢侈品爱好者、高尔夫爱好者，以及喜欢旅游、摄影、健身、收藏、养宠物的用户。

3. 定向策略

根据 KPI，通过定向策略，最终形成 6 大人群（欲购车人群、4S 店试驾人群、越野车或 SUV 爱好者、自驾游爱好者、高端商务人群、投资理财人群），投放目标受众 8305672 人。

（1）用户基本属性定向：年龄、性别、家庭、城市、收入、人生阶段等。

（2）长期兴趣定向：热爱高尔夫，喜欢极限运动或户外运动，喜欢旅游、摄影、健身、收藏、养宠物等。

（3）用户环境定向：上网场所、上网时间、网络情况（2G、3G、4G、Wi-Fi）、设备型号、操作系统、运营商情况等。

（4）行为定向：根据历史投放纪录，对点击过高端车型、SUV 车型的用户进行定向；对经常浏览汽车类 App 的用户进行定向；对点击过、购买过高尔夫用品的人群进行定向。

（5）流量平台定向：芒果、谷歌、Nexage、InMobi、MoPub、MobFox、聚效。

（6）LBS 定向：在 19 个城市的 25 个高尔夫球场 3 千米范围内进行位置定向。

4. 优化策略

（1）点击数预估：点击数 187500 次。

（2）自定竞价：智能出价，防止人工干预。

（3）频次控制：12 次。

（4）投放速度：智能投放速度，即非匀速投放。

（5）创意轮播：7 组素材针对不同的人群进行投放。

（6）转化率预估：有效注册 300 人。

（7）流量平台选择：芒果、谷歌、InMobi MoPub、Nexage、聚效、MobFox。

同步实训

实训1 感受移动广告

〖实训目的〗

通过对市场上流行的移动广告的调查和分析，使学生直观地感受到移动广告的魅力，能够更加深入地认识移动广告，从而更好地理解前文学到的知识。

〖实训内容与步骤〗

（1）将全班同学以4～6人为单位分成小组。

（2）每组同学通过实际调研或网络调研，分别选取3个不同行业的移动广告，逐一进行对比分析。可选行业有服装、汽车、房产、食品、饮料、化妆品、电器等。

（3）完成关于移动广告的分析报告，并向全班同学展示。

〖实训提示〗

在分析时要考虑每个行业的特点和广告主的诉求，对3个不同行业的移动广告做综合分析。

〖思考与练习〗

（1）指出你所选取的移动广告属于哪种类型。

（2）分析这种类型的移动广告有什么优缺点。

（3）在你选取的行业中，比较两类移动广告内容的异同点。

实训2 分析移动广告平台

〖实训目的〗

让学生对国内几大移动广告平台（比如百灵欧拓、有米、多盟等）进行调查和分析，进一步加深对移动广告平台的认识，了解移动广告平台的运作模式。

〖实训内容与步骤〗

（1）将全班同学以4～6人为单位分成小组。

（2）每组同学选取一个典型移动广告平台进行分析。

（3）完成关于移动广告平台的分析报告，并向全班同学展示。

（4）小组之间将不同广告平台进行对比，并派代表总结。

〖实训提示〗

在分析报告中至少要有该平台的简介、发展动态、特点及优势、相关数据动态、收费方式等几项。

〖思考与练习〗

（1）分析该移动广告平台主要有哪些业务。

（2）列举几个该平台曾服务过的广告主。

（3）该平台为什么能在激烈的竞争中站稳脚跟？

项目小结

近几年，随着智能手机的普及和移动互联网的发展，广告主从当初的不认可移动广告

项目 10　移动广告

到现在纷纷向移动广告投资，消费者对移动广告的态度也不像对待传统广告那样排斥了。如今移动广告已经形成了一条完整的产业链，比传统广告的产业链更加复杂、参与者更多。在整条产业链中，各个角色各居其位、各司其职，相互影响，相互合作，共同推动整个产业链运转。

移动广告平台是产业链中的一个核心参与者，以中介的身份连接广告主和移动应用开发者，为广告主提供跨媒介、跨平台、跨终端的广告投放服务。当前市面上常见的移动广告平台收费方式有 CPM、CPT、CPC、CPA 等几种，广告主可以根据自己的业务需要和想达到的效果选取适合自己的收费方式。

任务布置

"美丽修行"联合中国国家地理推出一部成分溯源纪录片《这就是中国成分》，其中展示了欧诗漫护肤佳品珍珠的故事，并投放在各大平台。结合课程知识点分析该案例。

学生活动

内容要素 1：＿＿＿＿＿＿＿＿＿＿＿＿＿＿＿＿＿＿＿＿＿＿＿＿＿＿＿＿＿＿＿＿＿＿＿
内容要素 2：＿＿＿＿＿＿＿＿＿＿＿＿＿＿＿＿＿＿＿＿＿＿＿＿＿＿＿＿＿＿＿＿＿＿＿
内容要素 3：＿＿＿＿＿＿＿＿＿＿＿＿＿＿＿＿＿＿＿＿＿＿＿＿＿＿＿＿＿＿＿＿＿＿＿
内容要素 4：＿＿＿＿＿＿＿＿＿＿＿＿＿＿＿＿＿＿＿＿＿＿＿＿＿＿＿＿＿＿＿＿＿＿＿
内容要素 5：＿＿＿＿＿＿＿＿＿＿＿＿＿＿＿＿＿＿＿＿＿＿＿＿＿＿＿＿＿＿＿＿＿＿＿
内容要素 6：＿＿＿＿＿＿＿＿＿＿＿＿＿＿＿＿＿＿＿＿＿＿＿＿＿＿＿＿＿＿＿＿＿＿＿

请将作品转换成二维码，粘贴在右图方框中

温馨提示：根据移动互联网新技术、新平台的发展，本教材提供最新符合该项目或与工作岗位相适应的任务布置，将实践教学内容同市场需求对接，可扫描二维码获取。

能力测评

考评人		被考评人				
考评地点		考评时间				
考核项目	考核内容	分值	教师评分 50%	小组评分 40%	自我评分 10%	实际得分
	1. 主题鲜明、有特色	10				
	2. 分析要点比较全面	20				
	3. 分析角度具有独持性	20				
	4. 分析具有一定的深度	10				
	5. 能体现思政元素	10				
	6. 能理论联系实际	20				
	7. 表达流畅，无错别字	10				

同步测试

1. 单项选择题

（1）进入 3G 时代后，移动广告发展到了哪个阶段？（   ）
   A. 导入期　　　　B. 发展期　　　　C. 爆发期　　　　D. 成熟期

（2）将广告做成新闻的形式放在新浪新闻 App 中属于哪类移动广告？（   ）
   A. 视频类　　　　B. 富媒体类　　　　C. 原生类　　　　D. 图片类

（3）下列哪种移动广告可以弱化广告的生硬性，减少用户的反感？（   ）
   A. 插屏广告　　　　B. 全屏广告　　　　C. 原生类广告　　　　D. Banner 广告

（4）广告主处于移动广告产业链的什么位置？（   ）
   A. 前端　　　　B. 末端　　　　C. 中端　　　　D. 中后端

（5）在产业链中，联系移动广告主与广告平台的桥梁是（   ）。
   A. 广告主　　　　B. 广告代理商　　　　C. 应用开发者　　　　D. 数据监测方

（6）2020 年我国移动广告平台的市场规模是（   ）。
   A. 190.8 亿元　　　　B. 191.6 亿元　　　　C. 180.2 亿元　　　　D. 189.9 亿元

（7）按每次点击次数来进行收费的方式是（   ）。
   A. CPM　　　　B. CPT　　　　C. CPC　　　　D. CPA

（8）我国第一部规范移动互联网广告的行业标准——《移动互联网广告标准》是哪一年颁布的？（   ）
   A. 2013 年　　　　B. 2014 年　　　　C. 2015 年　　　　D. 2016 年

2. 多项选择题

（1）移动广告的发展经历了以下哪几个阶段？（   ）
   A. 导入期　　　　B. 发展期　　　　C. 爆发期　　　　D. 成熟期

（2）移动广告具有（   ）优势。
   A. 互动性强　　　　B. 精准性高　　　　C. 信息量大　　　　D. 用户群广

（3）移动广告具有（   ）劣势。

A. 用户敏感度高 B. 行业监管难
C. 投资收益低 D. 隐私泄露风险大

（4）以下广告中属于图片类移动广告的有（ ）。

A. Banner 广告 B. 插屏广告 C. 全屏广告 D. 积分墙广告

（5）以下哪些选项是促使移动广告迅猛发展的原因？（ ）

A. 移动互联网的发展 B. 智能手机的普及
C. 网上售后服务的进步 D. 程序化购买技术的完善

（6）移动广告主主要由哪两类广告主构成？（ ）

A. 商品类 B. 品牌类 C. 效果类 D. 过程类

（7）移动广告产业链的参与者有（ ）。

A. 广告主 B. 广告代理商 C. 应用开发者 D. 数据监测方

（8）我国第一部规范移动互联网广告的行业标准——《移动互联网广告标准》由哪几部分构成？（ ）

A.《互联网数字广告基础标准》 B.《移动系统对接标准》
C.《移动广告基本标准》 D.《移动互联网广告监测标准》

（9）目前国内的移动广告平台类型大体分为哪三类？（ ）

A. 移动应用商城 B. 第三方移动广告平台
C. 广告监测平台 D. 广告优化平台

（10）以下哪些选项属于第三方移动广告平台？（ ）

A. 有米 B. 多盟 C. 百灵欧拓 D. 芒果

3. 分析题

（1）比较移动广告与传统广告的异同点。

（2）试分析广告代理商在移动广告产业链中的作用。

（3）回忆你在生活中见过的两个移动广告，分别分析它们属于哪个广告类型，有什么优缺点。